D0109681

CÓMO AYUDAR A SU HIJO CON SOBREPESO

Karen Sullivan

CÓMO AYUDAR A SU HIJO CON SOBREPESO

Traducción de
Dorotea L. Pläcking
de Salcedo

Editorial El Ateneo

Sullivan, Karen
Cómo ayudar a su hijo con sobrepeso
1a ed. - Buenos Aires : El Ateneo, 2005.
360 p. ; 23x16 cm.

Traducido por: Dorotea L. Pläcking de Salcedo

ISBN 950-02-9832-5

1. Nutrición. 2. Sobrepeso-Niños. 3. Dietética.
I. Pläcking de Salcedo, Dorotea L., trad. II. Título
CDD 613.2

Título original: How to help your overweight child
Traductor: Dorotea L. Pläcking de Salcedo

Editado por acuerdo con RODALE INC., Emmaus, PA, U.S.A.

Patagones 2463 - (C1282ACA) Buenos Aires - Argentina
Tel.: (54 11) 4943 8200 - Fax: (54 11) 4308 4199
E-mail: editorial@elateneo.com

Primera edición: septiembre de 2005

ISBN 950-02-9832-5

Diseño de cubierta: Departamento de Arte de Editorial El Ateneo
Diseño de interiores: Mónica Deleis

Impreso en Verlap S.A.
Comandante Spurr 653, Avellaneda,
provincia de Buenos Aires,
en el mes de septiembre de 2005.

Queda hecho el depósito que establece la ley 11.723

Libro de edición argentina

Índice

PRÓLOGO 13

INTRODUCCIÓN 17
La magnitud del problema 19
Las implicancias de la obesidad para la salud 20
Problemas de autoestima 26
Una bomba de tiempo económica 27
No todas son malas noticias 27

Capítulo 1. ¿SU HIJO ES OBESO? 31
¿Qué es el sobrepeso? 33
¿Qué es la obesidad? 34
Tablas de desarrollo 34
Un enfoque menos científico 41
Hábitos alimentarios y ejercicio 47
Signos que revelan sobrealimentación 52
¿Qué importancia tiene el estado físico? 55

Capítulo 2. POR QUÉ ENGORDA UN NIÑO 61
La dieta del niño de nuestros días 63
La regularidad de las comidas 66
Desequilibrios y otras causas físicas 76
El caso de Elizabeth 79
Actores emocionales 92
El caso de Marcos 101
Vida familiar 106
Y la actividad física... 110

Capítulo 3. EL FACTOR ALIMENTARIO 115
La importancia de una buena alimentación 118
Una dieta sana 124
Los componentes de una dieta sana 128
Hidratos de carbono 134
Azúcar 138
La importancia del IG 141
Sal 143
Proteínas 144
Bebidas saludables 147
El caso de Flora 149
¿Cómo cocina usted? 152
¿Cómo está conformada la dieta de su hijo? 154

Capítulo 4. CÓMO ENSEÑAR A UN NIÑO A COMER BIEN 157
La compra de las provisiones 158
Cómo armar los menús 162
Bocadillos espectaculares 170
El caso de Mateo 175
Cenas 176
Postres 178
Cómo manejar el tema de las comidas rápidas 179
Comidas preelaboradas 180
Cómo lograr que un niño coma verduras 181
Niños caprichosos a la hora de comer 184
Comer en familia 190
Aplique el sentido común 194
Y recuerde: ¡nada de dietas! 195
Cómo enseñar a sus hijos los conceptos básicos
de una buena nutrición 196
Evitar la seducción de la publicidad 202
Y ahora, ¿cómo seguimos? 203

Capítulo 5. EJERCICIO Y TIEMPO LIBRE 205
Los beneficios de la actividad física 206
¿Cuánto ejercicio necesita un niño? 209

¿Qué tipo de ejercicio? 210
Cómo encontrar el tiempo necesario 212
El caso de Federico 216
Cómo hacer que el ejercicio resulte divertido 217
Cómo incentivar a un niño perezoso 221
Pequeños haraganes 224
Apatía adolescente 226
Fijar objetivos 231
Notas especiales para niños con mucho sobrepeso u obesos 232
El caso de Eleonora 237
Actividades recreativas y tiempo libre 238
¿Qué pasa con el sueño? 245

Capítulo 6. CÓMO CONSTRUIR UNA IMAGEN DE SÍ MISMO SALUDABLE 253
Cómo motivar a un niño con problemas de sobrepeso 260
Cómo alentar la autoestima y fomentar el autorrespeto 269
El caso de Pablo 272
El caso de Bella 284
Comida y estado de ánimo 288
En conclusión 291

Capítulo 7. UN POCO DE AYUDA ADICIONAL 293
Cómo motivar a su hijo 295
Movilice apoyo 297
Paciencia y determinación 302
La implementación paulatina de un nuevo régimen 303
El manejo de la culpa 304
¿Qué pasa si hay algo más detrás del aumento de peso de su hijo? 305
Deficiencias nutricionales 306
Problemas de glucosa en sangre 308
Ansiedad excesiva por los hidratos de carbono 314
Depresión 316
Ayuda profesional 318

El caso de Tomás 320
Medicación y cirugía 323
En conclusión 323

Capítulo 8. PROBLEMAS PUNTUALES 325
Atracones 325
Acosos y agresiones 327
Comer para reconfortarse 330
Ansiedades y antojos 332
Trastornos alimentarios 332
Vergüenza 338
Caprichos a la hora de comer 339
Dietas de última moda 339
Presión de sus pares 340
Dinero de bolsillo 342
Regresiones 344
Fumar 345
Reveses 347
Comer a escondidas 349
Estrés 350
Berrinches 353
Adicción a la televisión 355

Agradecimientos 357

Para Cole y Luke,
los primeros que llevaron
mis teorías a la práctica.

Y para Joe y Ella,
y ¡el bebé en camino!

PRÓLOGO

Hoy en día, nadie puede ignorar el hecho de que asistimos a un acelerado crecimiento de la obesidad infantil, con todos los problemas que ello implica. La prensa publica una infinidad de notas, estadísticas e informes gubernamentales que señalan que el mundo desarrollado está conformado por familias sobrealimentadas y perezosas, con un alto costo tanto para el individuo que padece esa situación como para los sistemas de salud. Uno se pregunta si la situación es realmente tan grave y si, en efecto, estamos viviendo en una era en la cual los padres son más longevos que los hijos. No cabe duda de que nos encontramos frente a una importante amenaza para la salud de nuestros hijos. En el Reino Unido, por ejemplo, uno de cada tres niños tiene sobrepeso y la obesidad ha alcanzado niveles epidémicos. El nueve por ciento de los niños en edad preescolar es obeso, y, entre los de quince años, el porcentaje se eleva al diecisiete por ciento, lo que equivale a decir que uno de cada ocho adolescentes tiene problemas de obesidad. Entre los adultos, uno de cada cinco presenta obesidad clínica. Las consecuencias son alarmantes. En la actualidad, la salud física de la mayoría de esos niños ya está en peligro. Dos tercios de la población de niños obesos presenta altos niveles de riesgo en todos los indicadores relacionados con afecciones cardíacas, diabetes, hipertensión e hipercolesterolemia. Además, no podemos ignorar el impacto social y psicológico que tiene sobre un niño con sobrepeso el ser víctima de burlas, marginación y acoso en la escuela.

Tomar conciencia del problema es un primer paso. Pero ¿qué pueden hacer los preocupados padres para reducir el riesgo de sobrepeso en su hijo o, incluso, para ayudarlo a lograr un peso más saludable cuando el problema ya se encuentra instalado? ¿A quién pueden recurrir para obtener asesoramiento y apoyo para su hijo? Y, por último, ¿quién es responsable de enfrentar el problema?

En realidad, debería ser responsabilidad de todos. No solo de los padres, sino también del sistema educativo, de los fabricantes de productos alimenticios, de sus distribuidores, del *marketing* y la publicidad, de los medios, de los médicos y las autoridades gubernamentales, locales y nacionales. La perspectiva del gobierno es que el rol del Estado no debe obligar a los niños a una vida sana, sino motivar a esos niños –y a sus padres– a controlar y asumir la responsabilidad por su propia salud. El gobierno está tomando medidas, pero para los niños que ya padecen sobrepeso, la implementación de dichas medidas, tomadas por el gobierno o por la industria, podría demorarse demasiado. Los servicios de salud no están en condiciones de brindar a los padres y a sus hijos el apoyo y el asesoramiento necesarios. Las escuelas ya tienen que hacer, de por sí, grandes esfuerzos para satisfacer las crecientes demandas educativas, de modo que no están en condiciones de asumir responsabilidades por la salud de los niños que a ellas concurren. Sin embargo, hoy en día, la escuela se involucra mucho más que antes en todo lo relacionado con la educación sanitaria, lo que no deja de ser una importante influencia positiva. Pero la realidad es que el cuidado de la salud debe comenzar en el hogar. Los padres tienen que convertirse en la piedra basal sobre la cual se construya la salud y el bienestar de sus hijos. Y lo más crucial en este aspecto, el elemento fundamental de ese bienestar, es alcanzar un estilo de vida sano, con una alimentación adecuada y suficiente ejercicio físico y recreativo.

Este libro –*Cómo ayudar a su hijo con sobrepeso*– será un aporte bienvenido en la biblioteca de todo padre. En forma lúcida e inteligente, la obra no solo explora las causas obvias del sobrepeso en los niños –es decir, comer más de lo necesario y no realizar suficiente actividad física– sino que analiza en detalle las posibles razones subyacentes que hacen más probable que el niño sufra de sobrepeso, razones que, a menudo, están fuera del ámbito de control inmediato del niño. Este libro ayudará a los padres a realizar una serena y detallada evaluación del riesgo de sus hijos a padecer sobrepeso y del peligro que corren de desarrollar alguna de las patologías atribuibles al mismo. Esta obra hace mucho más que incrementar la toma de conciencia del problema. Concretamente, enseña a los padres preocupados por el tema qué es lo que pueden hacer, por dónde empezar y adónde recurrir para obtener ayuda adicional en caso de necesitarla. Karen Sullivan ofrece una cantidad de sugerencias sensatas y prácticas para los niños, fruto de serias investigaciones, que permitirán a los padres ayudar a sus hijos a recuperar el control sobre su salud, a comer en forma saludable sin dejar de disfrutar de las comidas, a ser más activos y a gozar más de la vida. Mantener un peso saludable no es sencillo. De hecho, suele ser extremadamente difícil, pero este libro será una valiosa ayuda para todo aquel que esté dispuesto a trabajar junto con su hijo para optimizar su salud, tanto en el presente como en el futuro.

DR. IAN W. CAMPBELL
Presidente del *National Obesity Forum*

Introducción

No resulta fácil admitir que un hijo tiene un problema de sobrepeso, razón por la cual no sorprende que muchos padres prefieran no hablar del tema o ignorarlo por completo. Después de todo, como primeros responsables de la salud y el cuidado de sus hijos, tener un niño con sobrepeso puede ser un estigma para ellos, porque parecerían ser así incapaces de controlar la dieta y los hábitos de su hijo. Además, con el énfasis puesto por los medios de comunicación en alcanzar el "cuerpo perfecto", tener un problema de sobrepeso suele ser un drama nada fácil de superar y algo que *avergüenza.*

Sin embargo, el problema ha ido poco a poco saliendo a la luz, ya que no solo hay un alto porcentaje de niños que hoy en día pueden ser considerados excedidos de peso, o incluso obesos, sino que este mal está alcanzando proporciones epidémicas. La Organización Mundial de la Salud lo ha denominado el "mayor problema de salud no reconocido del mundo entero". Y ni siquiera los críticos más implacables pueden achacar la culpa por las proporciones que ha adquirido a una falencia en el desempeño del rol que les cabe a los padres.

La premisa básica es: si usted tiene un niño con sobrepeso, no está solo para enfrentar la situación y, por cierto, no es el único culpable de ella. Existen varios factores que pueden hacer que un niño sufra de sobrepeso o de obesidad, y muchos de ellos son producto del estilo de vida en nuestros tiempos. Sin embargo, independientemente de las causas –que exploraremos en profundidad–, nosotros, como padres, tenemos la responsabilidad de hacer algo para ayudar a nuestros hijos excedidos de peso.

Y aquí surge la pregunta acerca de si el sobrepeso en la infancia es, realmente, un problema tan serio.

Muchos de nosotros luchamos con nuestro propio peso, tratando de mantenerlo dentro de ciertos límites de diferentes formas. En algún momento de nuestras vidas, la mayoría de nosotros probó dietas que estuvieron de moda, sin obtener éxito a largo plazo. Sin duda, también hemos jugado con la idea de ir con regularidad al gimnasio o de practicar natación, aunque, seguramente, sin obtener demasiados resultados. Y por cierto, no tenemos muchas ganas de imponer a nuestros hijos todos esos "sacrificios". Además, nos resulta difícil asumir la necesidad de hacerlo. Después de todo, un bebé regordete es mucho más atractivo que un bebé delgado, y un niño con graciosos hoyuelos en sus rodillas es encantador. Pero ¿cuándo ese niño regordete deja de ser atractivo? ¿En qué momento se espera que un niño se transforme y deje de ser un dulce querubín para convertirse en un chico longilíneo?

Por empezar, partamos de una realidad: el niño promedio no es totalmente delgado. A lo largo de varias etapas de su desarrollo, la "grasita de bebé" se acumula y luego se dispersa. Algunos niños tienen esqueleto grande y una distribución despareja del peso; otros son delgados por naturaleza y cada kilo que aumentan parece fuera de lugar. Incluso el bebé más hermoso pasará por períodos en los que es poco atractivo, y hasta el niño más delgado acumulará algunos kilos de más antes de dar un estirón. Al igual que los adultos, los niños se presentan en todos los tamaños y formas, y no existe una norma ni un ideal perfecto al que aspirar. Hay que tener presente, también, que si bien las fotos de modelos delgadas adornan las tapas de casi todas las revistas, estar demasiado flaco tampoco es sano y puede generar problemas tan serios como los que acarrea el sobrepeso.

Cuando hablo de sobrepeso, no me refiero a unos pocos kilos de más, sino al peso excesivo que puede terminar dañando la salud. Más adelante, veremos cómo evaluar si su hijo realmente sufre de sobrepeso o si, simplemente, está acumulando reservas para el proceso natural de crecimiento. De modo que no piense lo peor si su hijo, alguna vez grácil y delgado, de pronto tiene un poco de barriga o mejillas más rellenas. Pero por otro lado, no oculte su cabeza en la tierra como el avestruz. Si compró este libro, es muy probable que esté preocupado por el peso de su hijo, y el instinto paterno y el materno son certeras herramientas cuando se trata de evaluar potenciales problemas que afectan a nuestros hijos. Si piensa que hay un problema, es muy posible que ese problema exista, y hace bien en empezar a ocuparse de él.

La magnitud del problema

De acuerdo con la *International Obesity Task Force (IOTF)* (Grupo Internacional de Trabajo contra la Obesidad), unos 22 millones de niños menores de cinco años registran sobrepeso u obesidad en todo el mundo. Y probablemente le sorprenda saber que el problema no está limitado a los países occidentales. En Zambia y en Marruecos, por ejemplo, entre el 15 por ciento y el 20 por ciento de los niños de cuatro años son obesos. En Chile, Perú y México, las tasas de obesidad superan el 25 por ciento, entre niños de cuatro a diez años.

En el Reino Unido, el gobierno estima que la cantidad de niños con sobrepeso ha aumentado el 25 por ciento desde 1995, alcanzando un promedio total de 17 por ciento de niños con problemas de obesidad. La obesidad entre los niños de seis años de edad se ha duplicado en los últimos años, hasta llegar al 8,5 por ciento. Entre los de quince años, se ha triplicado y llega cerca del 17 por ciento. Y hay que tener en cuenta que esas cifras se refieren a niños *obesos* y no a niños que solo registran sobrepeso. Algunos expertos, líderes en la materia, advierten que, de seguir la tendencia actual, para el año 2020 uno de cada tres adultos, uno de cada cinco varones y una de cada tres niñas padecerán obesidad.

En Australia, las cifras son algo mejores en lo que se refiere a la obesidad, pero no registran mucha diferencia con las del Reino Unido en lo que respecta al sobrepeso: alrededor del 23 por ciento de los niños y adolescentes sufren de sobrepeso u obesidad, con un 6 por ciento de franca obesidad. Sin embargo, los investigadores de la materia señalan que estas estimaciones son sumamente conservadoras, ya que en Australia no ha habido un control sistemático de la existencia de sobrepeso y obesidad entre niños y adolescentes desde 1995. Un dato significativo es que, en la década pasada, la cantidad de niños con sobrepeso se ha casi duplicado, mientras que el número de niños obesos se triplicó.

En Nueva Zelanda, un estudio nacional publicado en 2003 determinó que uno de cada tres niños, entre los cinco y los catorce años, registraba sobrepeso u obesidad. Y en Sudáfrica, una cuarta parte de la población infantil, entre los doce y los dieciocho años, cae bajo la calificación de obesa, a pesar de que la desnutrición no se ha erradicado del país. En los Estados Unidos, el 25 por ciento de los niños blancos (de todas las edades) presenta sobrepeso, y esta cifra aumenta al 33 por ciento entre la población afroamericana e hispana.

Estas estadísticas demuestran que muchas naciones están al borde de una obesidad epidémica o, mejor dicho, que ya estamos inmersos en ella. Pero mientras que para los padres puede ser un consuelo saber que no se encuentran solos, no cabe duda de que es un fuerte llamado de atención para todos nosotros. La obesidad no es solo un problema que define el aspecto de un niño, sino que es una seria amenaza para su salud, como se verá a continuación.

LAS IMPLICANCIAS DE LA OBESIDAD PARA LA SALUD

La obesidad está relacionada con muchos problemas de salud. Gran parte de las investigaciones en este sentido se han llevado a cabo en adultos, dado que la obesidad y el sobrepeso en niños constituyen fenómenos relativamente recientes. Pero los hechos son los mismos: cualquier persona que sufra de sobrepeso, independientemente de su edad, corre el riesgo de sufrir problemas de salud, alguno de ellos realmente graves.

Cáncer

Un estudio realizado en 2003 determinó que cuanto mayor es el sobrepeso de una persona, tanto más elevada es la probabilidad de que desarrolle diversos tipos de cáncer. La *American Cancer Society* (Sociedad de Lucha contra el Cáncer de los Estados Unidos), que realizó el seguimiento de 900.000 personas a lo largo de dieciséis años, determinó que el exceso de peso es un factor que ha incidido en el desarrollo de la enfermedad en el 20 por ciento de todas las muertes por cáncer en mujeres y en el 14 por ciento en hombres.

Se detectó que diversos tipos de cáncer, entre ellos el cáncer de estómago, de próstata y de cuello de útero, tienen alguna relación con el sobrepeso. La grasa incrementa la cantidad de estrógeno en la sangre, con lo cual se incrementa el riesgo de cáncer en el sistema reproductivo femenino (lo que incluye el cáncer de mama, de ovarios, de cuello de útero y de útero) y aumenta el riesgo de reflujo ácido, relacionado con el cáncer de esófago. El mismo estudio determinó que la obesidad se encuentra directamente relacionada con los linfomas (salvo con el de Hodgkin), con el cáncer de páncreas y de hígado y, en el hombre, con el cáncer de estómago y de próstata.

El hecho de que el sobrepeso en niños se produzca a una edad cada vez más temprana hace suponer una predisposición a formas graves de cáncer y que las mismas aparecerán cada vez más tempranamente, con la consiguiente reducción de la expectativa de vida.

Diabetes

La diabetes de tipo dos es una enfermedad generalmente asociada con adultos obesos o con sobrepeso, por lo que, a menudo, se la denomina *diabetes adulta*. Sin embargo, el 45 por ciento de los casos de diabetes recientemente diagnosticados en niños, corresponden al tipo dos. Y de los niños a los que se les ha diagnosticado, el 85 por ciento es obeso. Un nuevo estudio indica que uno de cada cuatro niños con sobrepeso presenta signos tempranos de diabetes de tipo dos. De hecho, la Organización Mundial de la Salud ha realizado la pesimista predicción de que, si la epidemia global de obesidad avanza, para el año 2024, aproximadamente 300 millones de personas podrían estar padeciendo diabetes de tipo dos.

La diabetes de tipo dos es una enfermedad crónica –es decir, que dura a lo largo de toda la vida– en la cual el páncreas no logra producir suficiente insulina y/o los tejidos del organismo se vuelven resistentes a la insulina. La insulina es necesaria para que el cuerpo pueda utilizar y almacenar energía. Esta función se cumple controlando el nivel de glucosa en sangre. Cuando este mecanismo falla, a causa de una insuficiencia de insulina (o porque esta no es utilizada en forma adecuada), los niveles de glucosa en sangre deben ser controlados por medio de una dieta especial. Los niños que presentan sobrepeso, que no desarrollan actividad física y que tienen familiares cercanos con diabetes de tipo dos, son los más expuestos a esta enfermedad. La mayoría de los niños que la padecen no presentan síntoma alguno en el momento del diagnóstico. Por lo general, la enfermedad es detectada cuando el niño consulta al médico por alguna otra razón. En el caso de existir algunos de los síntomas, por lo general son leves: aumento en la frecuencia de la micción, incremento en los niveles de sed y ligera pérdida de peso. Es así como el problema puede pasar inadvertido hasta que su hijo vea al médico por algún otro motivo. En muchos casos, la diabetes de tipo dos es diagnosticada durante la adolescencia, aunque los especialistas están observando casos hasta en niños de cuatro años.

La diabetes no desaparece. Si su hijo adquiere esta enfermedad, la sufrirá de por vida... Y de por vida tendrá que mantener un régimen alimentario especial. Si la enfermedad no es controlada, puede llegar a causar lesiones oculares, cardíacas, renales, circulatorias y neurológicas. Un estudio de largo plazo en cincuenta y un pacientes canadienses, de entre dieciocho y treinta y tres años, en los que se había diagnosticado una diabetes de tipo dos antes de los diecisiete años, encontró que siete de ellos fallecieron a raíz de enfermedades relacionadas con la diabetes, otros tres se estaban sometiendo a diálisis, uno había perdido la vista a los veintiséis años y a uno se le había amputado un dedo del pie. De 56 embarazos registrados a lo largo del estudio, solo en 35 casos el bebé nació con vida.

Afecciones cardíacas

Las afecciones cardíacas tienen causas diversas, pero poca duda cabe de que el sobrepeso hace a un niño más propenso a sufrirlas. Un estudio muy revelador, realizado en niños con sobrepeso, permitió detectar que la mayoría tenía por lo menos un factor de riesgo adicional relacionado con el desarrollo de alguna afección cardíaca: altos niveles de colesterol o hipertensión. El 20 por ciento de los pacientes presentaba dos o más factores de riesgo.

Evidencias recientes también establecieron que las arterias de un niño con sobrepeso pueden llegar a encontrarse tan deterioradas como las de un fumador de mediana edad. Esto hace que sean cinco veces más vulnerables que los niños con peso normal en cuanto a la posibilidad de sufrir un ataque cardíaco o un derrame cerebral antes de alcanzar los sesenta y cinco años. También se ha comprobado que algunos niños con sobrepeso han acumulado depósitos grasos en las arterias clave y que algunas de las arterias más pequeñas podrían encontrarse bloqueadas. Según el doctor George Blackburn, director asociado de la División de Nutrición de la Escuela de Medicina de Harvard: "Tenemos que intensificar nuestros esfuerzos para realizar un diagnóstico precoz y una prevención temprana del sobrepeso y de la obesidad, ya que, de lo contrario, tendremos la primera generación de niños que vivirán menos que sus padres".

Para colmo de males, parece que el síndrome metabólico –un conjunto de afecciones que, unidas, elevan el riesgo cardíaco– afecta a mucha mayor cantidad de niños que lo que se sospechaba. También conocida como síndrome X, esta afección generalmente se diagnostica cuando existen las siguientes manifestaciones patológicas: resistencia a la insulina, obesidad abdominal basada en la circunferencia de la cintura (o, en niños, un índice elevado de masa corporal), hipertensión, colesterol "bueno" bajo y triglicéridos (lípidos en sangre) elevados. Las causas subyacentes del síndrome metabólico son el sobrepeso o la obesidad, la inactividad física y la predisposición genética. Un estudio llevado a cabo en 2004 determinó que la frecuencia del síndrome metabólico crecía a medida que los niños aumentaban de peso. En total, el 38,7 por ciento de los participantes moderadamente obesos y el 49,7 por ciento de los que padecían obesidad morbosa presentaban el síndrome metabólico. Sin embargo, dentro de este estudio, no se observó síndrome metabólico en ninguno de los niños y adolescentes que solo presentaban un moderado sobrepeso.

Diversos estudios realizados acerca de la relación existente entre afección cardíaca y peso corporal demostraron que el exceso de peso puede causar serios problemas cardíacos que reducen la calidad de vida y conducen a una muerte prematura. Si bien la mayoría de los estudios se realizaron en adultos, por el hecho de que hoy en día hay cada vez más niños que presentan los mismos factores de riesgo que esos adultos, podemos prever para un futuro cercano la aparición de ataques cardíacos y derrames cerebrales en adultos muy jóvenes.

Hipertensión sanguínea

La hipertensión es uno de los efectos colaterales del sobrepeso y uno de los factores de riesgo cardíaco. A medida que el niño va engordando, acumula, sobre todo, tejidos grasos. Al igual que otras partes del cuerpo, ese tejido necesita de oxígeno y nutrientes en la sangre para poder sobrevivir. Por lo tanto, en la misma proporción que la demanda de oxígeno y nutrientes aumenta, se incrementa la cantidad de sangre que circula por las arterias. Y un mayor volumen sanguíneo pasando por las arterias también implica una mayor presión sobre las paredes arteriales. El aumento de peso, además, ocasiona un aumento en el nivel de insulina –la hormona que controla el azúcar en la sangre–, que a su vez se encuentra asociado a la retención de sodio (sal) y agua, lo cual incrementa igualmente el volumen (cantidad en cm^3) de sangre circulante. Además, el exceso de peso se encuentra a menudo asociado con un incremento de la frecuencia cardíaca y con una reducción de la capacidad de los vasos sanguíneos para transportar la sangre. Y todos estos factores pueden causar un aumento de la presión sanguínea.

¿En qué medida la hipertensión constituye, realmente, un problema? Un estudio realizado en 2004 determinó que, desde 1988, los niveles de presión sanguínea en niños y adolescentes se han incrementado considerablemente. Otro estudio, anterior a este, demostró que por cada aumento de entre 1 y 2 mm en la presión sistólica del niño, el riesgo de convertirse en un joven adulto hipertenso se incrementa en un 10 por ciento. Esto los expone a una mayor probabilidad de sufrir alguna afección cardiovascular a una edad cada vez menor. A pesar de que, normalmente, la hipertensión es muy rara en niños, se presenta con una frecuencia nueve veces mayor en niños y adolescentes obesos que entre los que no lo son. Sin embargo, cabe subrayar que los cambios de régimen de vida implementados durante la infancia pueden revertir por completo el daño, lo cual justifica plenamente que los padres se ocupen durante esa etapa de tratar el problema del sobrepeso.

Osteoartritis

Este trastorno articular afecta mayormente a las rodillas, las caderas y la zona lumbar. El exceso de peso ejerce una presión adicional sobre esas articulaciones y *desgasta* el cartílago que las protege, causando dolor y rigidez articular. Se trata de un problema serio que afecta profundamente la calidad de vida. Los niños con sobrepeso corren mayor riesgo de desarrollar una osteoartritis a una edad temprana. También están más expuestos a sufrir dolores lumbares, uno de los problemas de salud más comunes, causado o agravado por el sobrepeso y la obesidad.

Apnea nocturna

La apnea también es un problema serio y cada vez más frecuente, sobre todo en los individuos obesos.

La apnea nocturna se produce cuando una persona deja de respirar durante períodos breves –alrededor de diez segundos o más– mientras está durmiendo. A causa del aumento de peso y de la acumulación de grasa en el área del cuello, los tejidos blandos de la garganta bloquean, durante el sueño y en forma intermitente, las vías respiratorias. Esas interrupciones de la respiración se pueden producir hasta unas cien veces durante la noche, y las consecuencias que sobrevienen con un sueño tan discontinuado son problemas de memoria, dolores de cabeza y fatiga, todo lo cual afecta la capacidad de concentración del niño en el colegio.

Estos síntomas nocturnos incluyen ronquidos, interrupciones de la respiración durante el sueño, sueño inquieto y respiración por la boca. En estos casos, se nota que el niño tiene dificultades para levantarse por la mañana, incluso después de haber dormido suficiente cantidad de horas. Durante el día, suele mostrarse hiperactivo y desatento, y presentar problemas de conducta y somnolencia.

Si bien podría pensarse que un simple trastorno del sueño no es riesgoso, en realidad lo es: ha sido asociado con la aparición de hipertensión y con un aumento de la probabilidad de sufrir afecciones cardíacas, derrames cerebrales y arritmias. Desafortunadamente, no se conocen todavía todos los efectos a largo plazo de la apnea nocturna no tratada, pero, en términos generales, los especialistas coinciden en que son sumamente nocivos. Cuanto menos, el continuo déficit de sueño puede afectar la vida de su hijo de diversas formas, y puede ser la causa de depresiones, irritabilidad, pérdida de memoria y falta de energía.

PROBLEMAS DE AUTOESTIMA

Las consecuencias más inmediatas del sobrepeso durante la infancia y la adolescencia son sociales y psíquicas. El niño obeso o con sobrepeso tiene una baja autoestima y no está en armonía con su cuerpo. Además, suele tener bajas notas en sus estudios, malas perspectivas para conseguir trabajo y se siente socialmente aislado. Las investigaciones realizadas indican que el niño obeso siente que su sobrepeso es una discapacidad más grave que perder un brazo o una pierna.

Una bomba de tiempo económica

Podrá parecer una forma muy fría de analizar el problema, pero es importante tomar conciencia de que una afección de salud crónica constituye una carga enorme para los servicios de salud, cuya financiación sale del bolsillo de los contribuyentes. Si la tendencia actual continúa, nuestros niños se verán obligados, como contribuyentes adultos, a financiar la atención de los graves problemas de salud de una población obesa en constante crecimiento. Y un déficit en el sistema significará que no habrá fondos suficientes para la investigación y el tratamiento de otras enfermedades. De modo que, si su hijo llegara a enfermarse en su vida adulta, quizá no se dispongan de recursos suficientes para cubrir los costos de su tratamiento.

Estimaciones recientes sugieren que entre el 2 y el 8 por ciento del total de los costos de salud en los países occidentales son atribuibles a la obesidad. Por ejemplo, el costo directo del tratamiento de la obesidad en Inglaterra, durante el año 2002, fue estimado entre 945 y 1.075 millones de libras. Sin duda, una suma considerable de dinero, gran parte de la cual se podría haber destinado a la investigación de enfermedades para las cuales, al día de hoy, todavía no existe cura alguna.

No todas son malas noticias

Existe un 70 por ciento de probabilidades de que un adolescente con sobrepeso se convierta en un adulto obeso, de modo que si usted no toma medidas para detener el aumento de peso de su hijo, la calidad de vida de este se verá seriamente afectada. El sobrepeso es un tema serio, y es fundamental no minimizar sus potenciales consecuencias. Un estudio reciente sobre el tema arribó a la siguiente conclusión: "La mortalidad atribuible al exceso de peso constituye un importante problema de la salud pública en la Unión Europea. Se considera que al menos una de cada trece muertes por año dentro de la Unión se debe al sobrepeso". Y dentro de los países europeos, el Reino Unido tiene el porcentaje más alto, con 8,7 por ciento de muertes atribuibles al exceso de peso.

Sin embargo, diversos estudios demuestran que un cambio de hábitos alimentarios y un estilo de vida más sano, que incluya un incremento de la actividad física y una reducción del sedentarismo, pueden producir mejorías notables e, incluso, revertir el daño causado por el sobrepeso. Uno de los estudios descriptos anteriormente detectó que las arterias de un niño con sobrepeso se encuentran en condiciones similares a las de un adulto de cuarenta y cinco años que ha fumado durante, por lo menos, diez años. Pero los investigadores también descubrieron que cambiando la alimentación a un régimen sano y agregando ejercicios físicos diarios, el niño con sobrepeso u obeso no solo pierde peso corporal, sino que sus arterias también recuperan una condición más saludable. El profesor Kam Woo, uno de los investigadores, declaró: "No solo nos sorprendió que los niños hubieran desarrollado daños vasculares a una edad tan temprana, sino también la rapidez con que esos daños podían ser revertidos con tan solo la implementación de un estilo de vida más sano".

De modo que el mensaje que transmiten esos estudios es que nunca es demasiado tarde. Incluso un niño muy obeso puede aprender a comer adecuadamente y a cambiar su estilo de vida para mejorar su salud. Y esto es, precisamente, lo que el presente libro pretende enseñar.

Muchos padres se sienten genuinamente apabullados por los problemas de peso en un hijo que, hasta un momento dado, siempre había sido sano; y se sorprenden al ver que sus niños comen prácticamente lo mismo que sus amigos pero que, repentina e inexplicablemente, van acumulando kilos.

Entonces ¿cómo se hace para lograr que un niño cambie de hábitos, sobre todo cuando estos forman parte de nuestra cultura popular? ¿Cómo convencer de que coma frutas y verduras, y deje de lado sus amadas hamburguesas y papas fritas a un chico muy caprichoso a la hora de comer? ¿Qué hacer para que los niños dejen de estar sentados frente al televisor o los videojuegos y salgan a jugar al parque, que anden en bicicleta o se involucren en deportes de equipo, una vez que han desarrollado hábitos sedentarios? Lo más importante es, quizá, manejar los sentimientos que su hijo puede experimentar cuando ya ha desarrollado un visible sobrepeso. Su autoestima puede ser baja; puede tener una mala imagen de su aspecto físico y sentirse avergonzado de su gordura. Es posible que no quiera llamar la atención sobre su cuerpo, ni participar de actividades en las que podría quedar en evidencia por su torpeza.

Vale la pena considerar también si su hijo, efectivamente, sufre de sobrepeso, o si, por el contrario, solo ha aumentado unos kilos como paso previo a una nueva etapa de crecimiento físico, o si el aumento se debe a factores fuera de los parámetros normales.

Independientemente de cuál sea la causa, este libro lo ayudará a detectar si su hijo tiene un problema de peso y a determinar las causas específicas del mismo. Además, le enseñará cómo trabajar en conjunto, como *equipo familiar*, para reencaminar a su hijo antes de que un deterioro de su salud –tanto física como emocional– se instale definitivamente. A lo largo de los distintos capítulos iremos viendo formas prácticas para implementar cambios a fin de que su hijo se vea y se sienta bien. No siempre resulta sencillo hacer los ajustes necesarios, sobre todo cuando se tiene un presupuesto limitado y tiempo incluso más limitado por las múltiples actividades, pero siempre hay formas de lograrlo. Juntos iremos viendo cómo se puede organizar la agenda familiar y cambiar ciertas dinámicas establecidas por otras más positivas y más conducentes a una vida familiar sana. Además, es fundamental que toda la familia se involucre en el proyecto, ya que, de lo contrario –y lo digo con toda franqueza–, no funcionará.

A diferencia de otros problemas de salud, la obesidad y el

sobrepeso pueden ser encarados exitosamente implementando algunos cambios en el estilo de vida de la familia. No existen soluciones mágicas, pero sí ajustes que, cuando se hacen, pueden transformar la vida de todos los integrantes del grupo familiar y aumentar el bienestar de sus integrantes en todos los aspectos. Todo padre desea un futuro sano para sus hijos, pero la obesidad constituye una amenaza sin precedentes para ese futuro. Cuanto antes usted ponga manos a la obra para resolver los problemas e implemente los cambios necesarios, tanto mejor. Y el proceso comienza ahora mismo.

CAPÍTULO 1

¿Su hijo es obeso?

Los padres suelen estar pendientes del aumento de peso de sus hijos y, por lo tanto, muy conectados con la realidad cuando se trata de evaluar un problema potencial de este tipo. A lo largo de toda la infancia, el peso del niño, por lo general, sufre grandes fluctuaciones que, sin embargo, se encuentran dentro de los límites normales. El niño suele aumentar de peso antes de la pubertad y durante otros períodos de crecimiento físico. Algunos niños pueden llegar a aumentar de peso durante el invierno y volver a perderlo en el verano, cuando desarrollan mayor actividad física. Los períodos de estrés o de problemas emocionales, de enfermedades o lesiones por accidente, también pueden afectar los hábitos alimentarios y los niveles de actividad, provocando un aumento de peso. Puede haber situaciones de estrés de corta duración, que afectan el peso del niño y que se resuelven en cuanto se eliminan o neutralizan los factores que las han originado.

Sin duda, es importante registrar hasta los mínimos aumentos de peso, pero también es importante mantener las cosas en perspectiva y no entrar en pánico o preocuparse sin motivo. Si se supervisan debidamente tanto la dieta del niño como los niveles de ejercicio físico que hace y, además, se está atento a cualquier factor que pueda incidir negativamente sobre su salud emocional, se evitará que los pequeños problemitas se conviertan en grandes problemas.

Sin embargo, no cabe duda de que el aumento de peso puede ser muy insidioso e instalarse sin que uno tome conciencia de ello. Hay padres que afirman que recién se percataron de que su hijo había engordado demasiado al verlo en traje de baño entre otros niños más delgados o que, de pronto, se dieron cuenta de que la simpática "gordura de bebé" se había convertido en algo muy diferente. El no haberse percatado de los primeros signos de sobrepeso en sus hijos no los convierte en "malos padres", ni mucho menos. De hecho, uno mismo, como adulto, puede no darse cuenta de cómo ha ido aumentando de peso hasta que, de pronto, nota que la ropa le ajusta demasiado.

Si usted no tiene una imagen realista del peso de su hijo o no se percató de su aumento excesivo, le aseguro que no se encuentra solo. Un estudio revelador, publicado en el Reino Unido en 2004, dejó ver que, aun en el caso de niños clínicamente obesos, por lo menos un tercio de los padres –más los padres que las madres– cree que su hijo tiene el peso normal para su edad. No es fácil juzgar objetivamente a alguien a quien amamos, sobre todo cuando lo vemos todos los días y nos hemos acostumbrado a su aspecto físico. Pero también es cierto que solemos cerrar nuestros ojos ante realidades que no deseamos ver.

Sin embargo, nunca es tarde para abrirlos y realizar una evaluación honesta de la situación. La clave está en determinar si su hijo tiene un auténtico problema de sobrepeso –utilizando los métodos descriptos en las siguientes páginas– y luego adoptar las medidas necesarias para modificar los aspectos del estilo de vida del niño que pueden estar contribuyendo a su indebido aumento de peso.

En este capítulo analizaremos las distintas formas de evaluar el peso de un niño. También veremos cómo determinar si el peso puede o no convertirse en un problema en el futuro, teniendo en cuenta factores como los hábitos alimentarios o el estilo de vida. Sin duda alguna, es más fácil prevenir un problema que solucionarlo una vez que se instaló. El sobrepeso es también un problema emotivo que tiene consecuencias dramáticas para la autoestima y la imagen personal, dos factores cruciales en el desarrollo emocional del niño. Cuanto antes uno se ocupe del problema, con la sensibilidad y la empatía que la situación requiere, tanto más éxito se tendrá en la empresa.

Hay muchas maneras para determinar si su hijo sufre o no de sobrepeso, algunas más confiables que otras. Lo importante es no llamar innecesariamente la atención sobre lo que usted pueda percibir como un problema. Su hijo, sin duda, tendrá tanta conciencia como usted acerca de cualquier potencial problema de sobrepeso, y manejarlo como si se tratara de una enfermedad solo logrará minar su confianza en sí mismo. Muchas familias tienen la costumbre de medir la altura de sus hijos a intervalos regulares, y determinar el peso del niño como parte de un procedimiento habitual permite estar atento a cualquier potencial problema sin hacer mucho "ruido" al respecto. Es una forma de tener a mano los datos que necesitará para realizar una evaluación en privado y elaborar un plan de acción que evite que su hijo sienta que está en la mira o que es *diferente*. Obviamente, es necesario involucrar al niño en cualquier programa que se encare para regular su peso (tema que analizaremos más adelante), pero su rol debe ser manejado con cuidado y sensibilidad.

¿QUÉ ES EL SOBREPESO?

La pregunta podrá sonar tonta, pero muchos padres se sienten bastante confundidos ante esta terminología. La obesidad y el sobrepeso son dos términos utilizados con frecuencia en los medios, y puede resultar difícil comprender la diferencia que existe entre ellos o la importancia que cada uno reviste. Se han llevado a cabo múltiples estudios para determinar qué se entiende exactamente por *sobrepeso* y qué por *obesidad*, tanto en niños como en adultos. Los niños resultaron particularmente difíciles de categorizar, principalmente por las grandes diferencias en el modo en que crecen y en el tiempo en que este crecimiento tiene lugar.

En un sentido estricto, el sobrepeso es, simplemente, un exceso de peso en relación con la altura de un niño. Sin embargo, diversos factores pueden afectar el peso, incluso una estructura ósea más grande y pesada o una mayor masa muscular. Estos factores no se tienen en cuenta cuando se evalúa el sobrepeso de acuerdo con el criterio enunciado. Por lo tanto, el peso de su hijo puede discrepar marcadamente del indicado en las tablas en relación con la estatura y ser, sin embargo, un niño delgado y sano. Un niño más pesado no necesariamente es un niño gordo, aun cuando supere lo considerado como *normal* para su estatura.

En realidad, el sobrepeso solo constituye un problema cuando existe un exceso de adiposidad corporal. El niño con sobrepeso que ha acumulado demasiado tejido graso puede estar en camino hacia la obesidad, que es la etapa en la que comienzan realmente los problemas de salud.

¿QUÉ ES LA OBESIDAD?

La obesidad se define como un exceso de adiposidad corporal. Este exceso de tejido graso suma peso y puede desviar al niño de su crecimiento normal. Si su hijo aumenta de peso más rápidamente que lo normal, debería ser controlado para determinar si puede incluirse en el rango de la obesidad.

La altura y la constitución física inciden para determinar si corresponde calificar a un niño de obeso. Por lo general, sería considerado obeso cuando su peso supere, en forma significativa, el ideal para su altura. En general, si su peso está un 20 por ciento por encima del estimado normal para su altura, un niño podría ser obeso. Sin duda, la mayoría de los padres tendrá en su poder alguna tabla de medición del desarrollo, suministrada por un centro pediátrico, por su médico o incluida en algún libro de puericultura.

TABLAS DE DESARROLLO

Las tablas de desarrollo le indican en qué punto de la escala se encuentra su hijo en relación con otros niños de la misma edad. Constituyen una forma de ir controlando el peso y la altura pero, más allá de eso, son una herramienta importante para monitorear el desarrollo de un niño. En estas tablas, las curvas de percentiles representan el porcentaje de niños que tienen la misma altura o el mismo peso. El percentil 50 representa la media, o sea el promedio de peso o de altura para cada grupo de edades, por lo cual el 50% de los niños se encontrará por encima de ese punto y el 50% por debajo del mismo. Por ejemplo, si un niño de tres años y medio pesa alrededor de 13,5 kg, se encontrará en el percentil 9 para su peso, a esa edad (la tabla que se reproduce como modelo en la página que sigue, ilustra cómo se llega a esa franja de centiles). Esto significa que el 91% de los varones de su edad pesan más que él, pero también significa que pesa más que el restante 8%.

La manera en que se ha producido el crecimiento de su hijo es más importante que el percentil en el cual se encuentra. Los niños que se ubican en el percentil 9 para su peso pueden ser normales si la velocidad de su desarrollo, es decir el ritmo al que van creciendo, es normal. El niño de baja estatura con un esquema de crecimiento normal tendrá su propia curva de crecimiento en la tabla de desarrollo, pero esta seguirá siendo paralela a la del percentil 9. Es importante observar una cantidad de valores diferentes de altura y peso a través del tiempo para evaluar la tasa de desarrollo de un niño.

En lo que se refiere al control del peso, lo que se está buscando es una curva consistente. Si su niño salta, de pronto, del percentil 50 al 91 en su peso, puede existir un problema. Pero, por el contrario, si su niño siempre estuvo y continúa estando en el percentil 91 de las tablas y no presenta señales de exceso de peso, no hay motivo para preocuparse.

Es posible que usted ya tenga una serie de tablas de desarrollo en las cuales ha ido registrando el crecimiento de su hijo. Si bien puede ser normal que un niño cambie de percentil entre su nacimiento y los dieciocho meses de edad, después, por lo general, mantiene la curva de crecimiento dentro de bandas de uno o dos centiles. Cualquier cambio importante puede representar una modificación patológica del peso.

Si usted no ha llevado un registro de la altura y del peso de su hijo a través del tiempo, nunca es demasiado tarde para comenzar a hacerlo. Es una buena manera de monitorear tanto el crecimiento como la aparición de potenciales problemas. Si descubre que ya se encuentra muy por encima del percentil 91

Percentiles de peso y de altura por edad
Varones de 1 a 5 años

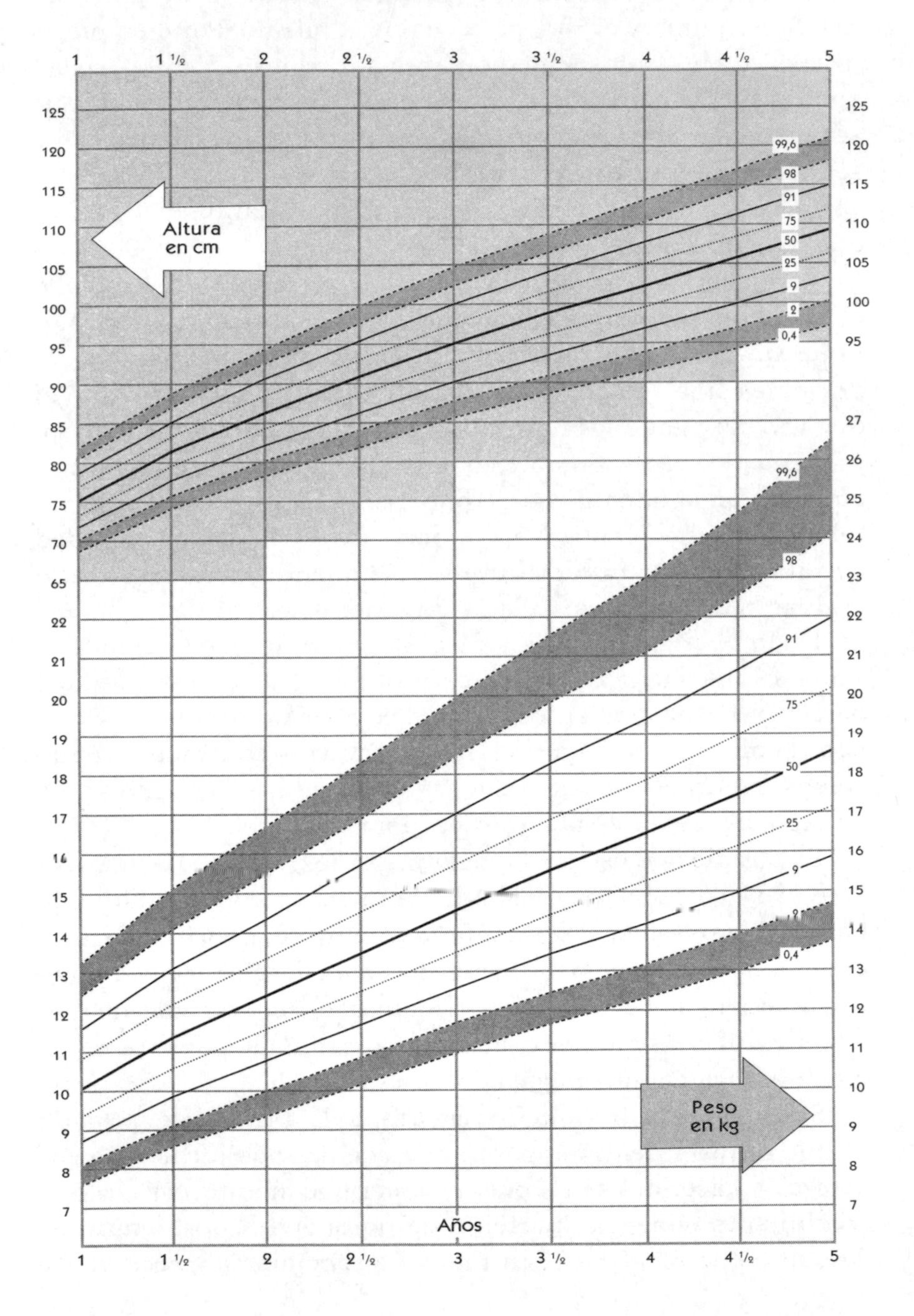

en cuanto al peso en relación con la altura, y está preocupado por un potencial sobrepeso, es el momento de actuar.

Tabla de IMC

El Índice de Masa Corporal (IMC) es un criterio científico que relaciona el peso con la altura de una persona. Solo recientemente se ha comenzado a recomendarlo como una medición de rutina en el control del desarrollo infantil.

A partir del año de edad ya es posible registrar el IMC de su hijo en una tabla estándar que indica el IMC de otros niños de la misma edad. Dado que los parámetros considerados normales cambian con la edad (por ejemplo, el niño más pequeño tiene más "grasita de bebé"), el IMC debe ser registrado en tablas pediátricas especiales y no evaluado de acuerdo con el índice IMC universal, utilizado para los adultos.

Todo esto puede parecer muy complicado, pero no lo es. Si alguna vez llevó a cabo el cálculo del IMC adulto, sabrá que hay cifras estándar que indican si el individuo se encuentra bajo de peso, en un peso normal o saludable, o si está en el rango del sobrepeso o de la obesidad. En un adulto, el IMC de menos de 18,5 se considera bajo, entre 18,5 y 24,9 se toma como saludable, entre 25 y 19,9 es considerado sobrepeso, y con más de 30 ya se habla de franca obesidad.

Sin embargo, debido al ritmo de crecimiento de un niño, resulta imposible categorizarlo con la misma facilidad, a pesar de que se utiliza la misma ecuación: peso en kilogramos dividido por la altura en metros, al cuadrado. Por ejemplo, un niño de siete años que pesa 25 kg y mide 1,10 m, tiene un IMC de 20,6 (1,10 x 1,10 = 1,21; 25 ÷ 1,21 = 20,6), pero presenta sobrepeso. De la misma manera, tal como se puede ver en la tabla de la página siguiente, el IMC declina desde la primera infancia hasta los cinco o seis años y luego va aumentando a lo largo del resto de la infancia y de la adolescencia. Los niños tienden a seguir estrechamente una línea de centil durante la infancia; como padre, su objetivo será cerciorarse de que eso también ocurra en el caso de su hijo.

Después de los cinco o seis años, el aumento del IMC se denomina *rebrote de adiposidad*, y es un período que los médicos controlan cuidadosamente. Si ese rebrote de adiposidad se produce a una edad demasiado temprana (por ejemplo, alrededor de los tres o cuatro años), el niño corre mayor riesgo de sufrir de sobrepeso a fines de la adolescencia y a principios de la adultez, según los estudios realizados sobre el tema. Si el rebrote de adiposidad se produce demasiado tarde, su médico debería observar si su hijo está, o no, aumentando lo suficiente. Si el rebrote es muy abrupto –un aumento de peso demasiado rápido para la altura del niño– es el momento de observar con detenimiento los hábitos alimentarios y los niveles de actividad del niño, a fin de determinar si alguno de esos factores está incidiendo en el repentino aumento de peso.

¿Qué significan estas tablas?

Estas tablas del IMC para varones y para chicas, muestran las líneas centiles para el índice de masa corporal, basadas en datos referidos al Reino Unido. El área sombreada en gris indica un espectro saludable del IMC. Las líneas de la *International Obesity Task Force (IOTF)* (Grupo Internacional de Trabajo contra la Obesidad) se corresponden con las definiciones de la OMS sobre obesidad y sobrepeso en adultos.

Cuando se intenta descifrar los registros del Índice de Masa Corporal, es importante considerarlos como una tendencia, en lugar de concentrarse en las cifras individuales. Cualquier medida, tomada fuera de contexto, puede transmitirle una impresión equivocada acerca del crecimiento de su hijo. El verdadero valor de las mediciones del Índice de Masa Corporal consiste en verlas como un esquema de desarrollo a través del tiempo. Su niño puede estar creciendo a un ritmo normal y estar dentro de un peso saludable, aun cuando su peso pase a una curva de crecimiento superior, siempre y cuando la curva no siga ascendiendo. Por ejemplo, si su hijo pasa del percentil 50 al percentil 75 pero permanece ahí, probablemente su crecimiento sea el normal para él.

Tabla del IMC para varones
Desde el nacimiento hasta los 20 años

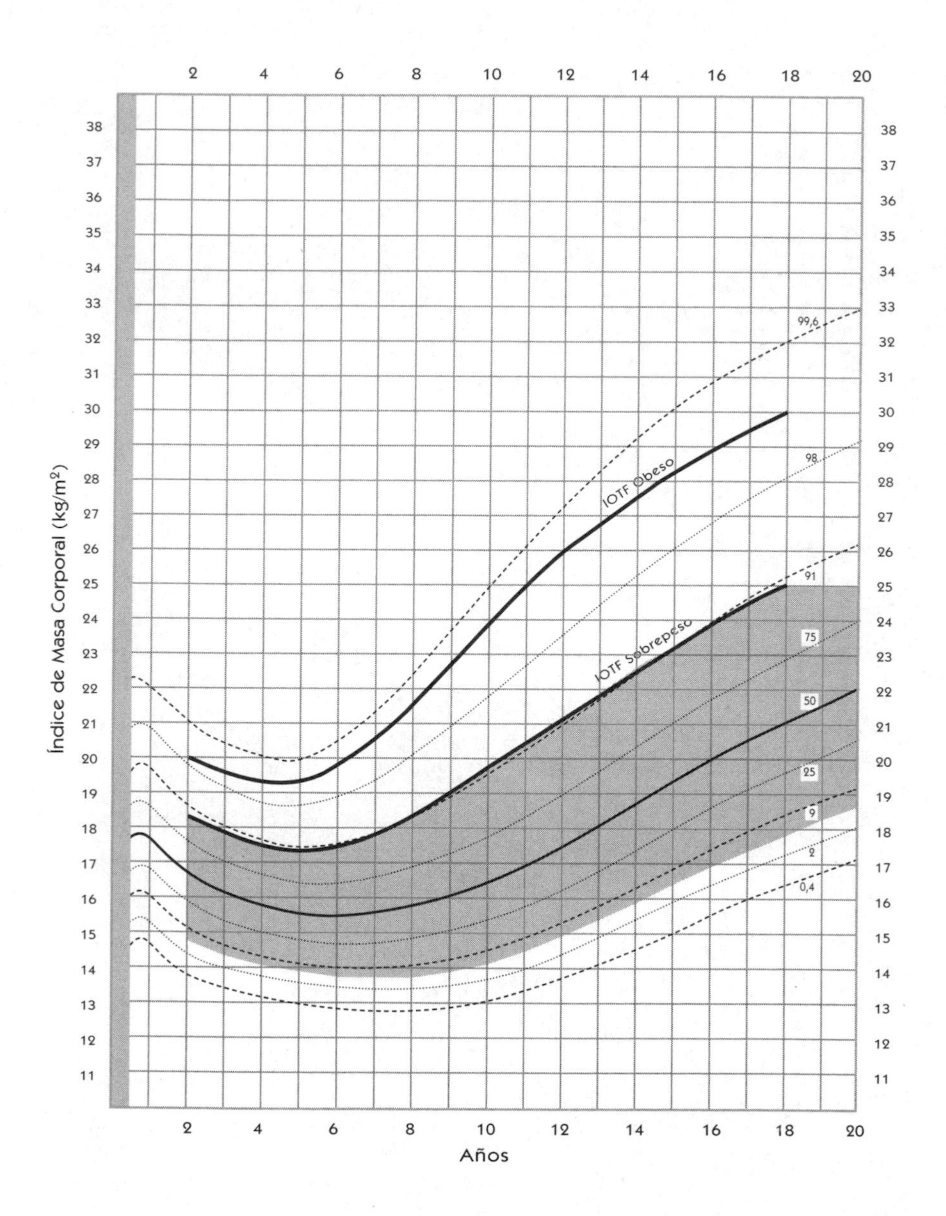

Tabla del IMC para mujeres
Desde el nacimiento hasta los 20 años

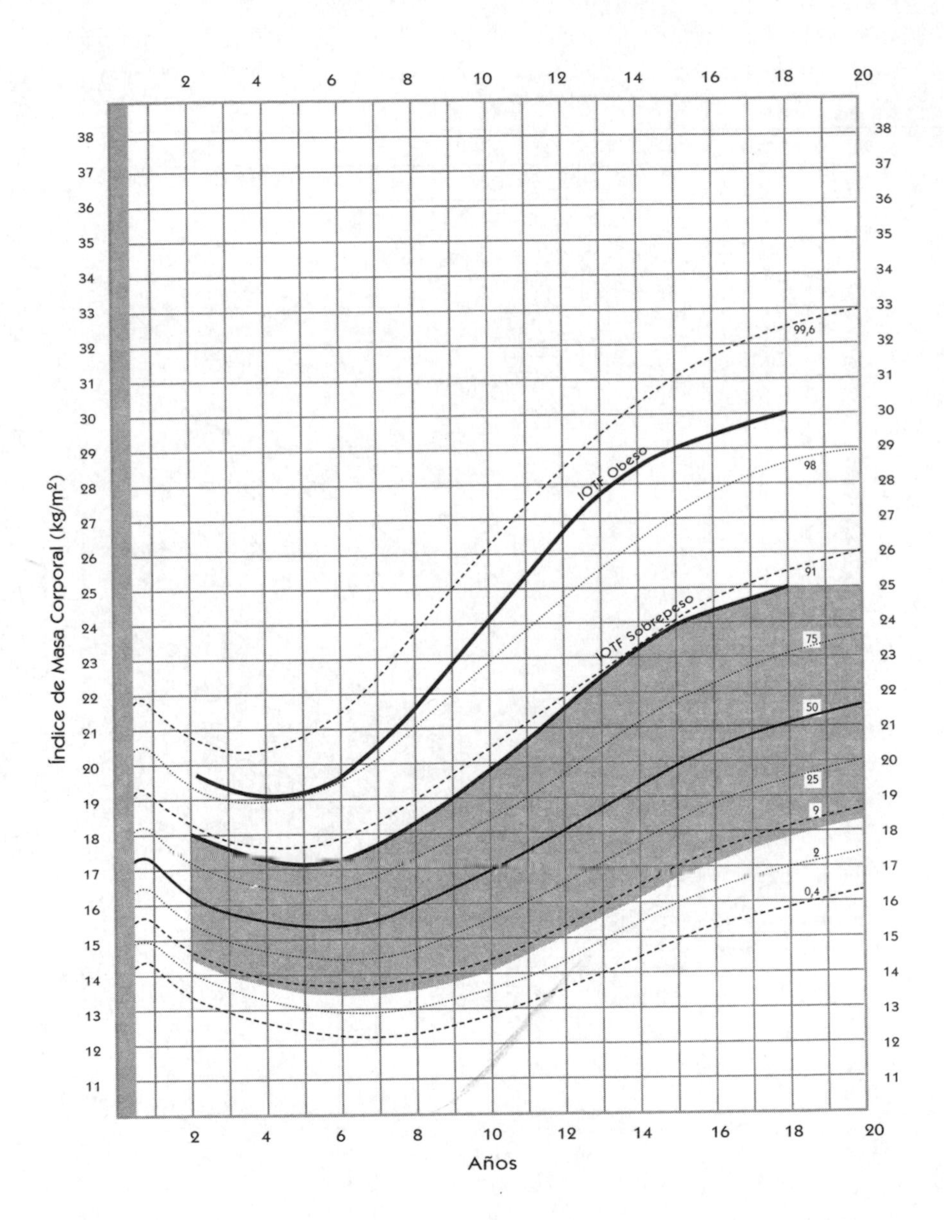

Preste atención a las curvas a medida que su hijo vaya creciendo y esté atento a la aparición de cambios repentinos. Vale la pena reiterar que si no ha llevado un registro del peso y de la estatura de su hijo a través de los años, nunca es tarde para comenzar.

Las tablas del IMC han sido diseñadas cuidadosamente para tomar en cuenta aumentos de peso normales durante los períodos de crecimiento. Sin embargo, el IMC no es una medida directa ni perfecta de la grasa corporal acumulada. Por ejemplo, un niño de musculatura muy desarrollada puede encontrarse, de pronto, en la categoría de sobrepeso porque los músculos pesan mucho más que la grasa. Por lo tanto, en la actualidad, los especialistas recomiendan que se tome la medida de la cintura para obtener un cuadro más preciso. Un elevado centil de cintura juntamente con un alto centil de IMC dará una confirmación más concluyente acerca de la obesidad. En las páginas 42 y 43 encontrará las tablas relacionadas con la circunferencia de cintura. Las áreas grisadas representan el espectro saludable en estas mediciones.

Observe que existen tablas de IMC y de circunferencia de cintura separadas para varones y para niñas, a fin de tener en cuenta las diferencias en las tasas de crecimiento y la cantidad de grasa corporal a medida que los dos sexos maduran. Tenga cuidado de controlar el IMC y, de ser necesario, la circunferencia de la cintura, en la tabla correcta.

UN ENFOQUE MENOS CIENTÍFICO

El aspecto físico de un niño debería brindar claves bastante acertadas acerca de si tiene o no un peso excesivo, y una rápida investigación de sus hábitos alimentarios y de sus niveles de actividad será, probablemente, más que suficiente para confirmar sus sospechas.

Después de los dos años, ningún niño debería tener rollos de grasa en ninguna parte de su cuerpo y, decididamente, no en torno a la cintura. Si se pueden notar y contar sus costillas,

Circunferencia de cintura - varones

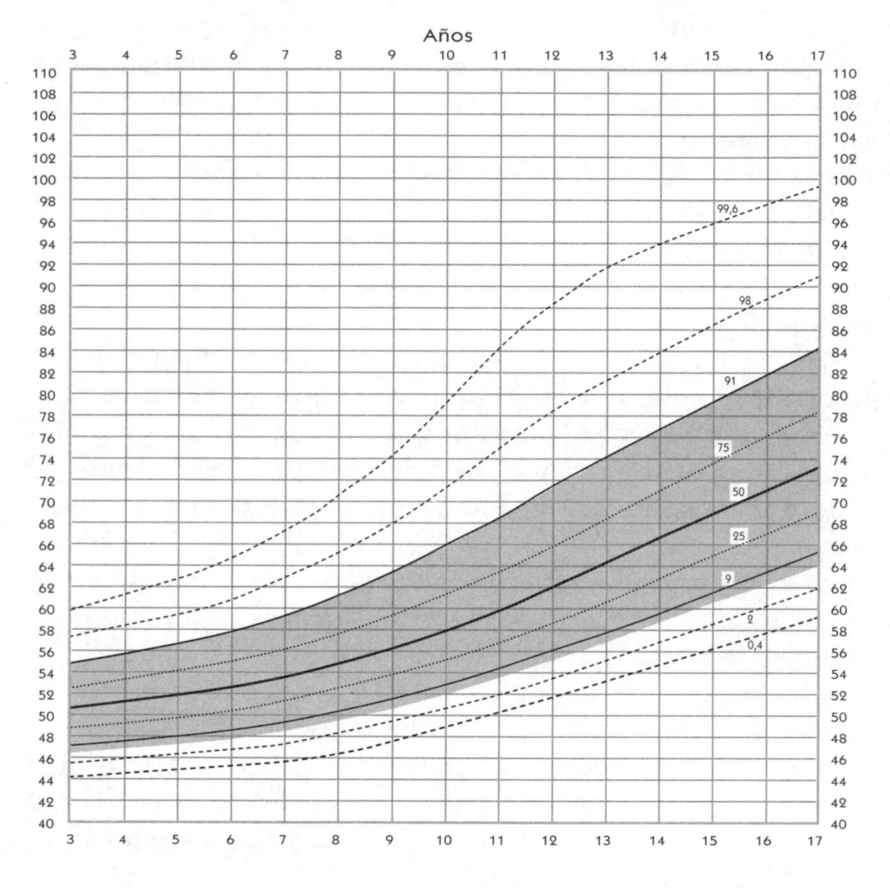

no hay razón para alarmarse. En la mayoría de los niños sanos, la musculatura debería ser evidente (es decir, deben poder notarse los músculos debajo de la piel, por pequeños que sean), como así también partes de la estructura esquelética. A partir de los seis años, comienzan a perder peso en las extremidades (brazos y piernas) y lo fijan en el tronco. De modo que si su hijo de siete años tiene demasiado volumen en sus muslos o en la parte superior de sus brazos, es posible que tenga sobrepeso. Más adelante analizaremos el aumento de peso normal en un niño y en qué partes suelen formarse acumulaciones de grasa a medida que cambia la forma de su cuerpo. Sin embargo, cualquier diferencia fuera de la norma –por

Circunferencia de cintura - mujeres

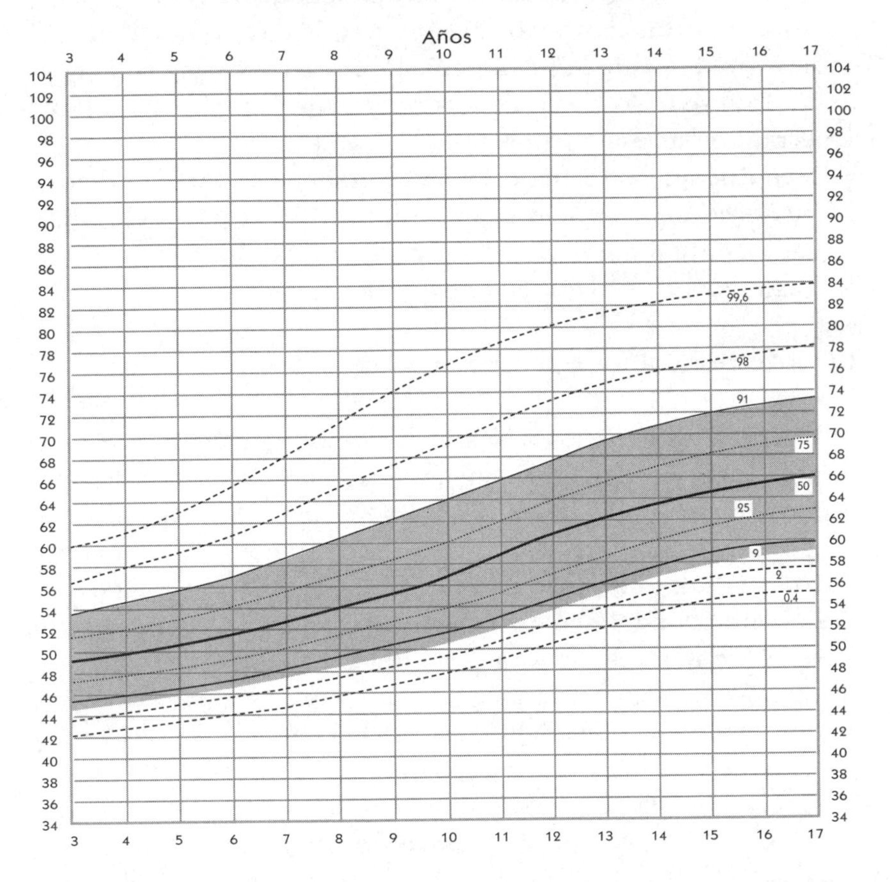

ejemplo, un varón adolescente que, de pronto, pareciera acumular en sus muslos adiposidad en lugar de musculatura– debería ser investigada.

¿Qué pasa cuando usted compra ropa para su hijo? ¿Tiene que comprar dos o tres talles más grandes de lo realmente necesario, solo porque la cintura no cierra o las mangas son demasiado ajustadas? La cintura suele ser una excelente guía, ya que un niño alto pero delgado podrá necesitar talles más grandes a causa de su altura, pero en ese caso la cintura siempre quedará perfectamente bien. Sin embargo, esto no constituye una guía infalible, dado que algunos niños de corta edad simplemente son más altos que el promedio, aunque siguen teniendo todavía la barriga adecuada para su edad. De todos modos, en esas circunstancias, estos parámetros le darán una idea adecuada. También vale la pena pedir la opinión a amigos de confianza. En ese caso, formule sus preguntas de manera tal que les permitan dar una respuesta honesta.

Recuerde que la forma corporal y la distribución de adiposidades, como así también el incremento en el peso, cambian marcadamente a medida que los niños se van haciendo mayores. Veamos qué es lo que se considera *normal.*

Aumento normal de peso en el niño

Desde que es bebé hasta alcanzar los cinco o seis años, el niño acumula más adiposidad en sus extremidades que en el tronco. Después de esa edad y hasta la adolescencia comienza a acumular, proporcionalmente, más adiposidad alrededor del vientre y del tronco. ¡Y después todo parece enloquecer! Durante el pico de crecimiento del adolescente, los varones acumulan más adiposidad en el tronco mientras que esta decrece en brazos y piernas. Durante ese período, las niñas aumentan de la misma manera, tanto en el tronco como en brazos y piernas.

De modo que la repentina aparición de una barriga después de los seis años no es señal de obesidad, ni lo es que, de pronto, su hija adolescente acumule más adiposidad en todo el cuerpo. En los varones, el pico de crecimiento de la adolescencia implica, obviamente, un aumento de peso. Pero este se debe, principalmente, al tejido óseo y a la musculatura esquelética, además de a una cierta adiposidad. Las niñas, por su parte, crecen menos en altura, presentan un aumento menos evidente de musculatura esquelética pero, en cambio, registran un aumento continuo de la masa adiposa. En ellas, el pico de crecimiento de la adolescencia comienza alrededor de los nueve o diez años; en los varones, entre los once y los doce, aunque esto varía de niño a niño.

En promedio, un varón aumenta alrededor de 2-3 kg por año entre los seis y los diez años. Al comenzar la adolescencia y la pubertad, la tasa de crecimiento varía, primero en estatura y luego en peso, a pesar de que es muy normal que un niño aumente de peso antes de un repentino pico de crecimiento. Primero ganan en peso y luego se produce el estirón. Esto no debe ser motivo de alarma. Las niñas suelen registrar su período de máximo crecimiento alrededor de los doce años, que luego se va reduciendo paulatinamente hasta los dieciséis a dieciocho años. En el apogeo de su período de crecimiento (entre los once y los trece años), aumentan unos 7 kg, aunque pueden superar esta marca considerablemente. En los varones, el principal período de crecimiento comienza alrededor de los once o doce años y alcanza su punto máximo alrededor de los catorce. Después, su tasa de crecimiento se desacelera, pero el crecimiento continúa hasta los dieciocho o veinte años. Durante el período de crecimiento máximo (entre los trece y los quince años), los varones aumentan un promedio de 14 kg. Durante ese período, tienden a acumular menos adiposidad que las chicas.

En general, el peso corporal de un niño se duplica entre los diez y los dieciocho años. En los varones, el peso adicional está dado, principalmente, por la masa muscular. En las chicas, el peso adicional está constituido por masa muscular y adiposidad en las caderas y en los senos, lo que les otorga formas más redondeadas. Es importante diferenciar entre curvas femeninas y gordura. Cuando su hija entre en la adolescencia, cambiará de formas y usted no debe preocuparse por eso, salvo que el aumento de peso sea evidentemente superior al que debería ser.

Todos los niños son diferentes y, por lo tanto, maduran y se desarrollan en forma diferente. Algunos son precoces y entran en la pubertad mucho antes que los demás; otros recién experimentan un pico de crecimiento ya bien entrados en la adolescencia. En síntesis, es necesario estar preparados para el aumento de peso como parte integral de todos los cambios que experimentará su hijo al crecer, pero, al mismo tiempo, hay que estar atentos a cualquier cambio fuera de lo común.

¿DEMASIADA ADIPOSIDAD?

Si usted tiene dudas acerca de si su hijo ha acumulado demasiada adiposidad, su médico debería ser la primera instancia de consulta. En caso de considerarlo necesario, el profesional medirá la cantidad de adiposidad de su hijo, controlando la medida de su cintura. Luego comparará esta cifra con la cifra estándar para niños de edad y estatura similares.

Adiposidad y músculos

Una de las razones por las cuales el peso del niño se incrementa en forma tan llamativa durante la adolescencia es el desarrollo de mayor musculatura. Como hemos visto, los músculos tienen un peso considerablemente superior a la grasa. El problema es que con los actuales niveles de inactividad física –y un estilo de vida cada vez más sedentario– los chicos no desarrollan la musculatura en el grado en que deberían hacerlo. De modo que, de hecho, pueden tener sobrepeso porque sus músculos no se han desarrollado en la medida de lo esperado y, en cambio, han acumulado adiposidad. Esta es una de las razones por las cuales es importante utilizar tablas de crecimiento actualizadas. Los investigadores que han desarrollado las tablas de crecimiento más recientes fueron conscientes de ese cambio de musculatura por grasa y lo han tenido en cuenta al elaborar los IMC normales y razonables para niños.

Pero, por otro lado, un niño que hace mucho ejercicio tendrá más músculos que adiposidad, y puede llegar a ser más pesado que el promedio de su edad y estatura. También aquí vale eso de observar la coherencia. Un niño que se mantiene dentro de su percentil, o muy próximo al mismo, y se ve perfectamente en forma, no tiene un problema de sobrepeso, aunque parezca pesado para su edad y estatura.

HÁBITOS ALIMENTARIOS Y EJERCICIO

Lo que su hijo come no solo es un buen indicador de si tiene probabilidades de sufrir de sobrepeso en el futuro, sino que también constituye una clave para determinar si un problema de peso se debe a factores relacionados con su estilo de vida y no a una tendencia hereditaria o a un problema físico. Los malos hábitos alimentarios son, sin duda, la causa de la mayor cantidad de problemas de peso. En el próximo capítulo analizaremos en detalle esta y otras causas del sobrepeso. Si su hijo come demasiado, lo hace compulsivamente o por razones emocionales, o simplemente ingiere alimentos poco saludables en forma regular, lo más probable es que vaya adquiriendo sobrepeso. El otro problema central es el ejercicio físico. Si un niño no desarrolla suficiente actividad de este tipo, es muy probable que, por menos o por bien que coma, tenga problemas de sobrepeso en el futuro. Estos factores relacionados con el estilo de vida son cruciales para determinar tanto los problemas de peso potenciales como las causas de un repentino aumento de peso. El niño que durante la adolescencia aumenta repentinamente de peso puede estar a punto de pasar, o estar pasando, por una etapa de crecimiento repentino, pero si se alimenta en forma poco saludable y realiza escasa actividad física, lo más probable es que ese aumento de peso no se deba solo a una etapa de desarrollo natural.

Analice el test que presentamos a continuación para evaluar a su hijo. Aunque en la actualidad no tenga problemas con su peso, un estilo de vida poco saludable casi siempre determina un futuro con sobrepeso y puede ser, además, la explicación de un repentino aumento.

Verá que muchas de las preguntas están relacionadas con la alimentación de los padres y la filosofía familiar con respecto a un estilo general de vida saludable. Las razones son evidentes: un niño no se cría en el vacío, sino que se verá fuertemente influenciado por las elecciones que usted, como padre, haga con respecto a su alimentación y a su estilo de vida. Si en su familia nadie realiza actividad física, será difícil que sus hijos opten por entretenimientos saludables en lugar de adherir a la rutina familiar. Si usted come motivado por el estrés y la angustia oral o recurre a las golosinas como alivio a alteraciones emocionales, es muy probable que sus hijos asocien comida con recompensa y consuelo. Si usted vive haciendo dietas para luego volver a caer en comportamientos alimentarios poco saludables, si es quisquilloso con la comida y no sirve alimentos saludables como rutina, será muy difícil que sus hijos adquieran hábitos más saludables en este aspecto. Los niños aprenden lo que viven, de modo que es su responsabilidad de padre predicar con el ejemplo a fin de inculcar a sus hijos costumbres alimentarias y un estilo de vida saludables.

Test

❑ Al mediodía en el colegio, su hijo suele comer:

A Comida rápida (*fast food*) comprada en la escuela (porque es lo único que hay).

B Una vianda preparada en casa que contiene alimentos preenvasados, como sándwiches de pan blanco, papas fritas, chocolate, dulces y una gaseosa o un jugo artificial (en lugar de jugo exprimido).

C Una vianda preparada en casa con alimentos como atún en un pan árabe integral, zanahorias tiernas, fruta, yogur y jugo de fruta o, si no, un almuerzo igualmente sano, preparado en el comedor o restaurante del colegio.

❑ Durante la cena en su casa, por lo menos cuatro días por semana:

A Cada miembro de la familia se arregla como puede, comiendo lo que quiera y cuando quiera.

B Todos comen lo mismo pero, por lo general, mirando televisión.

C Todos comen juntos, sentados a la mesa con el televisor apagado.

❑ ¿Cuántas raciones de frutas y verduras por día incluye usted en sus menús? (Para mayor información acerca de las raciones, cf. páginas 125 y 128.)

A Menos de tres.

B Tres o cuatro.

C Cinco o más.

❑ Cuando usted se siente disgustado o deprimido:

A Prepara o compra dulces, golosinas o pasteles para sus hijos, porque lo distrae de sus preocupaciones o de las de los niños.

B Se consuela con alguna golosina especial, como helados, tortas o chocolate.

C Da un largo paseo a pie, en bicicleta o en automóvil para desestresarse.

❑ Cuando el equipo de fútbol en el que juega su hijo pierde un partido, o cuando su hija es aplazada en un examen y se siente muy mal, ¿qué hace usted?

A Le compra o le prepara una comida especial –galletitas o pizza– para que su hijo o hija se consuele.

B Le permite estar enfadado o enfadada un rato, discute el problema y luego le promete salir a comer un helado después de la cena.

C Le permite estar enfadado o enfadada un rato y luego le organiza una salida con su mejor amigo/a para que se distraiga, por ejemplo, jugando al minigolf, dando un paseo en bicicleta, nadando o realizando otra actividad física similar.

❑ ¿Con qué frecuencia le permite a su hijo consumir gaseosas o bebidas dulces con base de frutas (bebidas que contienen menos del 80 por ciento de jugo de frutas natural)?

A Todas las veces que quiera.

B Casi todas las noches con la cena y en ocasiones especiales como en su cumpleaños o en el cine.

C Muy raras veces.

- ❑ ¿En qué ocupa su hijo las tres primeras horas que siguen a su regreso del colegio?

  A Se queda en casa, solo, jugando con videojuegos o mirando televisión mientras "pica" lo que quiera (generalmente gaseosas y papas fritas).

  B En una actividad organizada. Los días que no la tiene y está en casa, se entretiene con juegos en la computadora o con videojuegos, junto con sus amigos, mientras come un bocado saludable o un taza de cereales.

  C Casi todos los días de la semana tiene una actividad organizada o sale a pasear en bicicleta o juega en el parque con sus amigos. Como tentempié come fruta o queso.

- ❑ Si su médico le informa que tiene 11 kg de sobrepeso y que necesita perder esos kilos por razones de salud, usted:

  A Pide que le recete pastillas para adelgazar o algún otro método rápido, porque hacer régimen nunca funciona con usted y, además, detesta hacer ejercicios.

  B Sabe que debería concurrir a un gimnasio y observar una dieta programada como *Weight Watchers*, pero nunca tiene tiempo para hacer gimnasia o ir a las reuniones del grupo de autoayuda.

  C Le pide a su médico que lo derive a un buen nutricionista o que le recomiende un libro serio sobre nutrición, para aprender a cambiar de hábitos alimentarios. Se promete a usted mismo que concurrirá regularmente al gimnasio y que toda la familia comenzará, como rutina, a realizar una caminata después de cenar, además de dedicar los fines de semana a alguna actividad física.

- ❑ Su médico le dice que su hija de doce años está excedida de peso en relación con su altura y que tendría que bajar 4,5 kg. Usted:

  A Piensa que su hija seguirá creciendo y que, con el tiempo, volverá a estar en forma.

  B Comienza a controlar todo lo que su hija ingiere y planea regalarle una bicicleta para su cumpleaños.

C Se preocupa por modificar los menús familiares para incluir opciones más saludables y convoca a toda su familia a realizar ejercicios físicos.

❏ ¿Cuál de los siguientes modelos se aproxima más a las actividades de su familia durante el fin de semana?

A Quedarse en casa, comprar comida hecha, mirar DVD y entretenerse con videojuegos; o salir a cenar a la pizzería o al restaurante de comidas rápidas más cercano y luego ir al cine.

B Trabajar en el jardín y realizar las tareas de la casa, para después ir a un centro de compras y mimar a sus niños con golosinas o *fast food*.

C Planear salidas de día completo como, por ejemplo, un paseo en bicicleta, una caminata por un parque cercano o pasar el día nadando y jugando en la playa. Terminar la jornada preparando pizza casera o un asado o comida china para la cena.

Interpretación de los resultados

- **Si la mayoría de sus respuestas corresponden a la letra A**, tanto usted como su familia son candidatos a tener problemas de sobrepeso. Deberá implementar cambios sustanciales tanto en sus actividades recreativas como en sus hábitos alimentarios, que deberían focalizarse en comidas y tentempiés nutricionalmente equilibrados. Deberá asumir el rol de transmisor de actitudes positivas en relación con la alimentación y con el buen estado físico.
- **Si la mayoría de sus respuestas corresponden a la letra B**, está a mitad de camino de enfrentar problemas de sobrepeso. Una parte importante de su régimen alimentario se centra en alimentos poco saludables o en comida como premio, y sus actividades recreativas no siempre son lo suficientemente saludables como para mantener a raya el exceso de peso. Implemente algunos cambios simples, como los que se indicarán más adelante en este libro, a fin de prevenir y

de que en su hogar el peso corporal no se convierta en un problema.
- **Si la mayoría de sus respuestas corresponden a la letra C**, siga actuando como lo está haciendo. Su actitud general con respecto a la planificación de comidas, hábitos alimentarios y estado físico indican un riesgo muy bajo de tener un hijo con sobrepeso. La actividad y ejercitación física son una parte integral de su vida familiar y siente alguna preocupación con respecto a su propio peso, comprende la necesidad de mantener una actitud proactiva a fin de conservar la salud, y también comprende claramente la importancia de consumir tentempiés equilibrados.

SIGNOS QUE REVELAN SOBREALIMENTACIÓN

Si su hijo tiene un esquema alimentario diferente del que usted y el resto de la familia practican, también debe ser motivo de preocupación. El niño que se niega a ingerir alimentos sanos, que frunce la nariz cuando se le ofrecen frutas y verduras, y que solo quiere comer golosinas, papas fritas y comidas de alto tenor graso, probablemente no ingiera los nutrientes suficientes requeridos para un crecimiento y un desarrollo adecuados, lo que puede llegar a ser el principio de un problema de sobrepeso. De forma similar, los niños que comen a escondidas, que esconden comida en su cuarto o *roban* alimentos que se les han restringido, que comen demasiado rápido y siempre quieren repetir o, incluso, los que simplemente parecen comer mucho más que sus pares, podrían llegar a tener problemas alimentarios que afectarán su peso. Veamos algunos de los indicadores que revelan un potencial problema de sobrepeso.

Algunos niños, desde muy pequeños, comienzan a comer en forma compulsiva y a darse atracones, cosa que actualmente se considera un trastorno alimentario. El darse atracones y el consiguiente aumento de peso son dos signos característicos de ingesta compulsiva. El niño que come compulsivamente suele usar la comida para manejar el estrés, los conflictos emocionales y los problemas cotidianos. También puede llegar a la ingesta excesiva como reacción frente a una dieta demasiado estricta, ya sea llenando su estómago para evitar una futura sensación de hambre, como acto de rebelión contra un control paterno muy estricto o a fin de satisfacer la percepción de una necesidad de alimentos que no se le ofrecen en forma habitual o regular. Los niños suelen ser muy habilidosos para disimular una ingesta compulsiva: en casa se comportan de maravillas, comiendo solo lo que se les sirve, pero después, a escondidas, *roban* bocadillos para un tentempié, comen en exceso cuando están fuera de casa y se atracan con golosinas prohibidas toda vez que se les presenta la oportunidad. Es probable que usted conozca algún niño de ese tipo, que sufre de sobrepeso pero cuyos padres afirman que no comprenden el problema "porque en casa nunca come nada que no debería". Sin embargo, cuando está solo, lejos del control paterno, ingiere mucho más y más rápido que cualquier otro niño, y se lo ve decidido a echar mano no solo a su porción, sino también a la de otros; además, suele suceder que va almacenando golosinas y bocadillos cada vez que tiene oportunidad para después comerlos todos de una sola vez.

Esa forma compulsiva de comer en exceso comienza, por lo general, en los primeros años de la infancia, cuando se van formando los hábitos alimentarios, pero también puede aparecer como respuesta a una dieta excesivamente estricta, o porque el niño se convierte en víctima de abuso y burlas por ser gordo. Esos niños van desarrollando el hábito de la ingesta secreta y adquieren una relación patológica con la alimentación en general. Muchos niños que se convierten en comedores compulsivos nunca aprendieron que una situación de estrés se puede manejar de otro modo en lugar de, simplemente, comiendo. La comida puede servir como una función protectora: es algo tras lo cual ocultarse y en lo cual encontrar consuelo. Este es, particularmente, el caso de niños que, de alguna forma, han sido victimizados.

Algunas de las señales más comunes de una ingesta excesiva y compulsiva incluyen:

- ✓ Atracones.
- ✓ No tener la capacidad de dejar de comer por propia voluntad.
- ✓ Abstenerse de realizar actividades físicas por sentirse avergonzado por el propio peso.
- ✓ Comer poco en público mientras se sigue acumulando peso o conservando sobrepeso.
- ✓ Comer poco en presencia de los padres, pero atracándose o comiendo en exceso cuando no están presentes.
- ✓ Desarrollar obsesiones con respecto a la comida en general o a tipos de alimentos determinados, o tener ansiedad por comer alimentos específicos y sentir aversión por otros.
- ✓ Comer demasiado rápido y demasiada cantidad.
- ✓ Ingerir constantemente tentempiés, además de las comidas regulares.

También existe una cantidad de signos que permiten determinar si su hijo corre riesgo de sufrir de obesidad y los problemas sociales y de salud asociados. Podemos citar algunos:

- ✓ Hacer poco ejercicio físico (menos de 30 minutos por día).
- ✓ Preferir, como actividad recreativa, los juegos en la computadora o los videojuegos, o mirar televisión.
- ✓ Tener padres o hermanos obesos.
- ✓ Cuando se tiene elección, preferir alimentos de alto tenor graso o "comida chatarra".
- ✓ Comer menos que el mínimo recomendado de cinco raciones de frutas y verduras por día.
- ✓ Ingerir tentempiés mientras se mira televisión.
- ✓ Comer más de cuatro galletitas o un paquete de papas fritas por día.
- ✓ Beber todos los días bebidas envasadas o gaseosas muy dulces.
- ✓ Ser llevado y traído a la escuela en coche todos los días.
- ✓ Pasar más de dos horas por día mirando televisión.

✓ Ingerir más de cinco veces por semana alimentos de alto tenor graso, como papas fritas, hamburguesas y cremas heladas.
✓ Ingerir frecuentes tentempiés o "comida chatarra" entre comida y comida.
✓ Comer golosinas todos los días.

Si bien pocos de esos factores, por sí solos, son particularmente perjudiciales, si su hijo presenta dos o tres en forma simultánea, es probable que haya adquirido malos hábitos alimentarios, de los cuales resultarán el sobrepeso y la obesidad. En los capítulos siguientes analizaremos la importancia que tiene cada uno de estos factores. Por el momento, es importante evaluar si los hábitos alimentarios y el estilo de vida de su hijo lo están colocando en una situación de riesgo.

¿QUÉ IMPORTANCIA TIENE EL ESTADO FÍSICO?

Más adelante se incluye todo un capítulo relacionado con la actividad física, pero no podemos pasar por alto ahora este factor, porque si su hijo no está en buen estado físico, realiza poco o ningún ejercicio y no se involucra en actividades físicas sin que se lo obligue, su peso irá aumentando. Lamentablemente, el advenimiento de los juegos de computación, la televisión satelital, los videojuegos y la Internet han puesto freno a la actividad física de muchos niños. Si esto se combina con pocas oportunidades de hacer deporte o malas instalaciones deportivas en el colegio y con el hecho de que son cada vez menos las familias que participan en conjunto y de forma regular en actividades de recreación saludables, no sorprende el hecho de que, hoy en día, se vean cada vez más niños que son peligrosamente pasivos, hasta el punto de exigir que se los lleve y traiga en vehículo, todos los días al colegio en lugar de caminar distancias relativamente cortas.

Aunque hagan menos actividad física, los niños más pequeños no suelen acumular un exceso de peso. Pero esto no significa que estén sanos sino, simplemente, que no evidencian los efectos de una vida sedentaria... todavía. Muchos niños pequeños son alimentados cuidadosamente con comidas sanas, pero sus niveles de actividad no se controlan. Y sin la conjunción de ambas cosas –un buen régimen alimentario más un esquema de actividades físicas razonable– la obesidad puede aparecer en forma insidiosa y convertirse en un problema en el futuro. Esto es particularmente común en preadolescentes y adolescentes a los que se les dio la responsabilidad de elegir su propia comida por primera vez en la vida y tienden a comer el mismo tipo de comida chatarra o poco saludable que eligen sus amigos. Si a esto se suma un estilo de vida sedentario, pronto irán acumulando peso. Por lo tanto, para prevenir la obesidad, las actividades que su hijo desarrolla en su tiempo libre son tan importantes como lo que come, y constituyen un tema que requiere atención constante. Aunque su hijo todavía no presente señales de sobrepeso, este aparecerá, sin duda, si no realiza ningún tipo de ejercicio físico.

¿En qué grado de condición física está su hijo?

Es muy fácil determinar el estado físico de un niño. Si su hijo es medianamente activo, no hay motivo para preocuparse. Sin embargo, si usted tiene por hijo a un adicto a la computación o a la lectura, su estado físico puede no ser el adecuado. Observe a su hijo durante una semana y registre durante cuánto tiempo desarrolla actividad física. Responda el siguiente cuestionario y anote los puntos obtenidos:

Test

Evalúe si su hijo:

- ❑ Realiza algún tipo de ejercicio (correr, juegos activos, saltar o, simplemente, moverse) durante por lo menos una hora por día. *Sume 2 puntos por cada día (de siete) en que esto sucede.*

- ❑ Participa en entrenamientos o clases deportivas en la escuela. *Sume 2 puntos por cada sesión; reste 1 punto en total si en las clases hay más de 30 niños.*

- ❑ Participa en actividades deportivas extracurriculares como juegos infantiles (para bebés de más de 1 año y niños en edad preescolar), natación, gimnasia, fútbol, cricket, ballet, danza. *Sume 2 puntos por cada hora semanal dedicada a la actividad.*

- ❑ Asiste a clases, cursos o actividades que implican algún tipo de ejercitación física (*scoutismo*, música y movimiento, etc.). *Sume 2 puntos por cada sesión semanal.*

- ❑ Elige, en forma habitual, alguna actividad física en lugar de otros pasatiempos o actividades recreativas. *Sume 1 punto.*

- ❑ Jadea cuando sube corriendo más de dos pisos por escalera (un piso para niños menores de tres años). *Reste 2 puntos.*

- ❑ Sigue jadeando después de una pausa de 10 minutos, cuando realiza actividades físicas intensas (es decir, que su respiración no se normaliza al cabo de 10 minutos). *Reste 2 puntos.*

- ❑ Alcanza a tocarse con facilidad los dedos del pie con la punta de los dedos de la mano. *Si no lo logra, reste 2 puntos.*

- ❑ Pasa más de dos horas por día mirando televisión, practicando con videojuegos o leyendo. *Reste 2 puntos por cada hora de más.*

- ❑ Es obeso (cf. página 34). *Reste 2 puntos.*

❑ Es menos dinámico que sus pares (corre menos tiempo, le cuesta seguir el ritmo de los demás, etc.).
Reste 2 puntos.

Interpretación de los resultados

Sume el puntaje obtenido.

- **Más de 20 puntos** indican un excelente estado físico, es decir, que el niño debería gozar de un perfecto estado de salud. A no ser que la comida sea un problema serio, su hijo no debería presentar señales de sobrepeso. De conservar estos hábitos en la adultez, seguirá manteniendo un peso saludable.
- **Entre 14 y 19 puntos** reflejan un buen nivel de ejercitación. Este niño debería estar en buen estado físico y no tendrá dificultades en mantenerse a la par o superar a sus compañeros. El sobrepeso no debería ser un problema.
- **Entre 7 y 13 puntos** indican un estado físico moderado. Para él sería beneficioso aumentar el nivel de ejercitación, lo cual también reduciría la posibilidad de llegar a tener sobrepeso.
- **Menos de 7 puntos** indican que el niño no está en buen estado físico. Busque formas de incrementar su nivel de ejercitación, aunque sea moderadamente. Si su hijo en la actualidad no registra sobrepeso, está en camino de tenerlo en el futuro.

En el capítulo 5 analizaremos formas de incluir la ejercitación física en su vida familiar y hacer que resulte divertida para un niño.

Aplicar el sentido común

En este capítulo, hemos visto una cantidad de formas diferentes para evaluar si su hijo tiene o no un problema de sobrepeso, o si corre el riesgo de tenerlo en el futuro. Sin embargo, con toda la histeria que hay actualmente en torno a la obesidad, es fácil que los padres se alarmen ante pequeñas oscilaciones en el peso de un niño y traten de imponerle dietas en un intento por revertir una tendencia. Si usted cree que su hijo tiene un problema de sobrepeso, no entre en pánico. Obsérvelo cuidadosamente durante uno o dos meses, hasta tener una idea de sus hábitos alimentarios y de ejercitación física. Determine si está pasando por un período emocionalmente difícil, que pueda estar afectando su peso o si, simplemente, está entrando en un período de desarrollo en el cual el aumento de peso es natural. Si su peso sigue aumentando a lo largo de ese período, ha llegado la hora de actuar. El objetivo de este libro es ayudar a los padres a manejar el sobrepeso infantil de manera tal que el niño no vea deteriorada su autoestima y que logre por sí mismo desarrollar hábitos saludables que mantendrá hasta la adultez. No hay soluciones a corto plazo para los problemas de sobrepeso, como bien lo sabe todo adulto que está tratando de adelgazar, e implementar cambios drásticos en el estilo de vida y en el régimen alimentario de su hijo probablemente no funcionará y causará problemas que no tienen por qué aparecer.

Es importante analizar las razones por las cuales los niños aumentan de peso. Si bien es evidente que comer demasiado y realizar poca actividad física influyen en el tema –y de hecho, son los factores de riesgo más comunes para niños con sobrepeso–, puede haber otras razones. Vale la pena investigarlas antes de tomar decisiones o de elaborar planes para enfrentar el problema. Cambiar los hábitos alimentarios en un niño que se encuentra bajo algún tipo de presión y utilizar la comida para reconfortarlo tendrá menos éxito que resolver la situación de estrés que está causando el problema. De la misma manera, un niño muy mañoso para comer no cambiará de la noche a la mañana, de modo que habrá que buscar un enfoque que lo induzca en forma paulatina a adoptar mejores hábitos alimentarios. Hay que tener en cuenta que pueden existir problemas subyacentes, como altos niveles de glucosa en la sangre, alergias a determinados alimentos o, incluso, temas genéticos. A no ser que ataquemos al factor causante del sobrepeso, cualquier medida que se tome para evitar el aumento de peso de un niño solo tendrá, en el mejor de los casos, un éxito a muy corto plazo.

El próximo capítulo analiza todas las razones por las cuales un niño engorda y lo ayudará a evaluar el problema específico de su hijo.

CAPÍTULO 2

Por qué engorda un niño

Con frecuencia, el niño con sobrepeso es objeto de acoso, burlas y bromas –a veces pesadas– por parte de sus pares, sobre todo porque se supone que es perezoso y carece de autocontrol. Si bien resulta bastante evidente que los atracones, una dieta mal balanceada y la falta de ejercicio son las principales razones por las que un niño aumenta de peso, es importante tomar en cuenta otros factores y comprender que la sociedad toda tiene un cierto grado de culpa por los cambios en el estilo de vida que han conducido al crecimiento de individuos obesos, tanto entre niños como entre adultos. Ningún niño nace obeso o come deliberadamente para llegar a tener sobrepeso. Tampoco es frecuente que los padres simplemente permitan que el problema se desarrolle. Hay otros temas detrás de la creciente tendencia hacia la obesidad, y es importante examinarlos para obtener un panorama más claro de por qué cada vez más niños tienen sobrepeso.

La obesidad es más común en familias disfuncionales, en hogares de bajos ingresos y en aquellos en los que ambos padres poseen un bajo nivel de educación. De ahí que, para muchos, resulte fácil culpar a los padres y afirmar que el problema radica en la ignorancia, la falta de recursos económicos y la disfuncionalidad familiar. Pero la realidad es que, en la actualidad, se encuentran niños obesos provenientes de todos los estratos sociales, de diferentes situaciones familiares y orígenes étnicos. Encontramos niños obesos en familias felices, con padres de buen nivel educativo y muy buenos ingresos, al igual que en familias unidas y muy conectadas con sus hijos, ubicadas en la escala de ingresos menores. Por lo tanto, resulta claro que el problema tiene que ver con más variables que simplemente el ingreso y la educación.

En este capítulo analizaremos varias razones por las cuales un niño acumula demasiado peso y pasa a la categoría de obeso. En algunos casos, es una combinación de factores diversos lo que causa el problema y, en la práctica, la mayoría de los niños con sobrepeso tienen una serie de características especiales que los han llevado al aumento de peso. Obviamente, esto significa que, además de los cambios lógicos a implementar, como el aumento del nivel de actividad física y un régimen alimentario más balanceado, los padres tendrán que considerar las diversas causas que provocan el problema de su hijo y adoptar, en cosecuencia, las medidas más apropiadas para cada niño. La mejor forma de lograrlo es leer cuidadosamente este capítulo, evaluar cada uno de los temas y luego considerar si se aplican al caso de su hijo. Los factores vinculados al estilo de vida son relativamente fáciles de atender y aun los más pequeños cambios en el funcionamiento familiar pueden hacer una gran diferencia. Si la causa del sobrepeso de su hijo radica en cuestiones emocionales, estas deberán ser tomadas en cuenta y resueltas. Lo más importante que pueden hacer los padres en estos casos es asumir una actitud realista frente al problema y la responsabilidad cuando sea necesario, y manejar el tema con tacto y sensibilidad a fin de proteger la autoestima y la imagen que el niño tiene de sí mismo.

En este capítulo encontrará diversos cuestionarios, diseñados para detectar cualquier tipo de problemas físicos o emocionales, potenciales causantes del aumento de peso de su hijo. Lo que contribuye sin embargo en mayor medida a una buena evaluación es que sea totalmente honesto con usted mismo y mantenga la mente abierta a la idea de que es posible que haya cosas en el estilo de vida de su familia que pueden ser cambiadas para mejor. También podría haber aspectos en el estilo de vida de su hijo que usted no haya notado y que, de ser corregidos, asegurarían un mejor estado de salud.

La dieta del niño de nuestros días

Hasta que los niños llegan a la edad de seis o siete años, los padres tienen un control bastante estricto sobre qué comen sus hijos. Por lo tanto, los hábitos que usted ponga en práctica durante ese período pueden ayudar a establecer un esquema de alimentación sana para el futuro o, al menos, dar a sus hijos un conocimiento básico acerca de qué alimentos son saludables. Esto suena muy fácil, pero, obviamente, hay otros factores que desempeñan un papel determinante en qué es lo que elige comer un niño y lo que, ocasionalmente, insiste en comer.

A pesar de lo que muchos padres procuran lograr, la mayoría de nuestros niños comen demasiada *comida chatarra*. Incluso, un régimen saludable es alternado con papas fritas, galletitas, golosinas, tortas y comida rápida, es decir, todas esas cosas ricas dirigidas específicamente al mundo infantil. Por ejemplo, en un supermercado, resistir los ruegos de un niño frente a un surtido increíble de chocolates, presitas de pollo fritas y papas fritas en envases multicolores, o cereales recubiertos de azúcar (acompañados con juguetes de regalo) requiere padres con gran fuerza de voluntad. También es considerablemente más fácil ceder y comprar una golosina o hacer un alto en un restaurante de comidas rápidas que pasar toda la tarde sermoneando al niño acerca de qué es un alimento saludable. No es falta de educación o apatía lo que provoca que la mayor parte de los padres termine cediendo, sino sencillamente agotamiento.

Una dieta basada en comida chatarra

Ni siquiera los niños más pequeños, cuyos padres toman la mayor parte de las decisiones relacionadas con su dieta, comen sano. De acuerdo con el *National Diet and Nutrition Survey* (Estudio Nacional de Dieta y Nutrición) del Reino Unido, publicado en el año 2000, el 70% de los niños de edad preescolar (entre los dieciocho meses y los cuatro años y medio) comen comida poco saludable como bollos o masas, pan blanco, gaseosas, tentempiés muy saborizados (incluyendo papas fritas y bocados a base de cereales), chocolates y golosinas. El estudio reveló que arvejas y zanahorias eran las únicas verduras hervidas consumidas por más de la mitad de los niños encuestados y, de las otras *verduras*, la típica cazuela de porotos era el plato más consumido. Solo el 39% de los niños comía verduras de hoja, y en cantidades pequeñas. Y solo el 24% consumía verduras crudas o ensaladas. El 38% comía pescado empanado o frito, pero sólo el 10% pescado blanco, preparado de forma distinta de la fritura, mientras que apenas el 16% se alimentaba con pescado de alto contenido graso. La dieta de la mayoría de los niños contenía fruta, pero esta se limitaba, principalmente, a manzanas, peras y bananas, mientras que el 74% consumía chocolate. Casi todos los niños bebían gaseosas y solo un tercio, jugo de frutas frescas. Más del 35% de la dieta de estos niños estaba compuesta por grasas y el 29% por azúcares.

¿Qué sucede cuando, a medida que los niños crecen, la elección de la dieta va haciéndose más personal? Los mismos investigadores estudiaron las dietas de niños y adolescentes entre los cinco y los dieciocho años con algunos resultados incluso más alarmantes. Comprobaron, por ejemplo, que el 33% de las chicas entre los quince y los dieciocho años fuman, mientras que solo el 20% ingiere frutas cítricas. Los varones consumen aproximadamente cuatro veces más galletas y galletitas que verduras de hoja. La comida más consumida entre los jóvenes incluidos en este estudio –más del 80% del grupo– eran: pan blanco, bocados salados o condimentados, papas fritas, papas hervidas, asadas o en puré y golosinas a base de chocolate. Durante el período de siete días que duró el registro, menos del 50% de los varones y del 59% de las niñas consumían verduras crudas y ensaladas, alrededor del 40% comía verduras de hoja cocidas y el 60%, otro tipo de verduras hervidas. En cambio, el 88% de los niños comía papas fritas. Las gaseosas resultaron las bebidas más populares: el 75% de los niños y jóvenes consumía gaseosas comunes y el 45%, la versión de bajas calorías.

En el capítulo siguiente analizaremos qué alimentos integran una dieta sana pero, por el momento, nos limitaremos a remarcar que actualmente la dieta alimentaria del niño es, al menos en parte, culpable del sobrepeso y de la obesidad en la infancia y en la adolescencia. Los chicos consumen –ya sea por propia voluntad o porque es lo que se les ofrece– alimentos energizantes, es decir, de alto valor calórico, como chocolates, caramelos, dulces y papas fritas, y no reciben suficiente cantidad de alimentos que aporten nutrientes esenciales, como la fruta y las verduras. No sorprende, entonces, que de ello resulten niños no saludables, con deficiencia en vitaminas y minerales, y problemas de sobrepeso.

Estómagos vacíos

Una cantidad sorprendente de niños sale rumbo a la escuela sin haber desayunado o, por lo menos, sin haber ingerido algo medianamente nutritivo. El resultado es que su capacidad de concentración se deteriora y, al poco tiempo, se sienten lo suficientemente hambrientos como para tener que recurrir a algún bocadillo, que por lo general consiste en refrigerios poco saludables y no balanceados (cf. página 69). El desayuno es una comida fundamental en lo que respecta al control del peso. De acuerdo con un estudio realizado en el año 2003, publicado por el *American Journal of Epidemiology*, quienes saltean el desayuno corren un riesgo 4,5 veces mayor de caer en la obesidad que quienes desayunan en forma regular. "Los resultados obtenidos indican que el desayuno debería ser la comida más importante del día", afirma el investigador doctor Mark A. Pereira.

Según Pereira, desayunar podría tener efectos benéficos sobre el apetito, la resistencia insulínica y el metabolismo energético: "El simple hábito de llenar el estómago por la mañana, puede ayudar a las personas a controlar su apetito durante el día, de modo que serán menos proclives a comer demasiados bocadillos durante la mañana o a ingerir almuerzos demasiado abundantes".

Desafortunadamente, muchos niños tienden a suprimir el desayuno y a llenarse con bebidas o chocolates de alto valor calórico. Un estudio realizado con niños de entre nueve y dieciséis años dio por resultado que, en promedio, esos niños omitían el desayuno por completo diecisiete mañanas de cada cien, y que, a menudo, su *desayuno* consistía en simples bocadillos.

LA REGULARIDAD DE LAS COMIDAS

El desayuno no es la única comida que ha quedado relegada en nuestra cultura de "abierto las 24 horas", en la que los niños, a menudo, corren de una actividad a otra sin comer adecuadamente, o los padres regresan a casa demasiado tarde para preparar una comida balanceada. Es más que frecuente que las familias desarrollen una mentalidad de "arréglate con lo que encuentres", lo que conduce a que incluso niños pequeños elijan su propia comida y cuando se les antoja, y muchas veces la consumen mientras miran televisión.

Muchos niños comen demasiado rápido y los bocadillos poco saludables forman la base de su dieta cotidiana. Comer afuera es cada vez más frecuente: un estudio realizado en 2001 demostró que el 75 por ciento de los alumnos encuestados había almorzado en un restaurante de comidas rápidas por lo menos una vez en la semana. La frecuencia con la que esos niños y jóvenes comían en ese tipo de restaurantes estaba directamente relacionada con un incremento en las calorías totales (principalmente provenientes de alimentos grasos) y la ingesta de bebidas gaseosas, hamburguesas, papas fritas y pizza, e inversamente relacionada con el consumo de frutas, verduras y leche. Vale decir que estos niños se llenaban de comida chatarra dejando de lado alimentos más saludables. Por eso, sus niveles de calcio, fibra, vitaminas A y C, y beta-caroteno –que son vitaminas y minerales esenciales para el crecimiento y el desarrollo– estaban por debajo de lo normal. Los adolescentes que frecuentaban lugares de comidas rápidas tres o más veces por semana antes de iniciado el estudio eran los que solían afirmar que las comidas saludables "no eran ricas" y que no tenían tiempo de comer comidas más sanas.

MÁQUINAS EXPENDEDORAS

Las máquinas expendedoras son un gran problema, tanto para los padres como para los profesionales de la salud. Por más que uno se esfuerce en transmitir un mensaje acerca de lo que es una nutrición sana, los niños se enfrentan a diario con todo tipo de golosinas tentadoras, al costo de solo unas pocas monedas, lo que hace muy difícil que elijan una alimentación saludable. Las máquinas expendedoras de golosinas y gaseosas boicotean nuestros esfuerzos por enseñar a nuestros hijos a comer bien, alentándolos a llenarse con golosinas y bocaditos totalmente superfluos. En el Reino Unido y en los Estados Unidos, estas máquinas han sido tema de intensos debates, y muchas de las empresas que las proveen a las escuelas han prometido ofrecer jugos de fruta, agua mineral y bocadillos más sanos además de las golosinas y gaseosas tradicionales. Pero ¿cuántos niños van a elegir las opciones más saludables, dada la presión de sus pares, el impacto de la publicidad y lo tentadores que son esos snacks? Muy pocos. Las máquinas expendedoras son parte de la cultura de los tentempiés y, para algunos niños, lo que ofrecen constituye todo su almuerzo o, incluso, su desayuno. No sorprende, entonces, que la obesidad infantil vaya en aumento.

La realidad es que muchos niños, simplemente, no han adquirido el hábito de ingerir comidas "sanas" y están mucho más acostumbrados a los alimentos ricos en sal, azúcar y grasa que constituyen la base de su dieta normal. Por lo tanto, las alternativas más saludables les parecen desabridas y poco apetecibles. Se trata de un ciclo peligroso, pues los niños comienzan a exigir el equivalente al *fast food* en todas sus comidas; un pedido al que muchos padres acceden con tal de que sus hijos coman algo en casa. Por supuesto, el problema es que los niños que habitualmente ingieren alimentos poco sanos y grasos se habitúan a ellos. De ahí que los más *gorditos* prefieran siempre comidas de alto contenido graso y que, en general, tengan padres con un IMC (índice de masa corporal) demasiado elevado. No sorprende, por lo tanto, que los niños con sobrepeso sean los que ingieren comida más grasosa. Tampoco resulta claro si esto es lo que causa el problema o si, simplemente, lo exacerba, pero es muy probable que si su hijo basa su dieta en productos de alto contenido graso, termine con sobrepeso... si es que ya no lo tiene.

Obviamente, la sociedad tiene mucho que ver con la paulatina desaparición de los buenos hábitos alimentarios. La cantidad de familias cuyos integrantes cenan todos juntos ha decrecido enormemente. Hoy en día, se estima que solo un tercio de las familias se reúne para cenar todos juntos en forma cotidiana. El efecto inmediato de esta caída de la cantidad de comidas en familia es que los niños ingieren más comidas fuera de casa. De esto hablamos en la página 99, bajo el título "¿Cuánto tiempo comparte usted con sus hijos?".

De acuerdo con la Organización para la Investigación del Cáncer en el Reino Unido, el aspecto más influyente del entorno de un niño pequeño es la familia, y los hábitos alimentarios de los padres desempeñan un rol importante. Las investigaciones sugieren que los padres pueden influir sobre los hábitos alimentarios de sus hijos, controlando las rutinas observadas a la hora de comer. Las comidas regulares en familia están asociadas a esquemas dietarios saludables y a una ingesta más elevada de frutas y verduras en los niños más grandes. Y no resulta sorprendente descubrir que los niños que consumen más frutas y verduras suelen tener menos problemas de sobrepeso.

Almuerzos escolares

A pesar de las iniciativas para mejorar el contenido de los almuerzos servidos en las escuelas, gran parte de esta oferta gastronómica sigue teniendo abundante grasa, sal y azúcar, principalmente porque eso es lo que les gusta a los niños y, en algunos casos, lo único que comen. Como ya observamos, las máquinas expendedoras también tientan a los niños a no comer el refrigerio servido en la escuela y a preferir los productos envasados a una buena comida. Muchos padres suponen que sus hijos almuerzan bien en el colegio, con lo cual sienten que pueden hacer algunas concesiones en casa. Y son aun más los padres que, en gran medida, ignoran qué es lo que sus hijos consumen durante el día y no se percatan de que las papas fritas suelen ser la base de su almuerzo diario. Si a esto se agregan las golosinas que los niños compran camino a su casa al regresar de la escuela, se entiende que no tengan hambre suficiente para comer los platos más nutritivos preparados en casa, ya que, a lo largo del día, se llenaron de *comida chatarra*.

Bocadillos insalubres

A fin de satisfacer sus necesidades energéticas, tanto niños como adolescentes deberían ingerir, por lo menos, tres comidas al día, comenzando con el desayuno. Los tentempiés también deberían formar parte integral de su esquema alimentario. Especialmente los niños más pequeños no pueden comer grandes cantidades de una sola vez y vuelven a sentir hambre mucho antes de la hora fijada para la próxima comida. Las colaciones de media mañana y media tarde cumplen una finalidad importante: mantener estable el nivel de glucosa en sangre, suministrar nutrientes importantes y proveer la energía que un niño necesita para mantenerse activo. Pero lo importante es recordar que estas colaciones tienen que ser saludables, ya que contribuyen al estado de salud general del niño y a su nutrición.

Si no se suministra al niño las colaciones o refrigerios adecuados, lo más probable es que él mismo los busque y que su elección no sea la más saludable. De acuerdo con el *Sodexho School Meals and Lifestyle Survey* (Encuesta Sodexho sobre alimentación escolar y estilo de vida) en el Reino Unido, en 2002 los niños gastaron 433 millones de libras esterlinas en golosinas, papas fritas y gaseosas, solo en el camino de ida y vuelta al colegio. Esta suma excede los 365 millones de libras correspondientes al año 2000. Ese año, *The Times* publicó una encuesta realizada entre 1390 niños, que reveló que cada uno gastaba en promedio 6 libras por semana en golosinas, papas fritas y gaseosas. Esto representa un incremento del 40% en comparación con la encuesta anterior. Estas compras a menudo fueron realizadas en kioscos y almacenes donde había también un amplio surtido de alimentos saludables a disposición. Además, se determinó que solo el 2% de los niños compra agua mineral, ya sea en el camino de ida al colegio o durante el regreso a sus casas. Si se compraron frutas o colaciones más sanas, su consumo fue demasiado bajo para ser captado en la encuesta.

También existen abundantes pruebas de que gran parte del consumo de bocadillos tiene lugar mirando televisión (cf. página 107) y es evidente que eso también influye en la acumulación de sobrepeso.

PORCIONES DE COMIDAS RÁPIDAS

Las porciones, tanto en comidas preelaboradas como en restaurantes de comida rápida, van siendo cada vez más grandes. Una simple comida promocionada como "superoferta" o "más al mismo precio" excede en calorías el requerimiento de un niño para todo el día. Lamentablemente, casi un tercio de la población considera como "porción" todo lo que tiene en el plato; por esta razón, el incremento de las porciones servidas puede contribuir fácilmente al aumento de peso.

La cultura de las bebidas gaseosas

Las bebidas gaseosas se encuentran en todas partes, y la presión de los pares sobre nuestros hijos para consumirlas es enorme. Aunque muchos padres no suelen darle la importancia que merece, este tipo de bebidas constituye un verdadero problema. En el año 2002, un estudio detectó que los niños que consumen bebidas dulces, como gaseosas, jugos artificiales y bebidas reconstituyentes ricas en calorías, ingieren –solamente de esa fuente– un promedio de trescientas treinta calorías por día, es decir, una quinta parte de la ingesta diaria total recomendada. Además, son menos proclives a consumir frutas (un 62% menos que los niños que consumían menor cantidad de bebidas edulcoradas) y corren mayor riesgo de sufrir de obesidad.

Y el problema va en aumento. Más del 60% de todos los escolares del Reino Unido beben una lata de gaseosa por día y una sexta parte consume veintidós latas por semana. La ingesta de bebidas gaseosas y edulcoradas que no son jugos de frutas ha aumentado en más del 900% a lo largo de los últimos cuarenta años. Y desde 1978, el consumo de bebidas gaseosas o similares ha crecido en forma notable; su ingesta se ha duplicado en niños de entre seis y once años, y triplicado entre los varones adolescentes.

En la actualidad, las bebidas gaseosas constituyen la principal fuente de azúcares agregados en la dieta de un niño y los niveles de consumo, a menudo, alcanzan o superan los límites diarios recomendados para el consumo *total* de azúcares agregados. Los azúcares tienen un impacto muy concreto sobre los problemas de peso (cf. página 75). Es llamativo observar que el marcado incremento en el consumo de bebidas gaseosas azucaradas coincide casi exactamente con el importante aumento de la obesidad infantil y adolescente.

Suprimir las gaseosas y las bebidas edulcoradas podría llegar a representar una gran diferencia. Lo interesante es que las culpables del problema no son, necesariamente, las calorías provenientes del azúcar. El estudio de sustitutos del azúcar (edulcorantes artificiales) ha demostrado que éstos son tan nocivos para el peso como los azúcares.

Demasiadas grasas

Se sobreentiende que si se ingieren demasiadas grasas, una cantidad de estas será acumulada como adiposidad en el cuerpo y causará un aumento de peso. Hemos visto que gran parte de lo que comen los niños en la actualidad son alimentos ricos en grasas, lo que los ha llevado a desarrollar el gusto por ese tipo de comidas. No obstante, se puede argumentar que se ha puesto demasiado énfasis en que la *cantidad* de grasa en una dieta es la causa principal de los problemas de sobrepeso. Sin duda es una de las causas, pero, por cierto, no es la única. De hecho, algunos estudios afirman que no hay una relación real entre la cantidad de grasa consumida y el peso del niño, lo que significaría que una atención extrema puesta en la cantidad de grasa contenida en la dieta de su hijo podría resultar irrelevante.

Si bien es difícil creer que no existe relación alguna, hay que tener en cuenta que, aproximadamente en los últimos cinco años, los productos sin grasa se han popularizado enormemente. Muchas familias han modificado sus hábitos alimentarios para incorporar ese tipo de productos y, sin embargo, los niveles de obesidad continúan en aumento. Los productos con un reducido nivel graso no son la solución mágica que sus fabricantes nos quieren hacer creer. Los productos de bajo tenor graso no solo suelen incluir en su composición muchísimas más sustancias químicas, a fin de hacerlos gratos al paladar, sino que algunos de ellos son francamente peligrosos (cf. "Grasas transhidrogenadas", página 129). Lo más importante es que los niños nunca van a adquirir hábitos alimentarios saludables si crecen ingiriendo comidas poco sanas en sus versiones de "bajas calorías" o de reducido tenor graso. Las papas fritas, galletitas, golosinas, pollo frito y otros alimentos rotulados "comida para chicos" son tan insalubres en su versión de reducido tenor graso como lo son cuando contienen su nivel de grasas normal. Si un niño nunca aprende a comer otras cosas, no va a desarrollar los hábitos de alimentación saludable necesarios para conservar un peso apropiado.

Lo más importante es el *tipo* de grasa que su hijo ingiere. Si come demasiadas grasas hidrogenadas, que por lo general se encuentran en alimentos horneados de producción industrial y en comidas rápidas, estará expuesto a un mayor riesgo de afecciones cardiovasculares y de diabetes de tipo dos. En el extremo opuesto del espectro están las grasas vegetales y sus aceites, como así también las contenidas en pescados y frutos de mar, que tienden a reducir esos riesgos. Lo más preocupante son los problemas de salud asociados con las grasas.

Las grasas son parte integral y necesaria de una dieta sana, de modo que excluirlas por completo de la dieta de su hijo o cambiarlas por productos de bajo tenor graso, puede resultar contraproducente. De hecho, suprimir todas las grasas de la dieta de un niño puede llevarlo a incrementar sus ansiedades y a deficiencias en la nutrición. El secreto está en asegurar que su hijo ingiera una cantidad adecuada de las grasas saludables y menos de aquellas provenientes de fuentes insalubres. En el capítulo siguiente analizaremos los distintos tipos de grasas y cuán beneficiosas o perjudiciales son.

¿Qué pasa con los hidratos de carbono?

El tema de los hidratos de carbono suele ser una fuente de gran confusión para los padres, lo cual no es sorprendente. Hace alrededor de una década, las grasas fueron catalogadas como "las malas de la película" y se comenzó a alentar a la gente a modificar sus dietas, incluyendo en ellas mayor cantidad de hidratos de carbono (por ejemplo, arroz y productos panificados). Pero, ¿se logró reducir con esos cambios los niveles de sobrepeso y obesidad? No. De hecho, parecería que sucedió exactamente lo opuesto. Y eso se debe, en gran medida, a que los niveles de hidratos de carbono en nuestras dietas provienen de alimentos refinados como panes, pastas, cereales procesados, papas, gaseosas, tortas y galletas. Muchos productos elaborados sobre la base de hidratos de carbono han sido adaptados a un "cero contenido graso", de modo que cualquier persona preocupada por su peso podrá pensar que en ellos encontró la forma perfecta de sentirse satisfecha sin ingerir demasiadas grasas. No hace falta recalcar que la mayoría de esos alimentos no son particularmente nutritivos. El énfasis excesivo en reducir las grasas en nuestras dietas significó que, en lugar de cambiar nuestros hábitos alimentarios incluyendo alimentos más saludables, hemos concentrado nuestra atención en llenarnos el estómago con cualquier cosa que sea "sin grasa". Sin embargo, eso no implicó un incremento en el consumo de fruta fresca y de verduras, sino que condujo a la gente a comer cada vez más *comida chatarra*, parte de la cual se supone inofensiva porque su tenor graso es más bajo.

Después apareció la dieta Atkins y los hidratos de carbono pasaron, nuevamente, a ser algo prohibido. Así que ¿cuál es exactamente el problema con los hidratos de carbono? En primer lugar, muchos de ellos tienen un alto índice glicémico (tema que discutiremos en detalle en el próximo capítulo), lo que significa, básicamente, que producen un importante incremento en los niveles de glucosa en la sangre. Y si usted come demasiados azúcares, estos serán almacenados en forma de grasa –de la misma manera en que se almacena un exceso en el consumo de grasas– porque el cuerpo no puede gastar toda la energía que ese alimento genera. Sin embargo, la cosa es un poco más complicada.

Ingerir comidas conformadas en su mayor parte por alimentos con un alto índice glicémico desencadena una secuencia de fenómenos hormonales en el cuerpo del niño que estimulan el hambre y llevan a comer en exceso (sobre todo en los adolescentes). Pero una de las cosas más preocupantes es que una dieta con un alto índice glicémico puede dañar tanto la salud de su hijo como una dieta con un alto contenido de grasas saturadas. Una dieta de alto contenido glicémico ha sido asociada con la obesidad, con enfermedades cardiovasculares y con diabetes de tipo dos, es decir, que sustituir las grasas por hidratos de carbono puede provocar los mismos problemas que se supone debería prevenir.

La forma de evitarlo es seleccionar para sus hijos alimentos que tengan un bajo índice glicémico. Estos alimentos, como el arroz integral, las pastas hechas con trigo integral y los cereales integrales para el desayuno, como así también muchas frutas y verduras, tienen el efecto opuesto al de los alimentos de alto índice glicémico y, lo que es más importante, los estudios demuestran que influyen en forma positiva sobre la sensación de saciedad, reduciendo así la necesidad de comer más. De modo que tanto los hidratos de carbono como las grasas tienen que figurar, decididamente, en el menú de sus hijos pero, también aquí, hay que analizar el *tipo* de hidratos de carbono que se consume. En el próximo capítulo trataremos este tema en mayor detalle.

Por el momento, solo dejaremos en claro que si la dieta de su hijo contiene abundantes hidratos de carbono con alto contenido glicémico (es decir, la mayoría de los alimentos que a los niños les encanta), lo más probable es que el niño termine sufriendo problemas de sobrepeso.

Azúcares

Los azúcares están estrechamente ligados con los problemas de glucemia, es decir, el contenido de glucosa en sangre, asociados con la ingesta de hidratos de carbono de alto índice glicémico. De hecho, los azúcares son, en esencia, hidratos de carbono puros y del peor tipo. Muchos padres se preocupan por el contenido de azúcar en la dieta de sus hijos, porque lo asocian a caries dentales y, también, porque suele volverlos hiperactivos y difíciles de manejar. Pero, como no contienen grasas, se los suele ignorar como causa importante de la obesidad.

Sin embargo, los azúcares desempeñan un papel crucial en el aumento de peso. Cuando son parte natural de un alimento, no son particularmente problemáticos.

La mayoría de los alimentos contiene cierta cantidad de azúcares naturales que, cuando son digeridos por ser un componente del alimento (por ejemplo en frutas, verduras o granos no procesados), no elevan en exceso los niveles de glucosa en sangre como lo hacen los azúcares puros. El problema con estos radica en que hemos aprendido a extraer la dulzura de los alimentos y a concentrarla. Estos tipos de azúcares, como el azúcar blanco refinado, el azúcar rubio, la glucosa, la miel, los jarabes y las maltas, entre otros, son de liberación rápida, lo que significa que elevan los niveles de glucosa en sangre en forma acelerada. Y por supuesto, los azúcares no requeridos por el organismo son almacenados en forma de grasa. Todos sabemos que la ingestión de calorías en exceso causa aumento de peso, pero estos tipos de azúcares además han sido en general privados de vitaminas y minerales, de modo que, para colmo de males, suministran calorías *vacías*.

No lleva mucho tiempo controlar los envases de algunos de los alimentos preferidos de su hijo. En la mayoría se indicará que esos alimentos contienen un alto nivel de azúcares. Si a eso se agregan las gaseosas y jugos artificiales con alto contenido de azúcar, se podrá ver claramente que su hijo ingiere una cantidad excesiva. El alto contenido de glucosa en sangre es una de las principales causas de sobrepeso en los niños. Esto se discutirá con más detalle en la página 81.

DESEQUILIBRIOS Y OTRAS CAUSAS FÍSICAS

De lo dicho se desprende claramente que la dieta del niño de nuestro tiempo es culpable, al menos en parte, del aumento de la incidencia del sobrepeso y de la obesidad. Se sigue de ello también que sus hábitos alimentarios contribuyen sin duda a esa tendencia. Sin embargo, hay además otros factores que pueden afectar el peso de su hijo y algunos se vinculan con la salud general del niño. Esto hace pensar en la cuestión de qué fue primero, el huevo o la gallina: muchos de los problemas de salud que pueden conducir al sobrepeso son causados, en primer lugar, por una dieta poco saludable. Pero una vez que esos problemas de salud están presentes, crean una ansiedad oral que provoca que el paciente prefiera, cada vez más, ingerir solo esa comida poco saludable. De modo que si usted descubre que el problema de sobrepeso de su hijo tiene una causa física, encontrará que, al mejorar su dieta, también mejorará su salud general y que, en consecuencia, su peso se estabilizará.

Hacer régimen

La atención puesta en el tema del sobrepeso ha llevado a que muchos niños se encuentren haciendo un régimen estricto desde una edad muy temprana, ya sea porque se lo han impuesto excesivamente preocupados o porque ellos mismos lo han querido así por sentir que estaban demasiado gordos. En parte, esta situación es culpa de nuestra cultura: todas las niñas quieren ser exageradamente flacas como sus heroínas mediáticas y los varones aspiran a tener los cuerpos atléticos de los protagonistas de películas y series de televisión. Diversos estudios realizados entre adolescentes en el Reino Unido muestran en forma consistente que más del 50% de las chicas se perciben como gordas y quieren perder peso, y que alrededor del 20% de los varones de la misma edad están igualmente descontentos con su cuerpo. A lo largo del proceso natural de crecimiento y desarrollo, siempre aumentan algunos kilos en determinadas partes del cuerpo. Sin embargo, los niños o los adolescentes se sienten gordos y es fácil que tanto los padres como los mismos chicos visualicen una imagen corporal incorrecta y comiencen a controlar sus dietas. Pero lo absurdo es que esta tendencia a someterse a un régimen para adelgazar, a edades cada vez más tempranas, no ha dado lugar a una reducción del peso en general, sino que ha coincidido con la mayor *epidemia* de obesidad de la que se tenga memoria.

¿A qué se debe este hecho? Veamos. Como bien sabe todo adulto que se somete a regímenes diversos, estos nunca funcionan. Casi todo régimen cumple su fin durante un tiempo porque interrumpe el esquema habitual de alimentación del individuo. Ya sea que la persona coma pomelos con cada comida o se someta a un régimen alto en grasas y bajo en hidratos de carbono, el esfuerzo intenso de hacer régimen unido a la pérdida de líquido da como resultado un éxito inicial que eleva la autoestima y motiva a quien hace el régimen a perseverar en él. Pero ninguno de esos regímenes estrambóticos puede ser mantenido a lo largo de toda la vida y jamás debería ser considerado apto para los niños y los adolescentes que se encuentran en plena etapa de crecimiento. Los regímenes extravagantes y drásticos están condenados al fracaso porque nadie que tenga un problema de peso puede depender de su propio apetito para controlarlo. Por lo tanto, se necesita adquirir nuevos hábitos alimentarios que puedan mantenerse por el resto de la vida. Además, cuando un niño intenta transformar su cuerpo en más delgado de lo que indica su programación genética, el cuerpo mismo cobra venganza, generando voracidad y tendencia a comer en exceso. El 99 por ciento de quienes hacen ese tipo de dietas recuperan todo el peso que habían logrado perder y, además, en el término de cinco años, aumentan unos cinco kilos adicionales. De ahí que someterse a esas dietas drásticas genera sucesivos ciclos de pérdida de peso seguidos de nuevos aumentos, ya que el hambre siempre lleva las de ganar.

Gran parte del debate gira en torno a los peligros y beneficios de las dietas para adelgazar en niños y adolescentes. Por una parte, empezar a hacer régimen a una edad temprana es la causa principal de trastornos alimentarios y se relaciona estrechamente con un control extremo del peso y con comportamientos alimentarios insalubres. Un estudio determinó que un régimen para adelgazar unido a un excesivo ejercicio físico, realizado a temprana edad y dirigido a la pérdida de peso, en el largo plazo puede estar asociado con el desarrollo de problemas crónicos en relación con la imagen física, con oscilaciones de peso (aumento y caída cíclica del peso corporal), trastornos alimentarios y obesidad. Los padres –al parecer– desempeñan un rol negativo cuando crean un entorno que pone énfasis en la delgadez y en la observación de una dieta especial o en el ejercicio físico excesivo como una forma de lograr el cuerpo deseado. Además, es posible que los comentarios acerca del peso o de la forma corporal de un niño –cosa que suele hacerse más común a medida que el niño crece– tengan una fuerte influencia sobre él, provocando que desarrolle una imagen negativa de sí mismo, una obsesión por la delgadez y una forma igualmente obsesiva de lucha contra lo que percibe como problemas de sobrepeso.

Investigaciones recientes también han señalado la ineficacia de las dietas para adelgazar. Algunos investigadores del *Brigham and Women's Hospital* de Gran Bretaña han comprobado que los varones y las niñas que hacen regímenes para perder peso pueden alcanzar los resultados inversos. El estudio determinó que, a pesar de que los niños que afirmaban hacer dietas estrictas desarrollaban mayor actividad física e ingerían menos calorías que sus pares, ganaban más peso que otros niños que no hacían régimen alguno. Por ejemplo, una chica de catorce años, que frecuentemente se sometía a dietas para adelgazar, aumentó alrededor de un kilo más que otras niñas de la misma edad que no hacían régimen. "En un momento en que necesitamos soluciones para alentar hábitos alimentarios saludables en los niños, es preocupante ver que las dietas para adelgazar, a menudo caracterizadas por ser de corta duración y no implicar cambios alimentarios saludables, se hacen cada vez más frecuentes", observa la investigadora Alison Field. "Nuestro estudio determinó que el hacer ese tipo de dietas es contraproducente: los niños que se sometieron a ellas aumentaron más –y no menos– que aquellos que no observaban dieta especial alguna."

El caso de Elizabeth

Siendo una niña delgada, Elizabeth entró en la pubertad antes que muchas de sus amigas y también experimentó su pico de crecimiento adolescente a una edad más temprana. Su estructura ósea era robusta y si bien ni sus padres ni sus amigas la consideraban –ni remotamente– gorda, Elizabeth detestaba verse más grande y más desarrollada que sus pares, de modo que se sometió a sí misma a una estricta dieta. Al principio perdió peso, pero pronto desarrolló una relación poco saludable con la comida, primero pasando hambre y haciendo ejercicio físico en demasía, y luego sucumbiendo a la tentación y comiendo con excesiva voracidad durante días. Con el tiempo, su peso comenzó a subir por encima de los niveles normales, lo que incrementó su temor de ser diferente de sus pares. Recién cuando sus amigas comenzaron a pasar por el aumento de peso normal asociado con la pubertad, desarrollando curvas más femeninas, Elizabeth volvió a sentirse a gusto. Lamentablemente, a esa altura su peso se había convertido en un problema real. A pesar de que había estado dentro de los límites normales para su edad y estructura, desarrolló una imagen física negativa que, con el tiempo, la hizo aumentar de peso. Si se la hubiese hecho sentir normal, enseñándole que los cambios físicos relacionados con la pubertad y la estructura del cuerpo en general difieren de un niño a otro, Elizabeth no se habría sentido tan marginada en esa etapa de su vida.

Alison Field y su equipo ofrecen varias explicaciones posibles para ese hecho. La más probable es que seguir un régimen especial pueda conducir a un ciclo de ingesta restringida seguido por brotes de voracidad extrema. La repetición de esos ciclos podría ser la causa del aumento de peso. El hecho de que quienes hacían régimen para adelgazar eran más proclives a sufrir ataques de voracidad extrema, que sus pares que no hacían regímenes especiales, apoya esta hipótesis.

Cuando los investigadores estudiaron a las madres de esos niños, descubrieron que los comportamientos o los estilos de vida asociados con el control de peso –o su ausencia– se establecían hacia el final de la adolescencia. Sin embargo, los estudios más recientes sugieren que el hábito de someterse a esas dietas restrictivas puede manifestarse ya a una edad mucho más temprana.

Si su hijo suele hacer dieta para adelgazar en forma periódica, esto puede contribuir a su problema de sobrepeso.

Deficiencias nutricionales

Las dietas poco variadas que consumen muchos niños hacen que terminen subalimentados, lo cual es absurdo en vista de la gran cantidad de alimentos saludables disponibles. Para colmo de males, las deficiencias nutricionales también pueden contribuir al sobrepeso. Si su hijo ingiere habitualmente una dieta similar a la mencionada anteriormente –mucha comida rápida, *comida chatarra* o preelaborada, demasiados azúcares, grasas insalubres y demasiadas gaseosas– lo más probable es que carezca de muchos nutrientes clave. Un estudio realizado al respecto determinó que en la mayoría de los niños de edad preescolar, la ingesta de vitaminas y minerales se encontraba muy por debajo de los niveles recomendados. Un caso puntual es el del hierro, imprescindible para el crecimiento, la producción de hemoglobina (el componente de la sangre que transporta el oxígeno) y ciertas enzimas, y que además contribuye a la inmunidad y aumenta el nivel de energía. El 48% de los niños por debajo de los cuatro años y el 57% de los que tienen entre cuatro y cuatro años y medio presentaban ingestas de hierro por debajo de los niveles mínimos recomendados. Pero tampoco los niños mayores presentaban un cuadro mucho mejor. Sin un buen nivel de hierro, el niño se siente fatigado y carece de energía, lo cual conduce a deseo excesivo de comidas dulces y de estimulantes como la cafeína. En consecuencia, estos niños de bajo nivel energético difícilmente tengan ganas de realizar actividades físicas, con lo cual se forma un círculo vicioso.

Nuestros cuerpos se asemejan a complejas maquinarias que requieren combustible para seguir funcionando con eficacia. Si el combustible carece de algunos componentes clave, la maquinaria comienza a fallar, el delicado equilibrio de nuestra química corporal se altera y el resultado suele ser la aparición de problemas de salud. Y estos, a su vez, pueden conducir, o al menos contribuir, a la aparición del sobrepeso. Por ejemplo, el cromo (un mineral) suele estar ausente en la dieta del niño moderno, lo que afecta la forma en que su organismo metaboliza los azúcares. Una avidez excesiva suele ser el resultado de esta deficiencia. Otros nutrientes afectan el metabolismo e incluso el estado de ánimo, lo que influye sobre cómo se ve el niño a sí mismo y las comidas que elige consumir. Si la dieta habitual de su hijo es pobre, seguramente carecerá de nutrientes clave que se relacionan con la salud y el peso corporal.

Problemas de glucemia

El desequilibrio glucémico es un factor estrechamente asociado con la obesidad y con una cantidad de otros desequilibrios de salud física y emocional. Hoy en día, este es un grave problema para muchos niños, fundamentalmente porque sus dietas presentan un alto contenido en azúcares e hidratos de carbono refinados.

A cada momento de cada día, el organismo ajusta sus mecanismos internos para mantenerse equilibrado. Este principio de equilibrio interno se denomina *homeostasia*. Un componente muy importante de la homeostasia es la regulación del nivel de glucosa en el flujo sanguíneo. Sin embargo, los mecanismos destinados a mantener estable la glucosa en la sangre pueden fallar. En el corto plazo, un desequilibrio en el nivel de glucemia puede dar origen a síntomas como la fluctuación energética, cambios de humor y ansiedad por alimentos dulces o ricos en almidones. A largo plazo, también pueden aparecer problemas como el aumento de peso, el incremento de los niveles de colesterol y la diabetes.

Para la mayoría de los niños, y probablemente también para la mayoría de los adultos, una parte significativa de su dieta alimentaria se presenta en forma de hidratos de carbono, como por ejemplo: frutas, jugos de frutas, confituras, tortas, bizcochos, panes, papas, arroz, pastas y cereales. Cuando comemos hidratos de carbono, se eleva nuestro nivel de glucosa en sangre. Y cuando esto sucede, el páncreas segrega una hormona denominada insulina. Una de las finalidades básicas de la insulina es transportar la glucosa desde nuestro flujo sanguíneo y almacenarla en las células del cuerpo para proveerlas de energía. De esa manera, el nivel de glucemia se reduce nuevamente, evitando la acumulación de glucosa en la sangre, cosa que, con el tiempo, puede conducir a la diabetes. Como señalé anteriormente, el cuerpo asimila bien aquellos alimentos que liberan sus azúcares al flujo sanguíneo a un ritmo relativamente lento. Sin embargo, si los niveles de glucosa ascienden bruscamente, el cuerpo tiende a segregar una gran cantidad de insulina como respuesta. El problema es que esto reduce la glucosa en sangre a un nivel inferior al normal, produciéndose lo que se denomina *hipoglucemia*. La hipoglucemia viene acompañada de una cantidad de síntomas, entre los que se incluyen:

- Fatiga. Se experimenta, por lo general, en forma de picos y depresiones de energía a medida que los niveles de glucosa en la sangre suben y bajan.

- Adormecimiento a media tarde o falta de concentración. El aumento de la glucosa en la sangre después del almuerzo (que puede ser particularmente marcado si su hijo ha ingerido dulces, gaseosas o hidratos de carbono refinados) puede causar un pico de secreción de insulina que lleve a un descenso brusco de la glucemia y a un adormecimiento.

- Cansancio matutino. Este síntoma será reconocido por muchos padres. La fatiga asociada con la hipoglucemia suele ser más marcada por la mañana temprano. Los niños con tendencia a un desequilibrio glucémico a menudo no pueden mantener niveles de glucosa en sangre adecuados, a no ser que ingieran algún alimento. Por lo tanto, la glucemia puede caer durante la noche, conduciendo a la fatiga y a la somnolencia matutinas.

- Reducción general de la concentración, decaimiento o irritabilidad. A pesar de que el cerebro conforma solo el 2 por ciento de nuestro peso corporal, durante el reposo utiliza aproximadamente la mitad de la glucosa que circula en nuestro flujo sanguíneo. Es más, mientras la mayor parte del cuerpo puede utilizar otros nutrientes para generar energía, el cerebro depende casi por entero de la glucosa para un funcionamiento normal y saludable.

- Trastornos del sueño. Cuando los niveles de glucemia caen durante la noche, el cuerpo del niño puede intentar corregir este desequilibrio secretando hormonas que estimulan la liberación de glucosa del hígado. La principal hormona que utiliza el cuerpo para este fin es la adrenalina, que incrementa la excitación y puede desencadenar una sensación de ansiedad e, incluso, de pánico. Por lo tanto, los problemas de glucemia pueden hacer que su hijo se despierte de noche o provocarle pesadillas.

- Antojo de ciertos alimentos. Cuando el nivel de glucemia del niño cae, es natural que su cuerpo sienta ansias de alimentos que incrementen rápidamente el nivel de glucosa en sangre. Esto se manifiesta, por lo general, en forma de antojo de comer cosas dulces o almidones.

¿Le suena familiar todo esto? Los síntomas del desequilibrio glucémico se hacen más evidentes cuando bajan los niveles de glucosa en sangre. Sin embargo, el exceso de insulina que segrega el cuerpo para controlar la glucosa en sangre puede causar, por sí mismo, algunos problemas serios. Entre los efectos del exceso de insulina se incluyen:

✓ Producción de grasa.
✓ Hipertensión y retención de líquidos.
✓ Altos niveles de colesterol.
✓ Diabetes de tipo dos.

Y con la aparición de la diabetes, el panorama se agrava aun más. El 50% de los individuos diagnosticados con diabetes de tipo dos tiene alguna afección cardiovascular significativa en el momento del diagnóstico. Y el 80% de las muertes de pacientes diabéticos se deben a enfermedades cardiovasculares. La obesidad ha sido relacionada directamente con la instalación de una diabetes de tipo dos, una enfermedad que, por lo general, afecta a personas de entre treinta y cuarenta años. Pero en la actualidad, con un niño de cada cinco padeciendo sobrepeso, algunos estudios indican que la cantidad de gente joven con diabetes de tipo dos se ha cuadruplicado en los últimos años.

La pubertad ha sido identificada como una etapa importante en el desarrollo de la diabetes de tipo dos. Los cambios en los niveles hormonales que se producen durante este período pueden causar problemas con la forma en que el cuerpo maneja la secreción de insulina, y por eso muchos casos de diabetes de tipo dos aparecen durante la pubertad. Pero lo más preocupante es que ya se ha diagnosticado diabetes de tipo dos en niños de tan solo cuatro años.

La obesidad es otro factor significativo. El niño obeso produce demasiada insulina, porque las células de su cuerpo han sido inundadas de tal manera y por tanto tiempo con insulina, que han perdido su sensibilidad, de modo que el cuerpo necesita producir mayor cantidad para que resulte efectiva. Esto hace que las células se hagan aun más resistentes a la insulina. En esa condición, los niveles de insulina en sangre se encuentran crónicamente más elevados, lo que inhibe a las células de grasa para liberar la energía que tienen almacenada y permitir así una pérdida de peso. Esto se debe a que el cuerpo llega a la conclusión de que la presencia de insulina le indica que en el organismo existe una disponibilidad adecuada de glucosa en sangre para proveer energía y que, por lo tanto, no hay necesidad de liberar grasas de los tejidos.

Si su hijo sufre de cualquiera de los síntomas delineados en las páginas anteriores, es muy posible que tenga problemas con los niveles de glucosa en sangre. Hoy en día, es cada vez más frecuente encontrar en los niños una alta sensibilidad a los azúcares y a los hidratos de carbono refinados y, como hemos visto, esto puede tener un efecto crucial tanto sobre el aumento de peso como sobre la posibilidad de perderlo.

Hipersensibilidad alimentaria

Por razones que no resultan muy claras todavía, los casos de hipersensibilidad e intolerancia a determinados alimentos están mostrando una tendencia creciente. Lo que sí sabemos es que esas alergias pueden afectar la digestión, conducir a sensaciones de ansiedad, dar lugar a voracidad excesiva y a oscilaciones de estados de ánimo, así como producir sensación de fatiga. Si su hijo sufre de hipersensibilidad a algún alimento, se sentirá aletargado e incapaz de juntar suficiente energía para actividades algo más intensas, sufrirá de ansiedad o de cambios de humor y sentirá la necesidad de comer sustancias "reconfortantes" para sentirse mejor.

La intolerancia a determinados alimentos es una reacción adversa causada por alimentos específicos. Por ejemplo, la intolerancia a la lactosa se produce cuando quien la padece carece de las enzimas que necesita el organismo para digerir la glucosa de los lácteos. Cuando ese niño (o adulto) ingiere productos lácteos, puede presentar síntomas como gases, hinchazón, diarrea y/o dolor abdominal. La sensibilidad a algún alimento es una reacción similar, pero más leve y, por lo general, los síntomas no son tan marcados.

Es interesante observar que los estudios demuestran que, casi siempre, son los alimentos más frecuentemente ingeridos los que constituyen la fuente del problema. En Gran Bretaña y en otros países occidentales, el trigo y la leche son los culpables, básicamente, porque son ingeridos varias veces al día. Las investigaciones sobre este tema son continuas, pero parece que una abundante ingesta de cualquier alimento, independientemente de lo que se trate, puede desencadenar una intolerancia. Se tiene la sensación de que el cuerpo termina siendo sobrecargado de dicho alimento y desarrolla una leve resistencia al mismo como una especie de medida de autoprotección.

A veces, resulta difícil establecer una relación puntual entre la hipersensibilidad y sus síntomas, ya que estos últimos pueden parecer totalmente insignificantes al principio. El tiempo que, muchas veces, tardan esos síntomas en aparecer y manifestarse en toda su magnitud también dificulta la posibilidad de relacionar la hipersensibilidad con un alimento determinado. Algunos niños se vuelven intolerantes a cierta comida después de un tratamiento con antibióticos, o después de haber estado expuestos a pesticidas u otras toxinas. Los síntomas podrían empeorar en períodos de estrés o después de alguna enfermedad, lo que también enmascara el problema principal. Algunas de las manifestaciones más comunes de intolerancia alimentaria son:

- ✓ ansiedad, angustia;
- ✓ asma;
- ✓ congestión nasal crónica;
- ✓ diarrea;
- ✓ dolor de garganta;
- ✓ dolores musculares;

✓ enfermedad de Crohn;
✓ erupciones cutáneas (sobe todo alrededor de la boca, aunque pueden afectar todo el cuerpo);
✓ eczemas;
✓ exceso de mucosidad;
✓ fatiga;
✓ flatulencia;
✓ cefaleas;
✓ hinchazón;
✓ hinchazón facial;
✓ indigestión;
✓ insomnio;
✓ mojar la cama después de los tres o cuatro años (esta reacción también puede obedecer a otras causas);
✓ náuseas;
✓ oscilaciones en el humor;
✓ picazón en la piel;
✓ picazón en los ojos;
✓ problemas de comportamiento;
✓ resfrío y congestión;
✓ resuello asmático;
✓ retención de líquidos;
✓ sarpullido;
✓ síndrome de intestino irritable;
✓ tos;
✓ úlceras en la mucosa bucal.

La mejor forma de determinar una intolerancia alimentaria es prestar atención a cualquier tipo de cambio en la salud de su hijo, incluso si se produce lenta y progresivamente. ¿Se queja su hijo de dolores de cabeza o de fatiga excesiva después de las comidas? ¿Le aparecen sarpullidos cutáneos inexplicables, sobre todo alrededor de la boca? ¿Se muestra insoportable después de un determinado tipo de alimento? ¿Siente ansiedad constante por un tipo de alimento en particular (que después resulta ser causante de hipersensibilidad)? Esta última es una extraña característica de la intolerancia alimentaria y puede ser algo que también haya observado en usted mismo. Hay abundantes pruebas que señalan que solemos sentir ansiedad por comidas a las cuales tenemos un cierto grado de intolerancia. Algunos estudios demuestran que por lo menos el 50 por ciento de los adultos sufre este tipo de ansiedad por alimentos con los que tiene problemas. Incluso, podemos no ser conscientes de ello. Observe los alimentos que su hijo elige, sobre todo si se trata de un niño que no es de buen comer. Los niños que se niegan a consumir otra cosa que pastas, cereales y pan presentan una clara tendencia hacia alimentos a los que podrían tener intolerancia. Encontrará que los antojos y las aversiones afectan los esquemas saludables de alimentación y que esto, a su vez, afecta el peso de su hijo.

Metabolismo

Algunos adultos con sobrepeso atribuyen su problema a un "metabolismo lento" y afirman haber heredado ese tipo de trastorno. En primer lugar, no cabe duda de que el metabolismo afecta el peso, ya que determina la velocidad con la que se queman las calorías para convertirlas en energía. Algunos niños tienen un metabolismo más lento que otros, pero no se trata de un problema tan serio como parece. Por ejemplo, la cantidad de alimento que su hijo ingiere, cuándo come y si saltea o no saltea comidas, pueden afectar su metabolismo. Si come un bocadillo en lugar de un almuerzo completo y habitualmente se saltea el desayuno, su cuerpo sentirá que está "muerto de hambre" y reducirá la velocidad a la que quema las calorías, lo cual es una especie de táctica de supervivencia. Esto significa que las ingestas que hace durante el día serán procesadas con menos efectividad, porque su metabolismo es más lento de lo que debería ser. Otro factor que afecta el metabolismo es la ejercitación. El ejercicio físico acelera el metabolismo, dado que el cuerpo requiere más energía para mantenerse en funcionamiento. De modo que un metabolismo lento puede deberse, simplemente, al hecho de que su hijo come en forma irregular y no hace suficiente ejercicio físico.

Los factores hereditarios también pueden influir sobre el metabolismo de un niño. Se sabe que el peso de un niño está estrechamente ligado al de la madre. Si usted tiene un metabolismo lento o un metabolismo eficiente, lo más probable es que sus hijos lo hereden. Pero recuerde que un niño con un metabolismo lento puede acelerarlo incrementando la ejercitación física y comiendo en forma más regular. Quienes tienen un metabolismo deficiente tienen que aprender a comer menos y, por lo general, a ingerir comidas más frecuentemente y en porciones más pequeñas para mantener el potencial problema bajo control.

Hormonas

Una pequeña minoría de los casos de obesidad puede ser explicada a través de problemas glandulares u hormonales. Uno de estos problemas es el hipotiroidismo clínico, que se manifiesta cuando no hay suficiente hormona tiroidea en el organismo para controlar el ritmo normal del metabolismo. El hipotiroidismo es muy raro en niños, pero en el caso de chicos muy obesos, puede ser necesario que un especialista efectúe un control del funcionamiento de la glándula tiroides. Otro trastorno hormonal que puede causar sobrepeso es el síndrome de Cushing, una patología causada por el exceso de cortisol en el organismo. También aquí se hace necesario el diagnóstico y tratamiento por parte de un médico especialista y, por lo general, solo en aquellos casos en los que han fracasado otros métodos de reducción de peso o cuando existen indicios claros de esta sintomatología. Algunos trastornos hormonales, entre ellos los relacionados con la secreción de la insulina, y con las hormonas hipotalámicas y pituitarias, pueden causar obesidad severa. También existe una cantidad de síndromes hereditarios muy poco frecuentes (como el de Laurence-Moon-Bardet-Biedl y el de Prader-Willi) que se caracterizan por generar obesidad. Si la estatura de un niño es adecuada o superior a la normal para su edad, es sumamente improbable que sufra alguna de estas patologías. Por otro lado, no cabe duda de que un niño obeso de crecimiento lento debería ser evaluado en lo que respecta a la posibilidad de padecer alguno de estos problemas.

Las hormonas sexuales también pueden incidir en la obesidad. En las niñas, los niveles de grasa corporal durante la adolescencia son determinados por el equilibrio de las hormonas sexuales femeninas. También se suelen producir cambios en el insumo de energía, ansiedad por la comida en general y antojos específicos durante diversas etapas del ciclo menstrual. Algunas niñas parecen ser más susceptibles que otras a los cambios hormonales. Si los problemas de sobrepeso de su hija comenzaron a presentarse al llegar a la pubertad, es posible que tenga un desequilibrio hormonal o una sensibilidad al efecto de las hormonas, problemas que, en general, pueden ser tratados con éxito.

Además, las hormonas que se producen cuando sufrimos estrés también estimulan la formación de células lípidas (de grasa). En los países occidentales, la vida tiende a ser sumamente competitiva, de ritmo acelerado, llena de grandes exigencias y mucho estrés, incluso para los niños. De hecho, en la actualidad, el estrés es un problema cada vez más frecuente en los niños, problemática que analizaremos en profundidad en las próximas páginas, y puede haber una relación entre la vida moderna y las crecientes tasas de hiperalimentación, sobrepeso y obesidad.

Predisposición genética

Al igual que el metabolismo, ciertos aspectos de la fisiología pueden ser heredados de los padres, de modo que su hijo podría tener una predisposición genética al sobrepeso. Cuando uno de los padres es obeso, existe un riesgo del 25% al 30% de que los hijos también lo sean. Este riesgo aumenta a un 80% cuando ambos padres son obesos. Resulta evidente que parte de ese porcentaje de probabilidad se puede adjudicar a los hábitos y al estilo de vida de los padres, que los hijos adquieren y consideran normales. Pero se ha demostrado que una cierta tendencia también es hereditaria. Algunos estudios sugieren que el factor genético es responsable de entre el 25% y el 40% de los casos de obesidad. Otros estudios reducen esta cifra a entre el 5% y el 25%. Independientemente de cuál de esos estudios sea el más preciso, la relación entre la predisposición genética y el entorno en el que se cría un niño resulta muy clara: los padres suministran los genes y son los modelos que siguen los hijos y, además, quienes deciden qué es lo que sus hijos comen.

Algunos estudios demuestran que la forma en que la grasa se encuentra distribuida en el cuerpo de un niño puede ser hereditaria. De acuerdo con su forma corporal puede ser categorizado como: ectomorfo, endomorfo o mesomorfo. Los individuos ectomorfos tienen una estructura liviana y baja capacidad de almacenamiento de grasas, mientras que los endomorfos son los que tienen la mayor capacidad de almacenamiento de grasas. Los mesomorfos presentan una capacidad de almacenamiento intermedia y la grasa suele estar distribuida en forma bastante pareja. De modo que si usted tiene una estructura pesada que su hijo ha heredado, este tendrá una predisposición determinada en lo que respecta a la forma en que almacena las grasas. Sin embargo, almacenar grasas en exceso es otra cosa, y la forma corporal y la distribución de los depósitos grasos, en sí mismas, no son causa suficiente para provocar obesidad. En esos casos, tienen que existir, además, otros factores como, por ejemplo, los hábitos alimentarios y el estilo de vida.

Esto plantea una cuestión interesante. Los niños con una estructura más robusta y una predisposición a almacenar más grasa pueden sentirse tanto más grandes que sus pares y a considerarse "gordos" cuando, en realidad, no lo son. Esto podría conducir a sentimientos negativos asociados con el sobrepeso (cf. página 92) y, de hecho, exacerbar el problema o, directamente, crearlo.

No cabe duda de que los genes influyen en la forma del cuerpo y en el peso de su hijo. Si un niño es regordete pero come alimentos saludables, hace ejercicio físico en forma regular y no hay factores emocionales que afecten su ingesta, es posible que su predisposición genética lo lleve a tener más peso que el promedio de los niños. Las estadísticas indican que este tipo de sobrepeso no constituye tanto riesgo para la salud como el sobrepeso adquirido por comer demasiados alimentos que engordan y por pasar demasiadas horas frente al televisor o a la computadora. Un niño genéticamente predispuesto a ser robusto probablemente tenga mejor salud siendo algo regordete que si se lo obliga a hacer régimen para igualarlo a sus pares más esbeltos.

Sea cual fuere la estructura genética de su hijo, es importante recordar que la obesidad infantil es un fenómeno moderno que se presentó mucho más frecuentemente en los últimos cinco a treinta años. Mientras que la evolución puede hacer que el acervo genético de una población se modifique, estos cambios evolutivos se producen a lo largo de miles de millones de años y, ciertamente, no en unas pocas décadas. La dotación genética humana no ha cambiado mucho en los últimos treinta años, durante los cuales, sin embargo, la gordura se ha convertido en un problema serio. Por lo tanto, no podemos culpar por ello a ningún nuevo "gen de la obesidad". Los genes pueden afectar el peso de algunos niños, pero no son los causantes de esta peligrosa tendencia.

ACTORES EMOCIONALES

Existen muchas pruebas de que la salud emocional es una causa subyacente de, al menos, una parte de la tendencia hacia la obesidad, y esto es algo a lo que quizá los padres no le presten mucha atención por no considerarlo relevante. Al igual que los adultos, los niños con frecuencia utilizan "el consuelo de la comida" para manejar sus emociones. Comen más cuando se sienten tristes, estresados o aburridos, y tienden a eso si sus padres hacen lo mismo.

Insisto en que este es un problema con dos caras. Los niños que aumentan de peso por una de las diversas razones citadas comienzan a perder su autoestima. Esto se debe a que el niño con sobrepeso es estereotipado por su entorno. Por ejemplo, un estudio realizado en 1995 detectó que incluso niños de solo nueve años consideraban que sus compañeros con sobrepeso:

✓ no tenían buena salud;
✓ no eran buenos alumnos;
✓ eran torpes en sus relaciones sociales;
✓ eran sucios;
✓ eran perezosos.

De modo que un niño con un problema a corto plazo puede encontrarse con que se lo califica negativamente, lo que no solo lo deja confundido sino que tiene un efecto destructivo. No cabe duda de que un niño que se siente mal consigo mismo desarrolla poca autoestima y, por lo tanto, se preocupa poco de su aspecto físico y no se respeta lo suficiente como para cuidar de su propia salud. Un estudio realizado en 2001 encontró que niños con sobrepeso de solo cinco años habían desarrollado una imagen negativa de sí mismos, mientras que los adolescentes obesos presentaban una disminución de su grado de autoestima asociada con tristeza, soledad, nerviosismo y comportamiento autodestructivo. Como ya dije anteriormente, los padres pueden exacerbar el problema llamando la atención sobre el sobrepeso y obligando a sus hijos a hacer dietas estrictas. Intentar controlar el peso de su hijo llamando la atención sobre un problema perceptible puede lograr resultados opuestos a los buscados.

¿Qué factores emocionales conducen al sobrepeso?

- Utilizar la comida para satisfacer las emociones

Los padres que utilizan la comida para satisfacer las necesidades emocionales de su hijo o para lograr que se comporte bien pueden estar promoviendo la obesidad al interferir con la capacidad del niño para regular su ingesta alimentaria. La comida puede adquirir un significado emocional cuando se la utiliza como consuelo o para premiar a un niño. Cuando ese niño se sienta desdichado o sufra los altibajos normales del proceso de crecer y convertirse en adulto es muy posible que recurra a ciertos alimentos como "consuelo", para sentirse mejor. Este es un hábito muy difícil de revertir y puede provocar que el peso se termine descontrolando totalmente.

Si su hijo pide alguna golosina o comida especial cuando está deprimido o si ingiere mayor cantidad de alimentos durante períodos de estrés o cuando se siente desdichado, lo más probable es que coma para consolarse y no para satisfacer su apetito. Observe sus propios hábitos. ¿Usted come o bebe para sentirse mejor? ¿Ofrece a su hijo una golosina o una galletita para levantarle el ánimo? ¿Utiliza el recurso de pedir una pizza como premio por haber hecho algo bien? Si los niños aprenden a asociar la comida con momentos felices y con las cosas buenas de la vida, también la usarán para tratar de lograr esos sentimientos cuando estén ausentes, es decir, para sentirse felices cuando no lo estén o exitosos cuando no lo sean.

- Soledad

Debido a los cambios en la estructura familiar y a la actividad laboral, durante las últimas décadas, a menudo los niños experimentan una vida familiar fragmentada y menos *tiempo cualitativo* compartido con sus padres. En comparación con generaciones anteriores, es mucho más frecuente que los niños y adolescentes vivan en hogares de padres divorciados o con un solo padre, que tengan menos familiares cerca (si es que tienen alguno), que tengan menos hermanos, que la madre trabaje, que de pequeños pasen mucho tiempo en un jardín maternal, o las tardes solos en casa. En una cantidad cada vez mayor de niños y adolescentes, el fenómeno de la llave propia afecta en forma adversa el desarrollo psicológico, el estilo de alimentación, la actividad física y el peso, y puede contribuir a que aparezcan sentimientos de soledad. Muchos niños comen frente al televisor, a menudo solos, sin la compañía de sus padres y sin interactuar con ellos. El problema no es solo que no haya nadie cerca que los oriente en la elección de la comida y que se asegure de que se alimente bien, sino que el estar solos los deja también a merced de la publicidad televisiva, que alienta elecciones alimentarias poco saludables.

Ciertos estudios han demostrado que el apoyo de los padres y otras personas importantes en la vida de un niño es un factor fundamental para alentarlo a participar en actividades físicas. Es evidente que un niño que pasa gran parte de su tiempo solo no será incentivado por nadie a llevar un estilo de vida sano.

En vista de que los factores emocionales afectan el comportamiento alimentario y físico, que a su vez afectan el equilibrio energético, no resulta sorprendente que niños que se sienten relegados o deprimidos, o que tienen otros problemas emocionales, se encuentren en una situación de riesgo marcadamente mayor de desarrollar obesidad durante la infancia o en su vida adulta.

EL IMPACTO DE LOS PADRES

De acuerdo con investigaciones recientes, los padres que controlan estrictamente qué comen sus hijos pueden estar promoviendo el problema que intentan prevenir, es decir, que fomentan la preferencia por comidas "prohibidas" y generan en el niño una relación con la comida que no es saludable. Los investigadores constataron que al encontrarse frente a golosinas como el chocolate y las cremas heladas, los niños cuyos padres tendían a un control excesivamente estricto de su alimentación eran los que más comían en exceso sin tener hambre y los que expresaban la mayor cantidad de sentimientos negativos en relación con su forma de comer, comparados con niños cuyos padres encaraban el tema de la alimentación infantil con más naturalidad.

Los resultados de estos estudios revelaron que, sin tener hambre, casi todas las niñas comían golosinas, consumiendo así entre cero y cuatrocientas cincuenta calorías diarias. Aproximadamente la mitad de ellas afirmaba que "comía demasiado" y que se sentía mal por haber comido por lo menos una o más de las golosinas. Aproximadamente un tercio dijo que se sentiría mal si su madre o su padre se enteraran de lo que había comido.

Otra investigación también determinó que los enfoques

altamente controladores de la alimentación de un niño socavan su capacidad para desarrollar y ejercitar un cierto autocontrol en cuanto a lo que come.

Otro estudio reveló que cuando el control restrictivo de la madre era bajo, los niños parecían responder mejor a las señales internas de hambre y a la sensación de saciedad después de una comida. Sin embargo, los niños cuyas madres restringían estrictamente su ingesta reaccionaban con ansias de comer frente a comida prohibida, incluso sin sentir hambre. Este efecto se observó en forma más marcada en niñas. Las madres cuya propia alimentación estaba fuera de control solían ser más restrictivas con sus hijas, y sus hijas comían más aunque no tuvieran hambre. Estos resultados revelan un paralelismo entre los estilos de comer de madres e hijas y sugieren que las restricciones en la alimentación infantil pueden transmitir el estilo de alimentación descontrolado de madres a hijas en forma muy eficaz.

¿Qué opina usted acerca de la dieta de su hijo? ¿Y cuál es su propia relación con la comida? Si usted es enormemente cuidadoso con respecto a lo que su hijo come, su actitud personal podría ser parte del problema. Asimismo, si usted está haciendo dietas constantemente, si picotea su comida, si se niega a consumir determinados alimentos, si tiende a darse ocasionales atracones o si utiliza la comida para premiarse o reconfortarse, está transmitiendo un mensaje equivocado a su hijo.

- Depresión

La depresión es un problema cada vez mayor en los niños y, sin embargo, de acuerdo con estudios realizados, es frecuente que pase inadvertido y no sea tratado. ¿Podría ser el caso de su hijo? Las señales más frecuentes de la depresión infantil incluyen:

- ✓ falta de interés en actividades de las que antes se solía disfrutar;
- ✓ autocrítica exacerbada;
- ✓ pesimismo y desesperanza frente al futuro;
- ✓ tristeza o irritabilidad;
- ✓ problemas en el colegio debidos a indecisión y dificultades de concentración;
- ✓ tendencia a mostrar falta de energía;
- ✓ frecuentes trastornos del sueño;
- ✓ dolores de estómago o de cabeza;
- ✓ pensamientos mórbidos que pueden convertirse en pensamientos suicidas o, incluso, en intentos de suicidio.

Hasta 1980 –es decir, hasta hace relativamente poco tiempo– muchos psiquiatras sostenían que los niños no podían experimentar depresión porque carecían de la madurez emocional para sentir desesperanza o desaliento. Pero la realidad es que la mayoría de los niños, en un momento u otro, se sienten abatidos. En el Reino Unido, al menos el 2% de los niños menores de doce años se debate en una depresión significativa; y entre los adolescentes, ese nivel asciende al 5%, es decir que uno de cada veinte niños sufre de depresión. Esto equivale a, por lo menos, un niño deprimido en cada aula. Otros estudios sugieren que a lo largo de un año, entre el 8% y el 9% de los niños entre los diez y los trece años sufren algún episodio de depresión.

Por razones diversas, a algunos adultos les resulta difícil aceptar que un niño puede experimentar estados psicológicos tan negativos como una depresión. Y el problema es que esto suele ser más común de lo que se supone. Una encuesta comunitaria entre niños australianos reveló que el 3,7% de los varones y el 2,1% de las niñas de entre seis y doce años habían experimentado episodios de depresión durante los doce meses previos a la fecha de inicio de la encuesta.

¿Y qué tiene que ver esto con el peso corporal? Ante todo, durante un episodio de depresión, la imagen que el individuo tiene de sí mismo se ve fuertemente deteriorada, y tanto el niño como el adulto pierden interés en cuidar de sí mismos o desarrollan una imagen negativa de su cuerpo. Sobrealimentación, comida como recompensa, comportamiento destructivo y apatía son conductas frecuentes durante la depresión. Por supuesto, el problema radica en que incluso una depresión de corta duración puede conducir a un aumento de peso que marca el comienzo de un problema y de la instalación de los sentimientos negativos que lo acompañan. La relación entre depresión y obesidad sigue siendo poco clara, pero algunos estudios han demostrado que mujeres con serias dolencias mentales corren un mayor riesgo de volverse obesas y de padecer de enfermedades cardiovasculares, endócrinas e infecciosas. La obesidad crónica (que comienza en la infancia y se extiende hasta la adultez) se encuentra asociada con trastornos psiquiátricos como el Trastorno Negativista Desafiante (cf. página 173) y la depresión. Dos de los principales estudios realizados sobre este tema indican que entre los factores que hacen probable la aparición del sobrepeso infantil y de la obesidad adulta figuran el abandono paterno, la pobreza, el estrés y la depresión infantil.

La depresión ha sido descripta muy acertadamente como una *enfermedad corporal integral* ya que no solo implica cambios en el humor y en el estado de ánimo, sino que también incide sobre todas las demás áreas de la vida de un niño. Un niño o adolescente deprimido puede sufrir tanto de problemas de sueño y de apetito como de salud en general. A menudo, se queja de síntomas físicos vagos como dolores de cabeza y de estómago para los que no se pueden encontrar causas médicas. La depresión afecta la capacidad de pensar, de concentrarse y de recordar. El resultado es que el desempeño escolar del niño deprimido se va deteriorando y sus calificaciones comienzan a bajar. Las amistades se van perdiendo porque el niño deprimido se vuelve cada vez más introvertido o, en algunos casos, irritable y agresivo. También la familia sufre a causa de sus cambios de humor, los estallidos emocionales y los constantes lamentos y quejas.

La depresión afecta el aspecto físico del niño, además del

modo en que siente, piensa y se comporta. El niño deprimido a menudo se ve claramente desdichado: las amplias sonrisas y las expresiones divertidas ceden su lugar a una máscara sombría e impenetrable. Si el síntoma anímico predominante es la irritabilidad, el niño presenta constantemente una expresión de enojo y fastidio. La autoestima cae en picada y el niño se siente culpable, inútil, incapaz y no querido. Es frecuente que se observe una reducción de la energía. Los niños deprimidos muchas veces pasan mucho tiempo "tirados" mirando televisión o enfrascados en sus juegos de video. Un niño dócil y colaborador puede llegar a convertirse, cada vez más, en agresivo y desafiante, y dejar de acatar las reglas del hogar o de la escuela. Cuando esto sucede, los padres suelen atribuirlo a obstinación o testarudez, y aplican medidas disciplinarias, mientras que el problema de base no es diagnosticado ni tratado.

¿CUÁNTO TIEMPO COMPARTE USTED CON SUS HIJOS?

Las investigaciones auspiciadas por Powergen detectaron que seis de cada diez padres no tienen tiempo para leerles un cuento de buenas noches a sus hijos. El psicólogo a cargo del estudio, el doctor Aric Sigman, interrogó a ochenta y cuatro padres con un total de ciento cincuenta hijos, para comparar la actitud frente a esta actividad entre las distintas generaciones. Mientras que tres cuartas partes de los entrevistados recordaba que, de niños, sus padres les leían cuentos en forma regular, solo el 40% de sus hijos disfrutaba de la lectura de un cuento durante la semana. Otros investigadores sostuvieron que una cultura en la que extensos horarios laborales son lo habitual destruye la relación de los padres con sus hijos, haciendo que resulte difícil encontrar tiempo para hablar o para supervisar las tareas escolares. Una queja común entre los niños es que sus padres –sobre todo los papás– se quedan dormidos antes de concluir la historia que les están leyendo.

Solo en uno de cada cinco hogares se disfruta de una comida en común una vez por semana, y un 25% de los encuestados admitió que solo se come en familia una vez por mes. El estudio de mil hogares realizado por la Food Foundation (Fundación para la Alimentación) también indicó que solo en el 15% la familia se reunía para comer todos los días. Un estudio posterior, realizado por el *Consumer Analysis Group* (Grupo de Análisis del Consumidor), publicado en abril de 2001, demostró que los padres consideraban que esta tendencia es preocupante: más del 80% sentía que la cena familiar constituye una parte fundamental de la vida en familia. Más del 33% sostuvo que compartir la mesa ofrece la única oportunidad para descubrir qué piensan sus hijos. Pero a pesar de esa convicción, solo el 75% del grupo de este muestreo lograba tener una comida en familia una vez por semana.

Pero, ¿es realmente importante que compartamos la mesa con nuestros hijos? Los estudios sobre el tema afirman que lo es. Sobre todo un amplio estudio realizado a nivel nacional, con adolescentes estadounidenses, mostró que existe una estrecha relación entre la mesa familiar compartida en forma regular y el éxito académico, la adecuación psicológica, y una baja tasa de consumo de alcohol y drogas, de actividad sexual temprana y de riesgo de suicidio.

Mientras que la mayoría de los niños en el Reino Unido afirman participar de actividades familiares en forma regular, una quinta parte de los niños estudiados declaró que en la semana previa al estudio no había interactuado en absoluto con su padre.

Los resultados de un sondeo revelaron que el 21% de los adolescentes mencionaba como una de sus principales preocupaciones el no compartir tiempo suficiente con sus padres. Con estos resultados, ¿sorprende acaso que en la actualidad los niños se sientan solos y busquen reconfortarse de alguna manera? Esto constituye, sin duda, una parte de las razones de la tendencia actual hacia la obesidad.

El caso de Marcos

Mark comenzó a aumentar de peso a los once años, cuando estaba luchando para alcanzar el puntaje exigido en sus exámenes. Sus padres insistían en que pasara la mayor parte de su tiempo libre estudiando y hacían hincapié constantemente en la importancia de obtener los mejores resultados. Mark se sentía estresado y bajo gran presión y, con poco tiempo para realizar actividades físicas que le permitieran liberar tensiones, su peso comenzó a subir cada vez más. Se acostumbró a comer algo continuamente e, incluso, se las arreglaba para comer golosinas o bocadillos que sus padres no aprobaban. Comía para reducir la sensación de haber perdido el control y sus sentimientos de frustración. Aumentó más de seis kilos durante tres meses de inactividad física y sobrealimentación y, consciente de su creciente problema con el peso, comenzó a sentirse angustiado y deprimido, sin que quedaran rastros del niño feliz e inteligente que había sido. Incluso comenzó a dudar de su capacidad para alcanzar notas altas. En síntesis, su autoestima fue cayendo a medida que su peso iba en aumento.

Finalmente, juntó el coraje necesario para decirles a sus padres que la presión a la que lo habían sometido lo hacía desdichado. Estos, muy preocupados, le aseguraron de inmediato que, por supuesto, se contentarían con que hiciera en la escuela lo mejor que pudiera.

En los adolescentes, algunos síntomas de la depresión, como cambios de humor, baja autoestima y fracasos académicos, se atribuyen con frecuencia a un "comportamiento típico de los adolescentes". Si el adolescente –como sucede a menudo en casos de depresión– también comienza a frecuentar malas compañías, a ingerir drogas o alcohol, y a contravenir las normas familiares y de la sociedad en la que se desenvuelve, es incluso más probable que la verdadera fuente del problema sea ignorada. ¿Cuál es el resultado? Que los problemas que de otra manera podrían ser corregidos con un tratamiento adecuado, siguen escalando hasta niveles fuera de todo control.

Si algo de eso se parece a lo que usted ha observado o está observando en su hijo, existe la posibilidad de que una depresión sea la causa de su problema de sobrepeso.

Estrés

No cabe duda de que los niños están sometidos a niveles de estrés cada vez mayores, incluso los muy pequeños, como los de edad preescolar. De acuerdo con un estudio publicado en octubre de 2000, niños de apenas ocho años se autocalifican de "estresados". En más de doscientas entrevistas realizadas por un equipo de la City University de Londres, se encontraron niveles sin precedentes de estrés en gente de todas las edades, y niveles "preocupantemente elevados" en niños. Más del 25% de los entrevistados dijo que se sentía estresado a menudo o siempre, mientras que la mitad admitía sentirse ocasionalmente estresada. "Nos sorprendió lo extendido del problema y, sobre todo, el nivel de estrés informado por personas muy jóvenes", dijo el profesor Stephen Palmer, director del estudio. "Si veinte años atrás se hubiese preguntado a niños de ocho años acerca del estrés, estos no habrían entendido siquiera de qué se les estaba hablando. Ahora, no solo comprenden el concepto sino que una cantidad importante de niños afirma sufrir sus efectos." En este estudio también se observó que aproximadamente el 25% de los niños y adolescentes entrevistados, de menos de dieciocho años, dijeron que se estresaban con frecuencia, y solo uno de cada seis señaló que nunca había sufrido de estrés.

En 1996, *MORI Social Research*, empresa de investigación de mercado independiente de Gran Bretaña, entrevistó para la Sociedad Nacional de Prevención de la Crueldad hacia los Niños (NSPCC) a una muestra representativa de 998 niños de entre los ocho y los quince años de edad, en Inglaterra y Gales. El objetivo del estudio era obtener un panorama actual de las experiencias y actitudes de los niños en relación con la familia y la vida social. Un hallazgo sorprendente fue que casi la mitad de los encuestados consideraba al estrés y la angustia como algo normal.

Cuando se les preguntó acerca de las causas y de la frecuencia de sus preocupaciones, las presiones escolares fueron las más habitualmente señaladas por todos (44%), salvo por los más pequeños. Estos indicaron que solían preocuparse frecuentemente por diversas cosas y el 20% fue calificado como ansioso o angustiado en una escala compuesta, en comparación con el 10% observado entre niños de doce años y más.

Existen muchas investigaciones que sugieren que la salud emocional de nuestros niños se ve afectada seriamente por el estrés. Pero ¿qué estresa a un niño? Tradicionalmente, el estrés ha sido definido en función de si sus causas son internas o externas. Los factores internos de estrés en los niños incluyen hambre, dolor, sensibilidad a los ruidos, cambios de temperatura y hacinamiento, fatiga y sobre o subestimulación en el entorno físico inmediato. Entre los factores externos podemos citar: separación de la familia; cambios en la estructura familiar; exposición a discusiones, a conflictos interpersonales y a la violencia; experiencias de agresión por parte de terceros; pérdida de una importante propiedad personal o de una mascota; exposición a expectativas excesivas en relación con logros personales; apremios y apuros; y desorganización en los eventos cotidianos. A pesar de que muchos estudios parecen focalizar la atención en factores de estrés únicos, como por ejemplo el duelo, la violencia y el cambio, en la vida real los niños experimentan estrés a partir de múltiples situaciones. Y estos *factores estresantes múltiples* pueden tener efecto acumulativo.

El estrés es un importante factor de riesgo para el sobrepeso. Los niños comen para aliviar la sensación de incomodidad y angustia, sobre todo cuando no entienden las emociones que están experimentando o cuando no saben cómo manejarlas. Además, nuevos estudios sugieren que existe una relación biológica entre el estrés y el impulso de comer. Los alimentos reconfortantes –los de alto contenido de azúcares, grasas y calorías– parecen calmar la respuesta física al estrés crónico. Además, las hormonas que se producen cuando nos encontramos en estado de estrés estimulan la formación de células de lípidos (grasa). Las nuevas pruebas sugieren que los sistemas cerebrales que no se ven afectados por estrés o que moderan nuestra respuesta al estrés desempeñan un papel importante en los trastornos tanto anímicos como de la regulación de peso.

Cuestionario

¿Sufre de estrés su hijo?

Con absoluta honestidad, marque aquellas afirmaciones que son verdaderas en su caso:

Mi hijo:

✓ Presenta, con frecuencia o en forma constante, síntomas físicos no explicados como dolores de cabeza, de estómago, en los brazos y piernas, o en las articulaciones.
✓ Sufre regularmente de estreñimiento o de diarrea.
✓ Se siente al borde del desmayo o tiene tendencia a desmayarse.
✓ Sufre de indigestión.
✓ Sufre de palpitaciones.
✓ Tiene problemas cutáneos.
✓ Traspira en las manos o las tiene húmedas y frías.
✓ Parece contagiarse de toda infección que aparece en su entorno.
✓ Cuando se enferma, tarda mucho tiempo en recuperarse totalmente.
✓ Siempre parece estar cansado.
✓ Tiene dificultades para levantarse por la mañana.
✓ Sufre de cambios de humor.
✓ Tiene poco apetito.
✓ Se muestra inusualmente hambriento o tiene obsesión por la comida.

- ✓ Sufre trastornos del sueño como pesadillas, despertarse en medio de la noche o padecer miedos nocturnos.
- ✓ Le cuesta dormirse por la noche.
- ✓ Se duerme durante el día.
- ✓ Presenta, en forma regular, falta de concentración.
- ✓ No se dedica de lleno a una tarea ni focaliza su atención en proyectos a corto plazo.
- ✓ Es excesivamente sociable y reacio a estar, aunque sea corto tiempo, solo.
- ✓ Es poco sociable y prefiere estar solo.
- ✓ Por momentos, muestra una energía casi maníaca y luego se desmorona.
- ✓ Es nervioso, inquieto o incapaz de permanecer sentado en su silla. (¡No es importante en niños menores de cinco años!)
- ✓ A menudo se muestra irritable.
- ✓ Se enoja con facilidad.
- ✓ Llora con facilidad.
- ✓ Pierde la paciencia con facilidad.
- ✓ Realiza berrinches. (¡No es importante en menores de dos años!)
- ✓ Es muy competitivo.
- ✓ Es reacio a competir en cualquier actividad.
- ✓ Pasa su tiempo libre distrayéndose con juegos electrónicos y música a todo volumen, jugando en la computadora o mirando televisión.
- ✓ Se vuelve agresivo sin motivo ni explicación.
- ✓ Recae en comportamientos de la primera infancia: chuparse el dedo, mojar la cama, aferrarse a los padres.
- ✓ Es reacio a hablar de sus problemas.
- ✓ Está ansioso, angustiado o asustado.
- ✓ A menudo se siente avergonzado o humillado.
- ✓ Sufre de depresión ocasional o crónica, o se siente generalmente deprimido.
- ✓ Se siente impotente y fuera de control.
- ✓ Sueña despierto más de lo habitual.
- ✓ Se obsesiona con personas, intereses o actividades.

- ✓ En algún momento, expresó pensamientos suicidas.
- ✓ Se lo ve constantemente preocupado.
- ✓ Es proclive a tener accidentes.
- ✓ Aprieta las mandíbulas o los puños con frecuencia.
- ✓ Hace rechinar los dientes (despierto o dormido).
- ✓ Maneja mal su tiempo y, a menudo, entra en pánico.
- ✓ Se aparta de relaciones que lo podrían ayudar.
- ✓ Está demasiado ocupado como para distenderse.
- ✓ Necesita estimulantes para seguir activo (bebidas con cola, golosinas, chocolate, etc.).
- ✓ Experimentó un marcado cambio en su peso.

Si usted marcó más de cinco de esas características, su hijo presenta síntomas de estrés. En el capítulo 6 analizaremos cómo reducir la carga de estrés y fomentar en el niño una salud y un bienestar óptimos.

VIDA FAMILIAR

Hemos dicho que las familias ya no son las unidades contenedoras, cohesionadas y de apoyo que solían ser. Los padres están muy ocupados, la familia vincular muchas veces vive a cientos de kilómetros de distancia, los niños pasan cada vez más tiempo solos o al cuidado de terceros o en jardines maternales, y una cantidad cada vez mayor de parejas se está divorciando. Estas tendencias se han ido afirmando a lo largo del mismo período durante el cual se registró un aumento de la obesidad infantil, así que es bastante lógico deducir que los niños se ven afectados, tanto física como emocionalmente, por este nuevo estilo de vida. Además, si la familia no se reúne para compartir las comidas, como sucede cada vez con mayor frecuencia, hay menos regulación en cuanto a lo que un niño come y poca oportunidad para los padres de dar buenos ejemplos y transmitir valiosas lecciones. Analice cuánto tiempo pasa usted con su hijo.

Mirar televisión

Se ha establecido con certeza la relación entre el hábito de mirar televisión y la obesidad. Un estudio realizado en 1999 determinó que el riesgo de obesidad disminuía en un llamativo 10% por cada hora diaria de actividad física moderada o vigorosa, pero que aumentaba el 12% por cada hora diaria dedicada a mirar televisión. Esto significa que cada una de esas horas que su hijo pasa frente al televisor incrementa su riesgo de sufrir de obesidad.

Se considera que mirar televisión no solo fomenta el aumento de peso porque reemplaza a la actividad física, sino porque también incrementa la ingesta de calorías. Alienta el consumo de bocadillos poco saludables y estimula el apetito del niño en horarios en los que, normalmente, no siente hambre. En parte debido a la cantidad de publicidad de comidas dirigida a niños y en parte porque los niños comen sin pensar en lo que están ingiriendo mientras miran un programa de televisión.

Además, ver televisión durante las comidas se asocia con una ingesta menor de frutas y verduras (alimentos que no son objeto de publicidad).

Un estudio llevado a cabo acerca del contenido nutritivo de las comidas y bebidas publicitadas en televisión durante la emisión de programas infantiles, demuestra que más del 95% de los productos contienen altos niveles de grasas y/o azúcares y/o sal. Los alimentos más publicitados son golosinas, tortas y galletas dulces. Mientras que no había publicidad alguna para frutas y verduras, los alimentos de alto contenido de grasas y azúcares recibían 11% más de publicidad que lo recomendado por las normas dietéticas. Esta información se detalla en un informe titulado "Comidas por televisión: qué sirven los anunciantes". El informe ilustra de qué manera los niños que miran televisión un sábado por la mañana verán más del doble de avisos por hora que ofrecen alimentos no saludables, que los adultos que miran televisión después de las 9 de la noche.

¿CUÁNTO TIEMPO PASA SU HIJO FRENTE AL TELEVISOR?

La reciente publicación del informe de Sustain (la alianza británica por una mejor alimentación y agricultura) titulado "Comidas por televisión: qué sirven los anunciantes" nos brinda algunas cifras alarmantes. El estudio compara la naturaleza y la extensión de la publicidad de alimentos durante los horarios de programación adulta e infantil, y demuestra que en el horario de los programas dirigidos a los niños, la televisión presenta un mensaje nutricional altamente desequilibrado. Para este estudio, los investigadores monitorearon 272 publicidades de alimentos durante aproximadamente 40 horas de programación publicitaria, dirigida tanto a niños como a adultos.

El informe también sostiene que el efecto acumulativo de la publicidad que muestra alimentos poco saludables y gaseosas como opciones gastronómicas deseables consiste en reforzar los malos hábitos alimentarios de los niños y boicotear los esfuerzos de los padres y de los profesionales de la salud por fomentar un esquema alimentario más sano. En vista de la deplorable situación de la alimentación habitual de los niños, la creciente obesidad infantil, el aumento de los problemas dentales y las pruebas científicas de que dietas de alto contenido graso (sobre todo de grasas saturadas), azúcares y sal tienen un efecto nocivo sobre la salud actual y futura de un niño, este tipo de publicidad selectiva resulta injustificable.

Pero, justificable o no, su existencia es un hecho. Por más que en su familia usted siga una filosofía de nutrición saludable, si su hijo mira mucha televisión, es muy probable que su mensaje positivo termine ignorado. No cabe duda de que la publicidad tiene una gran influencia sobre los niños, quienes terminan deseando y exigiendo los alimentos tan atractivamente publicitados. Esto, a su vez, ejerce gran presión sobre los padres cuando eligen y preparan las comidas para la familia, pero también significa que, cuando los niños tienen la posibilidad de elegir libremente y con su propia asignación mensual, sus decisiones en cuanto a alimentación serán influenciadas negativamente por la publicidad. La mejor forma de evitarlo es, por supuesto, limitar la cantidad de televisión que ve un niño. Pero también es importante sentarse con él y explicarle cómo funciona la publicidad y cómo está destinada, en muchos casos, a incitar a la gente a gastar dinero en cosas que no necesita o que no son saludables. Además, es importante dejar en claro por qué las comidas tan publicitadas no son sanas ni para él ni para el resto de la familia. A la mayoría de los niños no les atrae la idea de ser manipulados, de modo que con simplemente señalar dicho mecanismo publicitario, podrá ejercer una influencia positiva.

No hay tiempo para jugar

Diversos estudios demuestran que, en la actualidad, los niños juegan, en promedio, una hora menos que tres años atrás. Los resultados del estudio *America's Children* (Los niños de los Estados Unidos), un fascinante trabajo a largo plazo publicado en 2000, refleja la tendencia general hacia una infancia más sedentaria y con menos oportunidades para jugar. Los niños pasan, en promedio, más tiempo en el jardín de infantes y en el colegio que antes, además de estar más tiempo acompañando a sus padres en diligencias o en tareas domésticas, con lo cual tienen menos tiempo para jugar libremente. En 1997, un niño pasaba alrededor de ocho horas más por semana en el hogar maternal, el jardín de infantes o en el colegio que en 1981. También pasaba tres horas más haciendo tareas domésticas, incluyendo compras. Por el contrario, dedicaba alrededor de tres horas menos por semana a realizar juegos y actividades al aire libre no estructuradas.

En promedio, los niños cuyas madres trabajaban fuera de casa solían pasar la mayor parte del tiempo en el colegio o en el hogar maternal, y la menor parte de su tiempo era dedicada al juego libre. En total, el tiempo libre de un niño –definido como el tiempo que queda después de comer, dormir, realizar el aseo personal e ir al colegio, jardín de infantes u hogar maternal– se redujo del 38% al 30% entre 1981 y 1997.

El resultado final es que los niños no tienen tiempo libre para explorar, distenderse, corretear por el jardín, encontrarse con amigos y desarrollar pasatiempos activos. Ya sea porque los padres están preocupados por el riesgo de un secuestro, de un accidente de tránsito o, incluso, por la amenaza de un acoso sexual, por lo general no permiten que sus hijos jueguen fuera de su casa sin supervisión. En consecuencia, los niños se han acostumbrado a quedarse en casa, a jugar con la computadora y con los videojuegos, y a mirar televisión. El deterioro de la calidad de vida en los barrios céntricos de las grandes ciudades ha resultado en conglomerados urbanos con menos espacios verdes para jugar, calles más transitadas y mayor violencia callejera, con lo cual los padres se sienten adicionalmente presionados a mantener a sus hijos puertas adentro, donde sienten que están seguros. A menudo, los niños tienen que esperar a que sus padres se liberen de sus tareas para que los acompañen a visitar a amigos o, incluso, a jugar en el jardín o en el parque. Y dado que son tantos los padres que tienen cada vez menos tiempo, este tipo de actividades se ha convertido en algo excepcional. Los padres, en cambio, alientan a sus hijos a desarrollar actividades dentro de la casa, que tienen a sus hijos ocupados sin tener que salir a la calle. ¿Cuál es el resultado de esta realidad? Bajos niveles de actividad física y pocos intereses activos, todo lo cual exacerba los problemas de sobrepeso.

Y LA ACTIVIDAD FÍSICA...

Con la tendencia a tener menos actividades al aire libre y menos horas de juego, aparece también una marcada reducción de cualquier tipo de ejercicio físico. Hoy en día, los niños no realizan suficiente actividad para conservarse en buen estado físico y mantener un adecuado funcionamiento de su metabolismo que queme las calorías provenientes de los alimentos ingeridos. El ejercicio físico también es una de las formas más eficaces de reducir los efectos del estrés y de mejorar el estado de ánimo. La falta de ejercitación física regular puede ser una de las razones por las que nuestros niños experimentan problemas emocionales que afectan su vida cotidiana y su relación con la comida.

Por supuesto que los padres no son los únicos responsables de la disminución de la actividad física de sus hijos. Los programas escolares tampoco fomentan el ejercicio. En los últimos ocho años, las escuelas primarias de Inglaterra y Gales han reducido el tiempo dedicado a la gimnasia y los ejercicios físicos. Alrededor del 33% de los varones y del 38% de las niñas entre dos y siete años no alcanzan los niveles mínimos necesarios de actividad física. Además, las escuelas secundarias de Inglaterra y Gales están por detrás de sus pares europeas en lo que hace a la práctica de ejercicios físicos. Por ejemplo, en Alemania y en Francia, las escuelas dedican tres horas semanales a clases de educación física, mientras que en Inglaterra y Gales la escuela secundaria, en promedio, les dedica solo dos horas por semana. *Officials at Sport England*, el consejo deportivo gubernamental, reveló que solo uno de cada cuatro niños entre cinco y dieciséis años practica algún deporte en forma regular.

A pesar de esto, un estudio realizado en el Reino Unido demostró que la mayoría de los niños consideraba tener "bastante buen estado físico", a pesar de que menos del 25% practicaba deportes o realizaba alguna actividad física durante más de seis horas por semana. Esto indica que nuestros niños no son conscientes de lo que significa tener buen estado físico ni han sido educados como para tener conciencia de la importancia de la actividad física. Más allá de esto, un estudio reciente determinó que los niños de hoy en día caminan un 80% menos que los de hace veinte años.

Los niños que no desarrollan suficiente actividad física tienen la tendencia a engordar en la zona del abdomen y del torso, es decir que adquieren la insalubre *forma de la manzana*. Un estudio que analizó la distribución de los tejidos grasos en 127 niños de peso normal, entre los nueve y los diecisiete años, determinó que los que lucían un cuerpo *en forma de manzana* (tejidos grasos acumulados en la parte superior del cuerpo y en el vientre) tenían una presión sanguínea más elevada y niveles más bajos de colesterol *bueno* que aquellos con cuerpo *en forma de pera* (tejidos grasos acumulados en las caderas y en los muslos). Además de una dieta alimentaria poco saludable, la principal causa para ese tipo de distribución del peso estaba ligada a la inactividad física. En vista de que se han encontrado señales de afecciones cardíacas en niños de tres años, resulta claro que estos esquemas se establecen a una edad muy temprana.

Un poco de ejercicio puede ayudar muchísimo. Un estudio determinó que un programa de ejercicios aeróbicos moderados de dos años de duración, diseñado para 41 niños y niñas obesos que, entre otras cosas, implicaba correr veinte minutos por día, permitió lograr una reducción de la grasa corporal del 30% al 40% y el 33% de incremento de masa corporal muscular. Este es el tipo de ejercicio que los niños solían hacer a diario pero al que ya no tienen acceso en forma regular, ni inclinación a realizar.

Algunos hechos y estadísticas

Todos los estudios marcan lo mismo: los niños de hoy en día están más gordos y esto los enferma. Veamos la realidad:

- Una encuesta de Gallup, preparada para la BBC, encontró que casi el 40% de la población del Reino Unido nunca hace ejercicios físicos de ningún tipo, y el mismo porcentaje considera que tiene algo de o mucho sobrepeso.

- Un estudio realizado entre mil niños determinó que la mitad de las niñas y un tercio de los varones no realizan siquiera el equivalente a una caminata vigorosa de 10 minutos, una vez por semana.

- En 1971, el 70% de los niños de diez años iba al colegio a pie. Hoy se estima que lo hace menos del 10%.

- Menos de la mitad de los niños de Gran Bretaña realizan 30 minutos de ejercicios físicos por día, es decir, el mínimo recomendado por entes de salud gubernamentales para mantenerse sanos y en buen estado físico. Una encuesta realizada por Norwich Union Healthcare demuestra que solo uno de cada ocho niños realiza el ideal de una hora de ejercicio físico por día, a pesar de que dicen que les gusta practicar deportes en la escuela.

- Uno de cada cinco niños hace una o dos horas de ejercicio físico por semana y el 12% no hace ningún tipo de ejercicio fuera de la escuela.

- El 77% de los padres interrogados para la misma encuesta era de la opinión de que la actividad física es tan importante como la actividad académica en la escuela, y el 98% la consideraba vital para la salud. Pero la mayoría admitió que nunca practicaba deporte alguno con sus hijos.

El buen estado físico es fundamental para mantener el peso en niveles normales y para prevenir el sobrepeso. Si su hijo no realiza suficiente actividad física, no cabe duda de que su peso se verá afectado.

Este capítulo ha señalado algunas de las principales razones por las que un niño se vuelve obeso. Existen otros factores que también pueden incidir, como por ejemplo trastornos alimentarios y de conducta. A algunos de estos trastornos nos referiremos más adelante en el libro, así como a las presiones y expectativas sociales que han modificado la forma en que vivimos nuestra existencia cotidiana. Sin embargo, lo que se desprende de todas estas investigaciones es que hay elementos en la vida de nuestros hijos, en la forma en que son criados, que necesitan ser modificados a fin de resolver el problema del sobrepeso. Ya sea que los problemas de su hijo se deban, en gran parte, al tipo de dieta alimentaria que ingiere, a estar sentado demasiado tiempo delante del televisor y a la falta de actividad física, o que la causa radique en que se siente presionado y sufre de problemas emocionales relacionados con su crecimiento (presión de sus pares, exámenes difíciles o una familia disfuncional), es de fundamental importancia tratar la causa de fondo si se pretende encaminar al niño hacia una buena salud y ayudarlo a recuperar un peso saludable.

Hemos analizado, en gran medida, todo aquello de lo que los niños carecen. El próximo capítulo estará dedicado a lo que realmente necesitan. Y eso comienza con una dieta saludable.

CAPÍTULO 3

El factor alimentario

Las necesidades básicas de un niño normal son claras, simples y fáciles de satisfacer. Sin embargo, nadie va a discutir que criar hijos y tomar las decisiones correctas para ellos no es tarea sencilla. Un niño es agotador, a menudo exigente y, normalmente, desarrolla una actividad que supera los recursos energéticos de muchos padres. A esto se agrega, además, que como padres se nos inunda de información en libros, revistas y periódicos; que se nos guía y aconseja constantemente acerca de cómo hacer las cosas "en forma correcta"; y que después se nos bombardea con todo tipo de historias terroríficas en los medios, cuya moraleja suele ser que nuestros esfuerzos son en vano o tendrán un efecto contraproducente. Muchos padres trabajan, hacen malabarismos con el tiempo requerido por la familia y el que hay que dedicar a la actividad laboral y, además, sienten la presión de criar niños sanos, inteligentes, exitosos y emocionalmente sofisticados. Es una ardua tarea y no sorprende que muchos, por agotamiento o confusión, pasen por alto ciertas cosas que pueden ser importantes.

En el intento de asegurar que nuestros hijos hagan sus tareas escolares, obtengan una buena educación, participen de actividades estimulantes y no se metan en problemas, a veces nos olvidamos de las premisas básicas: buena alimentación, abundante ejercicio y aire puro, suficientes horas de sueño y una sólida estructura familiar. Comida sana y casera es una de las primeras cosas que quedan de lado en muchas familias, no por pereza por parte de los padres, sino por limitaciones de tiempo. Ciertamente, se ha generado un negocio multimillonario como respuesta a la necesidad de contar con alimentos infantiles rápidos y fáciles de preparar, y las góndolas de los supermercados rebozan de productos que resultan atractivos tanto para los niños como para los atareados padres. Una verdadera bendición, dirán algunos. Y aun cuando los padres tienen esa incómoda sensación de que la comida que ofrecen a sus hijos no se parece ni remotamente a lo que ellos comían de niños, o que no es particularmente nutritiva, es fácil dejar de lado estas preocupaciones cuando los hijos de todo el mundo comen lo mismo y se ven sanos y robustos.

Necesidades tan simples como una adecuada cantidad de horas de sueño nocturno, también suelen quedar de lado en una sociedad activa veinticuatro horas, siete días por semana, en la que los padres llegan tarde del trabajo, los niños tienen cantidades excesivas de tarea escolar o gran cantidad de actividades extraescolares que se extienden hasta bien entrada la noche. A fin de que los padres puedan pasar algún tiempo con sus hijos –o incluso permitirles tener tiempo libre para sí mismos– los horarios de ir a dormir se han extendido más y más. Lo mismo vale para las salidas familiares y las actividades recreativas, es decir, las que deberían involucrar actividad física y aire libre para los niños. El resultado, a menudo, es un estilo de vida errático que socava las bases mismas de la vida familiar y la sensación de seguridad del niño.

Muchos de estos cambios han coincidido con el crecimiento de la obesidad infantil. En el capítulo anterior, hemos analizado los diversos factores que pueden incidir sobre el peso de un niño y resulta claro que muchos de ellos están relacionados con nuestro estilo de vida moderno y con los cambios en la sociedad, nuestras expectativas y, en cierta medida, con la disminución del tiempo que la familia pasa junta.

Hoy en día, los niños evolucionan muy rápido y toman decisiones acerca de lo que comen mucho antes que en las generaciones anteriores. Y aunque resulte contradictorio, la gran cantidad y diversidad de alimentos disponibles ha dado origen a una generación sumamente limitada en cuanto a la cantidad de alimentos que le gusta ingerir. Con la publicidad influenciando sus elecciones gastronómicas, y mayor voz y voto en cuanto a lo que comen (producto, en cierta forma, del énfasis puesto en sus derechos), los niños de hoy en día exigen ciertos tipos de comidas y las obtienen.

Estos niños modernos también tienen gustos claramente definidos cuando se trata de actividades recreativas y el advenimiento de la tecnología generó la aparición de una amplia gama de actividades no físicas para mantenerlos entretenidos y ocupados a costa de la ejercitación física. Uno de los principales problemas es que muchos niños son ahora consumidores autónomos, con sus propias necesidades, exigencias y con su propio dinero para gastar. Si bien no se puede decir que los padres hayan perdido todo el control, hoy resulta mucho más difícil persuadir a un sagaz niño de diez años de seguir las normas impuestas por la familia, cuando tiene plena conciencia de todas las opciones que se le abren en el mundo moderno.

Recuperar un poco del control sobre los hijos y ejercer más activamente el rol de padres, guiándolos hasta que se hayan establecido hábitos saludables y realmente sean capaces de tomar decisiones propias en base a información correcta, es una de las cosas más importantes que cualquier padre puede hacer para evitar que se afiancen los factores que conducen a la obesidad. Esta también es la clave básica para enfrentar un problema de sobrepeso ya existente, porque trabajar juntos, como familia, es la mejor y, de hecho, la única manera de implementar los cambios necesarios para reencaminar a su hijo.

Esto, probablemente, parezca muy duro y dé la impresión de que se carga toda la responsabilidad del cambio sobre los hombros de los ya bastante agobiados padres. Pero probablemente, los cambios a implementar no serán tan drásticos como usted podría pensar, y los resultados serán más que gratificantes.

En los capítulos siguientes, analizaremos cómo puede conseguir que sus hijos aprendan a comer bien, la importancia del ejercicio y de un estilo de vida equilibrado, y cómo ayudarlos a lograr la estabilidad emocional. Estos son los puntos fundamentales para mantener un peso sano, prevenir los problemas antes de que aparezcan y manejar el tema del sobrepeso cuando ya se ha instalado. Pero antes de encarar de lleno estos aspectos, es fundamental analizar cuáles son las necesidades del niño y qué es una dieta sana.

La importancia de una buena alimentación

La dieta de nuestros hijos no solo tiene que estar orientada a suministrarles una alimentación más sana para reducir el riesgo del sobrepeso y controlar hábitos alimentarios poco saludables, sino que también tiene que asegurar que los niños reciban los nutrientes –vitaminas y minerales– que necesitan para aprender, crecer, concentrarse y desarrollarse física, emocional e intelectualmente. Muchos padres aceptarían a regañadientes que la dieta de sus hijos seguramente deja algo que desear, y saben que la comida que sirven en sus casas es muchas veces elegida más por exigencias de los niños, por conveniencia y por practicidad, que en función de asegurar una salud óptima. Otros se sienten genuinamente sorprendidos cuando se enteran de que la comida de su hijo no es tan sana como creen y de que el problema de su sobrepeso es una consecuencia directa de su dieta. Después de todo, otros niños, aparentemente, comen lo mismo y se mantienen delgados. Además, los productores de gran parte de los alimentos que se comercializan dirigidos a los niños convencen hábilmente a los padres de que se trata de comida sana y nutritiva. Por lo tanto, creo que es importante volver a los conceptos básicos.

Lactancia materna

Para muchos padres ya es tarde para volver atrás, pero si usted tiene planeado aumentar el número de integrantes de su familia, este es un tema que merece ser considerado cuidadosamente. Todos los estudios demuestran que darle el pecho a un bebé, aunque solo sea por un corto tiempo, puede reducir el riesgo de obesidad en otras etapas de la vida. Un estudio a largo plazo realizado por la Universidad de Harvard permitió llegar a la conclusión de que los bebés alimentados básicamente con leche materna tenían menos probabilidad de presentar sobrepeso a la edad de catorce años.

A pesar de que otro estudio afirmaba que la lactancia materna no tenía una incidencia importante en la prevención de la obesidad en niños de entre tres y cinco años (solo el 16% menos de probabilidad de ser obesos), se determinó que ayuda a prevenir la obesidad futura. También se ha observado que los bebés alimentados con leche especialmente formulada tienden a tener una concentración de insulina más alta que los bebés alimentados con leche materna, lo que ha sido relacionado con problemas cardíacos en la vida adulta. De modo que si usted puede elegir, dar el pecho a su bebé es un buen comienzo para prevenir el sobrepeso de su hijo.

Destete

Probablemente, para la mayoría de los niños, el destete es algo sepultado en el pasado, pero en caso de que usted piense tener más hijos, es importante que sepa qué dicen los últimos estudios realizados sobre el tema. Hasta hace poco tiempo, se sostenía que los niños debían ser destetados y pasados a una alimentación sólida lo más tarde posible, para asegurar que no desarrollen alergias. Sin embargo, si bien esto podrá ser beneficioso para prevenir alergias, un estudio realizado en 2004 descubrió que un destete tan tardío puede causar una carencia de hierro y de otros nutrientes clave en el bebé. Además, se suele pasar al bebé de la leche materna a alimentos industrializados no adecuados, dado que ya han crecido lo suficiente para consumirlos.

Según el doctor Roger Harris, quien condujo el estudio mencionado, los malos hábitos alimentarios que se instalan a tan temprana edad contribuyen al incremento de los niveles de obesidad. Señala que el destete inadecuado del bebé y las dietas con gran contenido de azúcares para los niños más pequeños son los principales culpables de ese aumento de la obesidad.

Harris afirma que demasiados niños, sobre todo de barrios pobres o marginales, corren el riesgo de sufrir una deficiencia en hierro por no recibir alimentos enriquecidos cuando aún son bebés y porque, ya mayores, ingieren solo comidas industrializadas que carecen de minerales y otros nutrientes necesarios.

La falta de hierro suficiente puede conducir a la anemia, una patología que deteriora la capacidad de transportar oxígeno en la sangre, causando síntomas como la fatiga. En niños pequeños, el déficit en hierro también puede retardar el desarrollo motor y del lenguaje. Niños agotados y anémicos evitan la actividad física, lo cual, a su vez, contribuye al sobrepeso y la obesidad.

Tanto para niños alimentados con leches formuladas o con leche materna, los especialistas recomiendan a los padres que, a los cinco o seis meses, comiencen a introducir en la dieta de su bebé copos de arroz enriquecidos con hierro y otras sustancias alimenticias. Según el doctor Roger Harris, demorar la introducción de alimentos como los citados, es decir, un *destete tardío*, a menudo da origen a una alimentación pobre en hierro que persiste a lo largo de toda la infancia. "El resultado final del destete tardío es que los bebés se siguen alimentando con cantidades de leche mayores que las que necesitan, en lugar de experimentar con distintos alimentos, y de esa forma se genera una deficiencia de hierro", explica. Además, afirma que muchos niños pequeños y otros ya algo mayores ingieren gran cantidad de jugos y de comida chatarra, lo que ayuda a fomentar la obesidad.

De modo que el enfoque más saludable es asegurar que su hijo ingiera alimentos enriquecidos con hierro si es destetado después de los cinco meses, y que jugos artificiales endulzados, comidas preelaboradas y comidas chatarra no formen parte de su dieta por el mayor tiempo posible. Ningún niño de menos de dos años debería comer otra cosa que alimentos frescos.

Independientemente de si el bebé es alimentado con leche formulada en polvo o con alimentos sólidos, cuando es sobrealimentado, genera células de grasa que lo acompañarán durante toda la vida. Estas células no pueden ser destruidas una vez generadas, lo cual es una de las razones por las que a los individuos que tienen peso de más les resulta tan difícil perderlo y mantenerse en línea. El cuerpo almacena las grasas ya sea incrementando la cantidad de células de grasa o aumentando el tamaño de las ya existentes. Es particularmente importante controlar la obesidad infantil, dado que es durante la infancia cuando se forman, esencialmente, nuevas células grasas. Ir añadiendo estas células grasas adicionales año tras año hace que la obesidad adulta resulte más difícil de combatir.

Comidas regulares

Lo primero que necesitan todos los niños, independientemente de su edad, son comidas regulares: desayuno, almuerzo y cena, con tentempiés o colaciones saludables entre medio. Lo que usted elija servir en esas comidas determinará la salud general y el peso de su hijo. Por lo tanto, es importante servir los alimentos adecuados. Obviamente, algunos niños, por naturaleza, no son amantes del desayuno y rechazan, adormilados, cualquier cosa que usted les ofrezca. En el próximo capítulo veremos algunos planes alimentarios con ejemplos para facilitar el proceso pero, por ahora, recuerde que el desayuno es obligatorio, aunque sea en poca cantidad, siempre y cuando sea nutritivo.

El almuerzo también suele presentar dificultades, ya que muchos niños comen en la escuela y, por lo tanto, fuera del control de los padres. Pero hay formas de resolver este problema. Por lo general, usted tiene la posibilidad de preparar una vianda cuyo contenido puede elegir con su hijo para asegurarse de que le guste lo suficiente como para comerlo. De esa forma, usted puede asegurarse de que su hijo ingiera un almuerzo que contenga los nutrientes que necesita y que, al mismo tiempo, no le cause problemas de sobrepeso. Como alternativa, puede negociar con su hijo para asegurarse de que la comida que elija comer en la escuela sea, básicamente, saludable. Por ejemplo, el niño puede aceptar comer papas fritas una vez por semana pero por lo menos tres frutas o porciones de verduras u hortalizas con el plato principal. Muchas escuelas elaboran un menú semanal (que muchas veces permanece igual semana tras semana) y usted puede sentarse con su hijo para elegir conjuntamente las opciones más saludables.

Incluso si el niño come un almuerzo caliente en la escuela, ello no significa que pueda saltear la cena. Por un lado, existe un alto grado de posibilidades de que el almuerzo elegido haya sido la típica comida infantil, que no contiene los nutrientes que él necesita. De modo que usted tendrá que compensar en la cena las carencias del almuerzo. Pero aunque su hijo coma un buen almuerzo, necesitará una cena nutritiva. Quiero aclarar que nutritivo no significa, necesariamente, caliente. Una cena fría, tipo picnic, puede ser muy saludable, y a menudo contendrá menos grasas perjudiciales para su hijo. También para la cena veremos algunas sugerencias de menús en el próximo capítulo.

Las colaciones o los tentempiés son importantes para el bienestar de los niños en crecimiento. Ayudan a mantener los niveles de glucosa en sangre, previniendo ansiedades y antojos, y a estabilizar el metabolismo de su hijo. Sin embargo, la elección de esos bocadillos es crucial y no deberían ser considerados como un adicional sino como elementos integrales de una dieta cuidadosamente planificada. Es decir que deben ser nutritivos, tener un bajo contenido de grasas saturadas, de sal y de azúcar, y aportar vitaminas y minerales. Solemos asociar la idea del tentempié con *golosinas*, como papas fritas, chocolates y galletas dulces, entre otras, de modo que no sorprende que eso sea lo que se les dé a los niños para comer en la escuela a media mañana, o a media tarde, cuando regresan a casa. Ese tipo de golosinas solo aportan calorías vacías a la dieta de un niño. También suelen desequilibrar los niveles de glucosa en sangre, generando picos seguidos de abruptas caídas, lo cual conduce a sentir cansancio, antojo de cosas dulces y cambios de humor (cf. el recuadro en página 125).

LA IMPORTANCIA DE LOS BOCADILLOS

La mayoría de los niños necesitan ingerir un bocadillo para mantener los niveles de glucosa en sangre y de energía. Incluso aquellos que tienen sobrepeso los necesitan cuando sienten hambre. Pero –como ya dijimos– es la elección del tipo de bocadillo lo que importa. Lo que su hijo come entre comidas es tan importante como lo que come para el desayuno, el almuerzo y la cena, dado que todo lo que ingiere suma o resta a la composición global de su dieta. El niño que se llena el estómago con hamburguesas, papas fritas, dulces, chocolates y gaseosas entre comidas no tendrá ni el hambre ni el paladar para apreciar una comida principal saludable.

Diversos estudios han demostrado que existe una relación inversa entre la frecuencia habitual de comer (es decir, picar entre comidas) y el peso corporal, lo cual hace suponer que ingestas pequeñas y frecuentes ayudan a prevenir la obesidad. Pero esto solo es cierto cuando los bocadillos son alimentos saludables.

Un niño puede llegar a obtener casi la mitad del total de calorías que ingiere de los bocadillos, e investigaciones muy recientes indican que ofrecerle colaciones nutritivas y bajas en grasa puede lograr un impacto significativo sobre su salud. En los países occidentales, la ingesta entre comidas se va haciendo cada vez más común entre los niños, que consumen un mínimo de dos colaciones por día. Sin embargo, los alimentos más populares para estas ingestas intermedias son también los menos saludables: gaseosas y jugos sintéticos, papas fritas y barras de chocolate. Los investigadores que condujeron un estudio realizado en 2002 sospechan que la obesidad y la mala nutrición entre los niños de los Estados Unidos podría deberse, en gran parte, a bocadillos poco saludables, y sostienen que sustituirlos por alimentos más adecuados podría producir un impacto importante sobre la dieta general de esos niños.

Saltear comidas, aparentemente, sería una forma eficaz de reducir la ingestión de calorías y perder peso, pero los resultados de estudios realizados sobre este aspecto de la alimentación indican que omitir una comida puede inducir a ingerir más bocaditos dulces fuera de horario que, a la larga, van provocando la acumulación de kilos. En un estudio realizado entre adolescentes, el 20 por ciento de los encuestados dijo que solo ingería dos comidas por día, en general el almuerzo y la cena. Estos niños consumían más tentempiés –ricos en azúcares, grasas y sal, y reducidos en fibra– que sus pares.

¿Cuál es la respuesta correcta? Repito esto una y otra vez porque es crucial: considere los bocadillos como parte integral de la ingesta nutricional de su hijo y no como comidas ocasionales o como golosinas. Constituyen una buena parte de la dieta general de su hijo, de modo que es fundamental que sean saludables. ¿En qué consiste un tentempié saludable? En lo mismo que una dieta sana: buenas fuentes de hidratos de carbono, proteínas y grasas saludables. Es importante ofrecer una amplia variedad de bocadillos a su hijo, a fin de que pueda satisfacer sus antojos de un tipo de comida en particular, regular él mismo la cantidad de alimento que ingiere y aprender a elegir comidas saludables. En el próximo capítulo veremos algunos de los tentempiés más recomendables.

Una dieta sana

Lo que mejor ilustra cómo debería estar compuesta nuestra dieta es el diagrama en forma de pirámide alimentaria, presentado por primera vez por el Departamento de Salud de los Estados Unidos y adoptado por muchos otros países. La pirámide presentada a continuación se basa en la idea original de ese esquema pero incluye algunas indicaciones adicio-

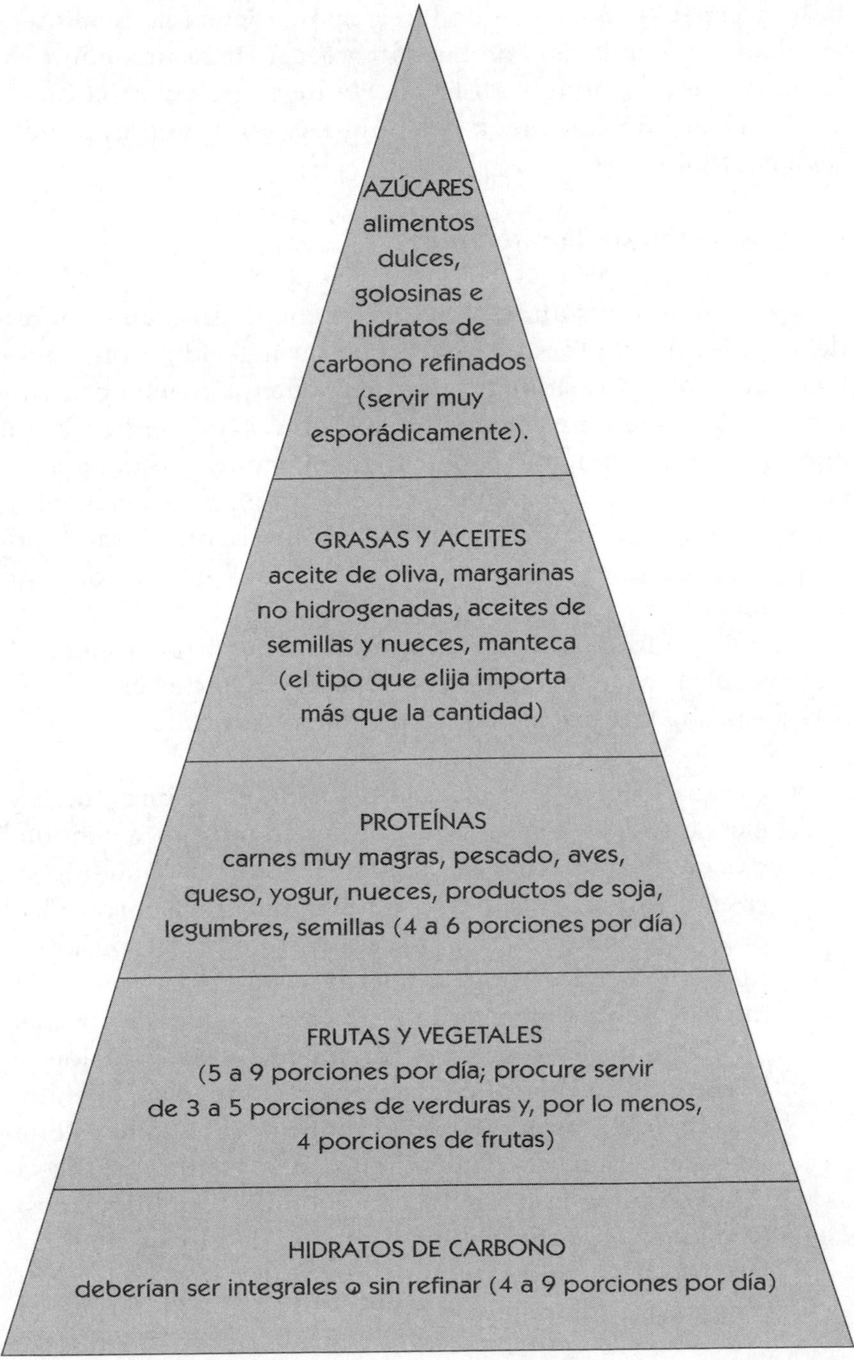

AZÚCARES
alimentos
dulces,
golosinas e
hidratos de
carbono refinados
(servir muy
esporádicamente).

GRASAS Y ACEITES
aceite de oliva, margarinas
no hidrogenadas, aceites de
semillas y nueces, manteca
(el tipo que elija importa
más que la cantidad)

PROTEÍNAS
carnes muy magras, pescado, aves,
queso, yogur, nueces, productos de soja,
legumbres, semillas (4 a 6 porciones por día)

FRUTAS Y VEGETALES
(5 a 9 porciones por día; procure servir
de 3 a 5 porciones de verduras y, por lo menos,
4 porciones de frutas)

HIDRATOS DE CARBONO
deberían ser integrales o sin refinar (4 a 9 porciones por día)

nales y específicas acerca de la elección adecuada de alimentos dentro de cada una de las categorías. Haga una copia de la pirámide y colóquela en la puerta de su heladera, a fin de que toda la familia pueda ver cómo se compone una dieta bien equilibrada.

Interpretación de la pirámide

Es obvio que los alimentos que se encuentran en la punta de la pirámide son los que tienen que ser ingeridos con menor frecuencia, mientras que los que se encuentran en el centro y y en la base pueden ser consumidos en mayor cantidad. Sin embargo, no se ate a porciones. Esta pirámide es una guía para ayudar a los padres a entender qué alimentos deben componer el grueso de la dieta y cuáles deben ser considerados como *golosinas* para disfrutar solo de tanto en tanto, y no diariamente.

Desde el lanzamiento de la pirámide alimentaria original, algunos conceptos han variado con respecto a ciertas categorías. Analicemos la postura actual frente a algunas de ellas.

- **Grasas y aceites:** si bien su posición en la pirámide sugiere que deberían ser consumidos en muy poca cantidad y es cierto que demasiada grasa en la dieta de su hijo será en cierta medida almacenada como grasa corporal, el problema concreto es la ingesta de demasiadas gasas del tipo equivocado. Ahora sabemos que algunas grasas, como el aceite de oliva –una grasa monosaturada–, tienen un efecto positivo sobre el organismo, y su inclusión en la dieta de su hijo puede ayudar a compensar el efecto negativo de grasas menos saludables. Si bien no es bueno sobrecargar al organismo con demasiadas grasas saturadas, como la manteca (mantequilla), su hijo necesita grasas saludables como el aceite de oliva y de nuez. Las grasas y aceites que hay que evitar son los transhidrogenados (cf. página 129).

- **Hidratos de carbono:** en un tiempo se creía que suprimiendo la grasa y suplantándola por hidratos de carbono, se reducirían el peso y los problemas de salud asociados con una dieta rica en grasas. Sin embargo, esta premisa condujo a la creencia generalizada de que todos los hidratos de carbono son iguales. Pero no lo son. Los hidratos de carbono que se recomiendan son los *integrales*, no los blancos o refinados. Los panes y pastas amasados con harina integral, los cereales y arroces integrales, etc., están incluidos en esta categoría. Las tortas, los bizcochos, el pan blanco y cualquier cosa amasada con harina blanca refinada o endulzada, como algunos cereales de desayuno, panqueques, pastas blancas, etc., son todos productos que deberían ser considerados como algo que se sirve solo excepcionalmente y no como parte integral de la dieta normal de su hijo. Es por eso que figuran en la punta de la pirámide, junto con los azúcares y golosinas. Por supuesto que un plato de pasta blanca con una salsa nutritiva no está mal, pero si la dieta de su hijo se inclina más hacia los hidratos de carbono blancos en lugar de los integrales, no recibirá todos los nutrientes que necesita y sus niveles de glucosa en sangre se resentirán.

- **Leche, queso y yogur:** estos alimentos caen todos en la parte *proteica* de la pirámide. Es importante recordar que por razones de salud y, particularmente, en función de la ingesta adecuada de calcio, un niño necesita entre dos y tres porciones diarias de lácteos por día. Esto constituye, aproximadamente, la mitad del total de proteínas a ingerir. Muchos padres cometen el error de suprimir los lácteos porque suponen que contienen demasiada grasa, pero son esenciales y deben ser incluidos en la dieta diaria. Pescados, carnes magras, nueces, huevos, porotos (frijoles) y otras legumbres serán las fuentes de la parte restante de proteínas a ingerir por día.

LOS COMPONENTES DE UNA DIETA SANA

Analicemos ahora, más en detalle, los principales componentes de una dieta sana, a fin de que usted pueda ver qué alimentos son los más indicados para ayudar a su hijo en su lucha contra el sobrepeso y la obesidad, y cuáles deberá evitar dentro de lo posible. Comencemos por las grasas.

¿CUÁNTO ES UNA PORCIÓN?

No se preocupe demasiado por el tamaño de una porción. Lo principal es encontrar un buen equilibrio entre los distintos alimentos. Es decir que si su hijo come una diversidad de alimentos elegidos por grado de importancia de acuerdo con lo indicado en la pirámide alimentaria, no debería haber problemas. Como guía general, considere las siguientes recomendaciones.

Desde el momento en que el bebé comienza a comer alimentos sólidos (cuatro a seis meses) hasta los seis años, la medida recomendada para una porción de frutas o verduras es una cucharada sopera por cada año de edad. Por ejemplo, cuatro cucharadas de choclo constituyen una porción para un niño de cuatro años. Después de los seis años, la medida de una porción de frutas, verduras y hortalizas es igual a la de un adulto: aproximadamente medio jarro de café grande. Recuerde que los jugos de frutas y verduras también se cuentan por porciones. Para niños de más de dos años, unos 60 ml son una porción adecuada. Para un niño más pequeño, unos pocos tragos son suficientes.

Para otros alimentos, vale aproximadamente la misma medida: cuanto más pequeño sea el niño, tanto más pequeñas serán las porciones.

En el caso de niños de más de seis años y de adultos, una porción de pan es una rebanada, 25 gramos de cereales tostados, medio jarro de café de arroz o pasta, o cinco o

seis galletitas de agua o de avena. Un cuarto de tostada representaría una porción para un niño de dos años.
Las porciones de proteínas para niños de más de seis años serían de unos 50 a 75 g (aproximadamente el tamaño de un mazo de naipes). También aquí, a menor edad, tanto menores serán las porciones. Si la porción cabe en la mano del niño, ese será el tamaño adecuado.

Grasas

A pesar de lo que se suele decir, las grasas son necesarias para los cuerpos en desarrollo, y una carencia de ellas puede conducir a antojos y a problemas de salud. Como se dijo en el capítulo 2, los productos de bajo tenor graso no son, realmente, beneficiosos para combatir la obesidad y, por el contrario, enseñan a los niños que pueden incluir comida chatarra o alimentos grasosos en sus dietas, siempre y cuando su tenor graso sea reducido. Esto no contribuye a formar buenos hábitos alimentarios. Las papas fritas de bajo tenor graso no son más sanas que las papas fritas normales, y los quesos de contenido graso reducido no son una buena alternativa frente a los quesos enteros.

Insisto en que es el tipo de grasa lo que hace toda la diferencia. Existe una gran variedad y el conocerlos lo ayudará a elegir el tipo de grasa adecuado para sus hijos... y para toda la familia.

Grasas que hay que evitar

- **Grasas transhidrogenadas.** Las grasas más perjudiciales son las grasas *trans*, el tipo que más a menudo aparece en alimentos modificados de bajo tenor graso, como así también en casi toda la comida chatarra y en alimentos preelaborados, a menudo dirigidos, específicamente, al consumidor infantil. Las grasas trans se producen a través de la hidrogenación, un proceso químico que agrega hidrógeno a grasas no saturadas, como los aceites vegetales, a fin de convertirlos en grasas sólidas o untables. Las grasas trans se encuentran marcadamente asociadas con un aumento del riesgo cardíaco. Además, para la salud, parecen ser aun más nocivas que las grasas saturadas porque, además de elevar el colesterol malo, reducen el bueno. Actualmente también se las está asociando con ciertos tipos de cáncer.

Los ácidos grasos trans prolongan la vida de los productos en la góndola del supermercado y, por lo tanto, se encuentran frecuentemente en alimentos procesados, panificados comerciales (como bizcochos, tortas y bollos) y en muchas margarinas. Por supuesto, no figuran en la etiqueta de estos productos con esa denominación, sino que en ellas dice, simplemente, aceite o grasa vegetal "hidrogenada". Algunos alimentos están rotulados como "parcialmente hidrogenados", lo que significa que han sido parcialmente solidificados; también estos deben evitarse por su alto nivel de grasas trans.

Grasas que hay que comer con moderación

- **Grasas saturadas.** Probablemente le sorprenda lo de *comer con moderación*, ya que las grasas saturadas han sido, durante muchos años, *las malas de la película*, y con cierta razón. Las grasas saturadas se encuentran en productos animales como manteca, queso, carnes grasas, leche entera, crema de leche y cremas heladas. También se encuentran en algunos aceites vegetales, como el de coco y el de palma.

Una dieta rica en grasas saturadas incrementa la cantidad de colesterol malo en el organismo, y es uno de los principales factores de riesgo de enfermedades cardíacas, porque su alto contenido calórico aumenta la probabilidad de sufrir sobrepeso.

Las dietas ricas en grasas, sobre todo grasas saturadas, afectan la forma en que el organismo de su hijo responde a los azúcares e incrementa el riesgo de diabetes de tipo dos. Su organismo solo puede manejar una ingesta relativamente baja de grasas y si más del 35% de las calorías que ingiere su hijo provienen de grasas, las está incorporando en exceso. Pero por otro lado, una ingesta mucho menor tampoco lo favorece. Un estudio realizado en 2004 determinó que los niños que ingerían una cantidad moderada de cualquier tipo de grasa –30% a 35% del total de calorías– pesaban menos que aquellos que no las comían o comían una cantidad limitada.

En realidad, una dieta equilibrada y sana, que contenga productos lácteos (incluso algo de manteca y queso), carnes rojas, verduras y hortalizas, carne de ave y pescado, frutas y una fuente saludable de hidratos de carbono, nunca aportará demasiada grasa. Es la ingesta de comida chatarra y alimentos preelaborados, con un alto contenido de grasas saturadas y grasas trans, lo que influye negativamente y hace que una dieta sea poco saludable. También es importante recalcar que las grasas –incluso las grasas saturadas– ingeridas junto con abundante fruta y verdura, tienen un impacto mucho menos perjudicial. Esto se debe a que las frutas y las verduras contienen *antioxidantes* que limitan el daño que pueden hacer las grasas en el organismo del niño. Esta es solo una de las razones por las que una dieta equilibrada es tan importante.

De modo que una crema helada cada tanto o un poco de manteca en la tostada del desayuno de su hijo o en un sándwich de queso no causarán problema alguno, aunque contengan grasas saturadas.

Grasas que se pueden consumir con mayor frecuencia

- **Grasas poliinsaturadas.** Estas grasas forman la base del grupo de grasas conocidas como ácidos grasos esenciales. La razón de esta denominación es que ni usted ni su hijo pueden vivir sin ellos. El problema es que en la dieta de los países occidentales, estos ácidos grasos no se encuentran presentes con frecuencia y mucho menos en las dietas de los niños, ya que se concentran, principalmente, en aceites vegetales y de pescado, y en pescados grasos. Como ácidos grasos esenciales, las grasas poliinsaturadas desempeñan una serie de funciones importantes: ayudan a reducir el nivel del colesterol en sangre cuando son usadas en reemplazo de grasas saturadas, ayudan a conservar la fluidez de la sangre, distienden los vasos sanguíneos, reducen la presión sanguínea, ayudan a mantener el equilibrio de hidratación del organismo, reducen la inflamación y el dolor, mejoran la función nerviosa, preservan el sistema inmunológico, inciden sobre el metabolismo y la función cerebral de su hijo y mantienen en equilibrio la glucosa en sangre, es decir, todo lo que su hijo necesita para fomentar su salud en el corto y largo plazo. Y en la lucha contra la obesidad, algunos de estos roles son cruciales. El pescado graso, como el salmón, las sardinas, el atún, la caballa y el arenque, es una fuente saludable de ácidos grasos, como también las semillas y los aceites obtenidos de plantas y semillas. Las mejores fuentes son las semillas de lino, girasol, maíz, zapallo, nuez, sésamo, soja y germen de trigo.

Los aceites poliinsaturados son sanos mientras no se calienten, ya que el calor los desestabiliza y los convierte en desaconsejables. Es importante tener esto en cuenta. Mucha gente cree que utilizando aceites vegetales para cocinar, aportan a la ingesta de aceites saludables en la dieta de sus hijos. Esto no es el caso al calentarlos, lo que los convierte en realmente una amenaza para la salud. Solo los aceites crudos son fuente de nutrientes clave. La mejor forma de incrementar la ingesta de aceites poliinsaturados es con gran cantidad de pescado graso (¡al menos haga el intento!) y semillas.

- **Grasas monosaturadas.** Entre las fuentes de grasas monosaturadas tenemos el aceite de oliva, el contenido en paltas y nueces, el aceite de colza y el aceite de uva. Las grasas monosaturadas se encuentran entre las más saludables, ya que se supone que no solo reducen los niveles de colesterol malo, sino que incrementan los niveles del bueno. Se supone que este tipo de aceite, en especial el de oliva, constituye uno de los principales factores que hacen que la dieta mediterránea sea muy sana y tenga fama de estar asociada con la longevidad, la reducción del riesgo de contraer cáncer y una menor incidencia de afecciones cardíacas y de obesidad. Incorpore este tipo de grasas en la dieta de su hijo desde temprana edad: utilice aceite de oliva para cocinar (es más estable que los aceites poliinsaturados) y ofrézcale en forma regular paltas (aguacates) y aceitunas.

Las nueces molidas o picadas y las semillas pueden ser incorporadas en la dieta de su hijo desde pequeño, ya que desempeñan un importante rol en la conservación de la salud.

Sintetizando:

- Las grasas más saludables son las grasas naturales no animales, que no han sido alteradas químicamente. Entre estas se encuentran las grasas poliinsaturadas (en aceites vegetales, aceites de pescado, semillas y aceites de semillas) y las grasas monosaturadas (las que se encuentran en las nueces, en las paltas y en las aceitunas).

- Se pueden ingerir grasas saturadas en pequeñas cantidades y, preferentemente, en forma de alimentos naturales con poco procesado (leche, yogur, manteca, queso y carne) y siempre acompañados de verduras y frutas, que pueden prevenir sus efectos nocivos. Las papas fritas, los panificados, las golosinas y las comidas fritas aportan demasiada grasa a la dieta de su hijo.

- Las grasas más nocivas son las que se obtienen de cualquier tipo de grasa o aceite proveniente de una fuente que ha sido hidrogenada, parcialmente hidrogenada o alterada químicamente de alguna otra forma. Dentro de lo posible, procure evitarlas.

Afortunadamente, la información nutricional que aparece en las etiquetas y rótulos de los envases nos facilita determinar el nivel de grasas saturadas contenidas en los alimentos que consumimos y servimos a nuestros hijos. Esto no significa que tengamos que leer la etiqueta del envase de cada cosa que comemos. Analice los envases de algunos productos en el supermercado o en su alacena para tener una idea de los tipos de productos con un alto contenido de grasas saturadas. Los alimentos fritos, la mayonesa, la pizza, las hamburguesas, muchos panificados como tortas, bizcochos y bollos, y carnes cocidas, como el salame, son todos alimentos que contienen grasas saturadas y su ingesta deberá ser reducida a un mínimo.

HIDRATOS DE CARBONO

Hay tanta variedad de hidratos de carbono como de grasas. Y así como las grasas *buenas* son esenciales para la salud, también lo son los hidratos de carbono buenos. Desafortunadamente, los hidratos de carbono malos conforman gran parte de nuestra *comida chatarra* y tienden a actuar como *antinutrientes*, es decir que deshacen los buenos efectos de todas las comidas sanas que ingerimos.

Los hidratos de carbono son alimentos calóricos y constituyen la principal fuente de energía para el organismo. Existen dos tipos de hidratos de carbono: refinados y complejos (no refinados). Usted ya se imagina cuáles son los hidratos de carbono buenos y cuáles los que debemos evitar.

Hidratos de carbono buenos

Los hidratos de carbono complejos se encuentran en:

✓ Frutas, verduras y hortalizas.
✓ Harina integral.
✓ Pasta elaborada con harina integral.
✓ Arroz integral.
✓ Pan integral.
✓ Cereales de desayuno integrales.
✓ Avena.
✓ Legumbres.
✓ Cebada.

El mensaje es comer la mayor cantidad de hidratos de carbono sin refinar. Brindan una fuente sostenida de energía, es decir que tardan más en ser digeridos y asimilados. Además, contienen vitaminas y minerales e, incluso, proteínas, lo que hace de ellos excelentes fuentes para una nutrición equilibrada. Si las harinas o sus subproductos son blancos, no son beneficiosos.

Los hidratos de carbono que hay que evitar

Los hidratos de carbono refinados suministran calorías y energías, pero son de asimilación tan rápida que generan un repentino pico energético y, al poco tiempo, una caída abrupta de esa energía. Usted, sin duda, habrá visto los efectos de los hidratos de carbono refinados durante una fiesta de cumpleaños: los niños comen torta y dulces, y comienzan a desarrollar una increíble energía. Poco tiempo después, la misma decae a medida que los niveles de glucosa en sangre se desmoronan. Este abrupto subir y bajar puede causar oscilaciones en el humor, irritabilidad, berrinches, letargo y lágrimas.

Después de clase, los niños a menudo se sienten cansados y llorosos. Esto es el resultado de una baja de glucosa en sangre, es decir que sienten hambre y necesitan más combustible para levantar sus niveles de azúcar en la sangre. Los niños cuyos almuerzos contienen hidratos de carbono refinados (lo que incluye pan blanco, bizcochos, golosinas, jaleas y gaseosas) tendrán una caída posescolar mucho más marcada que los niños que, para el almuerzo, ingirieron alimentos como pan o pastas integrales, verduras, frutas y jugos frescos. En ese momento, no caiga en la tentación de ofrecerle un rápido *levanta-ánimo* en forma de golosinas o chocolate. Los síntomas de fastidio y decaimiento mejorarán de inmediato, pero volverán a aparecer mucho antes de la hora de la cena, cuando los niveles de glucemia vuelven a derrumbarse.

Pero más allá del tema de la glucosa en sangre, los hidratos de carbono refinados han sido despojados de la mayoría de sus nutrientes en el proceso del refinado. Por ejemplo, casi todo el cromo desaparece de la harina refinada. ¿Y por qué menciono el cromo en particular? Porque es el mineral que rige nuestros niveles de tolerancia a la glucosa, es decir, de nuestra glucemia. Otras grandes pérdidas en ese proceso son el calcio, las vitaminas B, el hierro, el zinc y el potasio. Los fabricantes nos quieren hacer creer que adicionando algunas vitaminas y algunos minerales a los cereales de desayuno, panes e, incluso, galletitas, compensan el proceso del refinado. Pero no es así. Agregar dos o tres nutrientes a un alimento que ha sido despojado de por lo menos 15 no lo convierte en una alternativa saludable. Además, estos nutrientes no se absorben ni se asimilan con la misma facilidad que cuando forman parte natural de un alimento, de modo que muchos de ellos simplemente se pierden al ser excretados por la orina del niño. Los hidratos de carbono refinados incluyen:

- ✓ Azúcar blanco y todo lo que la contiene, como por ejemplo, golosinas, gaseosas, jugos artificiales, mermeladas y jaleas, tortas, bizcochos, chocolate, barras de cereales, cereales de desayuno, tartas y la mayoría de los panificados. Todos estos productos suelen estar presentes en la dieta de los niños.
- ✓ Harina blanca y todo lo que la contiene, lo que incluye panes, pastas, cereales de desayuno, galletitas, bizcochos, tortas y tartas.
- ✓ Arroz blanco.

Con esta información, usted podrá comprender mejor por qué la dieta habitual que su hijo recibe le está causando problemas. Gran parte del problema del sobrepeso no se debe solo a la ingesta de un exceso en grasas saturadas, sino a un consumo excesivo de hidratos de carbono. La principal razón de ello fue explicada en el capítulo 2: demasiada energía calórica afecta la glucosa en sangre y es acumulada en forma de grasa. De modo que, aunque los productos constituidos por hidratos de carbono lleven el rótulo de "tenor graso reducido", siguen teniendo la capacidad de engordar a su hijo.

¿FRUTAS O VERDURAS?

Es de suma importancia que su hijo ingiera la mayor cantidad de porciones de frutas y verduras por día. No solo porque son ricas en nutrientes clave, sino porque también contienen fibra, lo que mejora la digestión y ayuda a demorar el tránsito de los azúcares de los alimentos a la corriente sanguínea.

Pero es importante recordar que la fruta no puede reemplazar a las verduras. Muchos padres cometen el error de asumir que varias porciones de fruta compensan la falta de consumo de verduras. Sin embargo, esa suposición no es correcta. En primer lugar, a pesar de que la fruta es sumamente nutritiva, puede tener un contenido relativamente alto de azúcares (lo que significa que tiene un IG o índice glucémico elevado), y eso puede conducir a antojos y a altos niveles de glucosa en sangre. Por lo tanto, es importante elegir cuidadosamente la fruta que dará de comer a su hijo. En segundo lugar, aun cuando las frutas son ricas en vitaminas (incluyendo mucha vitamina C) y en algunos minerales, no son tan nutritivas como las verduras, si se consideran los niveles totales de nutrientes. Las verduras y las hortalizas contienen muchos minerales clave y elementos vestigio que son necesarios para la salud, sobre todo para el funcionamiento del metabolismo y del sistema endócrino, que pueden afectar el peso de su hijo. También suelen tener un contenido mucho menor de azúcares y ser mucho más ricas en fibras.

De modo que es importante encontrar el equilibrio justo. Procure que su hijo coma por lo menos una porción de verduras por cada porción de frutas. Si no le resulta posible lograr este objetivo, analice el IG de las frutas que está sirviendo y elija aquellas que tienen menor contenido de azúcar. El ananá (piña), el mango, las uvas y la banana, por ejemplo, tienen un contenido relativamente elevado de azúcares (por tratarse de frutas), mientras que frutillas (fresas), frambuesas, ciruelas, manzanas, peras, ruibarbo, cerezas, damascos (albaricoques), duraznos (melocotón) y peras contienen menos. Recuerde también que, cuando solo se extrae el jugo de las frutas, estas pierden su contenido en fibras, que es uno de los elementos que desacelera el paso de azúcares al flujo sanguíneo. Por lo tanto, el jugo de naranjas tiene un IG más alto que las naranjas enteras. El IG de frutas secas suele ser muy elevado, dado que los azúcares se concentran con el disecado. Cuando usted sirve frutas con alto IG, conviene servirlas acompañadas de proteínas como, por ejemplo, yogur o nueces; recuerde que la proteína también desacelera la absorción de los azúcares.

También las verduras tienen una calificación de acuerdo con su IG, y es importante equilibrar aquellas relativamente altas en azúcares con aquellas otras que tienen un IG más bajo. Esto no debería ser demasiado problemático, dado que la mayoría de las verduras y hortalizas tienen un IG bajo (cf. página 142). Sin embargo, en vista de que las verduras y hortalizas con un alto IG –por ejemplo papas asadas, zanahorias hervidas y nabos– son las preferidas por los niños, procure no servirlas todos los días.

Azúcar

El azúcar es, básicamente, ciento por ciento hidrato de carbono refinado, lo que significa que es algo que deberíamos excluir de la dieta de nuestros hijos. Desde hace ya un tiempo, se considera al azúcar como algo perjudicial. No sorprende que los fabricantes hayan comenzado a llamar al azúcar por sus diversos nombres genéricos, como sacarosa, glucosa, fructosa, lactosa, galactosa y otros más, en un intento por mitigar el impacto.

¿Por qué es tan malo el azúcar?

- En primer lugar, el azúcar tiene un fuerte efecto depresivo sobre el sistema inmunológico. De acuerdo con un estudio realizado en 1997, bastan seis cucharaditas de azúcar por día para reducir la respuesta del sistema inmunológico en un 25 por ciento. Los alimentos más comunes, y en especial los dirigidos a los niños, contienen una importante cantidad de azúcar, lo que puede tener un efecto muy nocivo sobre la salud de nuestros hijos.

- Como ya dijimos, el azúcar hace que la glucosa en sangre aumente en forma importante, con el resultado de los síntomas de hiperactividad que vemos hacia el final de una fiesta de cumpleaños o al ingerir un paquete de golosinas. Inmediatamente después de ese pico energético, se produce una caída abrupta, caracterizada por otra serie de síntomas familiares: llanto, fatiga, berrinches y falta de concentración. Ese subir y bajar produce un caos en el metabolismo y no es bueno para un niño estar a merced de ese tipo de oscilaciones anímicas.

- El azúcar suministra calorías pero no aporta otros nutrientes y, además, daña el esmalte de los dientes causando caries.

- Los alimentos ricos en azúcar también lo son, a menudo, en grasas saturadas (bizcochos, barras de chocolate, tortas, bollos y otros panificados) que pueden conducir a desarrollar sobrepeso, afecciones cardíacas e, incluso, diabetes.

- Una de las razones por las cuales el azúcar genera sobrepeso es que las cantidades ingeridas en exceso son acumuladas en forma de grasa. Una dieta rica en azúcar generalmente está asociada con la obesidad, con afecciones cardiovasculares y con diabetes de tipo dos.

- Sin embargo, lo más importante es que las calorías adicionales aportadas por los azúcares a menudo desplazan de la dieta cotidiana a los alimentos más saludables. Las dietas ricas en azúcar también lo suelen ser en grasas, con un bajo contenido de fibra. Si sus hijos satisfacen su apetito con alimentos azucarados, corren el riesgo de sufrir un déficit de minerales y esto puede causar desequilibrios que pueden, a su vez, conducir a problemas de sobrepeso.

¿Qué hacer?

Recuerde que los niños ingieren mucho más azúcar que el necesario, aun en la dieta más sana. Está presente en casi todo, desde el *ketchup*, el choclo envasado, las sopas y las salsas enlatadas para pastas, hasta en las frutas frescas, los panes, los cereales (incluso los más saludables, como los integrales), muchos yogures y casi todos los alimentos preelaborados. Esto sin mencionar las fuentes obvias, como jugos y limonadas, mermeladas, jaleas, chocolate, tortas, bizcochos y otras golosinas. En muchos casos, incluso las papas fritas en paquete contienen algo de azúcar.

Comience por suprimir las fuentes de azúcar obvias. Por ejemplo, no ceda a la tentación de endulzar los cereales con azúcar. Si el azúcar está citado en los primeros tres lugares del listado que indica la composición de un alimento envasado, puede estar seguro de que contiene demasiada cantidad para un niño. Algunos alimentos son particularmente ricos en azúcares. Incluso las barritas de cereales que aseguran ser saludables contienen diferentes tipos de azúcares, al igual que los cereales y los jugos de fruta envasados.

Si el azúcar figura en el envase de un alimento que no lo necesita, como carne procesada, frutas o verduras enlatadas o, incluso, jugos de fruta, no lo compre. Es evidente que algunas golosinas, como las galletitas de chocolate, necesariamente contienen azúcar; en ese caso, elija la marca que indique el menor contenido (pero no una que contenga edulcorantes artificiales). Es de señalar también que muchos fabricantes han hecho un esfuerzo por reducir el contenido de azúcar en sus productos.

La importancia del IG

En el capítulo anterior vimos que los alimentos con un alto índice glucémico (IG) tenían un impacto sobre el aumento de la glucosa en sangre mayor que aquellos que tienen un IG más bajo. Y esto es importante porque los alimentos con un elevado IG no solo estimulan el apetito, sino que elevan el nivel de glucosa en sangre, y ese exceso de azúcar es acumulado en forma de grasa. Por eso a las dietas con alto IG se las asocia con la obesidad, las afecciones cardiovasculares y la diabetes de tipo dos. ¡Y eso sin ingerir ni un solo gramo de grasa!

¿Cómo se determina el IG de los alimentos? No está dentro de los objetivos de este libro presentar una lista del IG de cada alimento, pero veamos el de algunos que figuran entre los más comunes, como para tener una idea sobre el tema.

La rapidez con la que un alimento libera sus azúcares al flujo sanguíneo recibe un valor que va del 1 al 100, siendo 100 la liberación más rápida (la glucosa pura tiene un IG de 100) y 0 la liberación más lenta. Cuanto más alto es el número asignado a un alimento, tanto mayor es la rapidez con que libera sus azúcares al flujo sanguíneo y tanto mayor es su incidencia sobre la glucemia y, a la larga, sobre el peso corporal. De la lista presentada en la página siguiente se desprende que hay gran cantidad de alimentos saludables con un IG mediano y relativamente pocos en la categoría del IG alto. El secreto está en elegir la mayor cantidad de alimentos con un IG regular o bajo, y reducir los de un IG elevado a un mínimo.

También hay otra forma de asegurar este equilibrio. Al parecer, la ingesta de algunas proteínas (nueces, semillas, carnes magras, queso, lácteos o huevos, por ejemplo) junto con los alimentos de IG elevado, reduce la rapidez con que pasan los azúcares a la sangre. Es decir que las proteínas pueden reducir el IG de un alimento. Parece muy complicado, pero no lo es. Si su hijo come un sándwich de pan blanco con jamón, el nivel de glucosa en sangre va a aumentar bruscamente, porque tanto el jamón como el pan blanco tienen un IG elevado. Pero si usted le da a su hijo un sándwich de pan blanco con pollo y lechuga,

EL IG DE ALGUNOS HIDRATOS DE CARBONO DE CONSUMO FRECUENTE

IG alto

Alimento	IG
Glucosa	100
Pan francés	95
Bebidas energizantes	95
Papas asadas	85
Copos de maíz	83
Copos de arroz	82
Palitos malteados	81
Galletas de arroz	77
Papas fritas	75
Tortillas de maíz fritas	74
Puré de papas	73
Copos de arroz inflado	73
Arroz blanco (hervido)	72
Pancitos blancos	72
Cereal de salvado con pasas	71
Pan blanco	71

IG regular

Alimento	IG
Copos de trigo	69
Pan integral	69
Medialuna	67
Ananá (piña)	66
Melón amarillo	65
Galletas de salvado (u otra fibra)	65
Cuscús	65
Pan de centeno	64
Barra de cereales	61
Helado de crema	61
Pizza (con queso)	61
Miel	58
Pan árabe blanco	57
Papas	57
Mezcla de avena con nueces y pasas	56

IG bajo

Alimento	IG
Palomitas de maíz	55
Arroz integral	55
Fideos	55
Maíz dulce	55
Mango	55
Batata (camote)	54
Banana (plátano)	54
Kiwi	53
Jugo de naranjas	52
Avena arrollada con leche	49
Cazuela de porotos	48
Arvejas	48
Uvas	46
Naranjas	44
Salvado	42
Jugo de manzana	41
Ciruelas	39
Manzanas	38
Fideos integrales	37
Peras	37
Leche entera	34
Garbanzos	33
Yogur	33
Damascos disecados	31
Leche de soja	30
Porotos	29
Lentejas	29
Fructosa	23
Cerezas	22
Nueces de Cajú	22
Maníes (cacahuates)	14
Lechuga	10
Hongos	10

o incluso con queso, podrá reducir la velocidad con que los azúcares del pan blanco pasan a la sangre de su hijo.

Por lo general, se considera que un IG de 70 o más es elevado, un IG de 56 a 69 es visto como regular y un IG de menos de 55 es considerado bajo. No se obsesione con elegir, únicamente y en todo momento, alimentos con un IG bajo. Tenga presente cuáles son los alimentos que pueden hacer subir la glucosa en sangre y conducir, potencialmente, a problemas de sobrepeso, y asegúrese de que su hijo no los ingiera en exceso. Y si se supone que la glucemia o un exceso de hidratos de carbono es la causa del problema de sobrepeso de su hijo, puede empezar ahora a realizar algunos pequeños ajustes como para asegurar que los alimentos con un IG más bajo formen la base de la mayoría de los bocadillos y de las comidas de su hijo, y que aquellos que tengan un alto IG sean acompañados por proteínas de buena calidad.

Sal

Hoy en día, los niños ingieren en su dieta cotidiana mucha más sal de la que necesitan. Por ejemplo, el pan contiene 500 mg por rebanada, un tazón de copos de maíz contiene más de 900 mg, e incluso el queso cheddar, 335 mg por cada 50 g de queso. Pero la mayor cantidad de sal proviene de alimentos procesados, como las papas fritas envasadas y otros tentempiés, y de todos los alimentos industrializados o preelaborados.

El *Scientific Advisory Committee on Nutrition* (Comité Asesor Científico sobre Nutrición) del Reino Unido recomienda que la ingesta diaria de sal no exceda las siguientes cantidades:

✓ Bebé de hasta seis meses: menos de 1 g por día.
✓ Bebé entre los siete y los doce meses: 1 g por día.
✓ Niño entre uno y seis años: 2 g por día.
✓ Niño entre siete y catorce años: 5 g por día.
✓ Adulto (más de catorce años): máximo de 6 g por día.

Demasiada sal recarga los riñones y puede incrementar la excreción del calcio, lo cual constituye un riesgo para los niños, y en especial para las niñas, de sufrir de osteoporosis en la vida adulta. El excesivo consumo de sal también se ha relacionado con hipertensión, accidentes vasculares cerebrales, afecciones cardíacas y cáncer de estómago. Lamentablemente, los niños tienden a desarrollar su gusto por los alimentos salados, lo cual incrementa su ansiedad por consumir comida chatarra y otros alimentos procesados.

Incluso los supermercados han comenzado a tomar conciencia de ello. Por ejemplo, la cadena Sainsbury's, en el Reino Unido, se ha comprometido recientemente a reducir el contenido de sal en diversos productos. En la actualidad, el pan aporta hasta el 25% de la ingesta de sal en el adulto y casi el 50% en niños. Por lo tanto, los supermercados ahora han comenzado a ofrecer panes con una reducción sustancial en el contenido de sal. La próxima vez que vaya al supermercado, elija las marcas de pan envasado que menos sal contengan.

Muchos alimentos, como por ejemplo los cereales para el desayuno, tienen un contenido de sal sorprendentemente elevado, de modo que se deben controlar las especificaciones que figuran en los envases. Una vez que haya detectado los alimentos con problemas, podrá excluirlos de la dieta de su hijo o limitar su ingestión a un mínimo.

Proteínas

Las proteínas están formadas por las diversas combinaciones de 22 aminoácidos diferentes que nuestros cuerpos necesitan para funcionar y, por supuesto, para seguir viviendo. La falta de proteínas en la dieta de un niño retrasa su crecimiento y ocasiona una reducción de su energía. Si su hijo se ve apático, la carencia de proteínas podría ser parte del problema. Sin embargo, pareciera no existir un problema real con la *cantidad* de proteínas que la mayoría de los niños ingieren. Pero sus dietas han sufrido un cambio a favor de los hidratos de carbono (en forma de pizza, pastas, papas fritas, sándwiches, etc.) y las proteínas que ingieren, a menudo empanadas y frituras (presitas de pollo, milanesas) o servidas en un pan (hamburguesas de carne o de pollo), no son de buena calidad.

Al hablar de proteínas de buena calidad, me refiero a pescado fresco, carne de ave o carnes rojas, huevos, queso, yogur, etc., y no a alimentos procesados y precocidos. También es importante incluir algunas fuentes de proteínas vegetales, como chauchas (judías verdes), nueces, semillas y legumbres (a la mayoría de los niños les gustan los porotos –frijoles–).

Lo ideal es que el niño ingiera proteínas en las tres comidas principales del día. Media pechuga de pollo es una porción ideal para un niño menor de ocho años, mientras que una pechuga entera es una buena medida para un niño mayor. Una porción es lo que cabe, aproximadamente, en la palma de la mano de la persona que lo come, así que usted puede usar esa medida como base.

A esto, agréguele dos o tres puñados de fuentes vegetales de proteínas por día y podrá estar seguro de que su hijo recibirá una alimentación bien equilibrada, que le aportará los nutrientes que necesita.

ADITIVOS ALIMENTARIOS

Los padres tienen razón al estar preocupados por el tema de los aditivos y conservantes presentes en los alimentos. No solo se sabe que afectan el humor, los niveles de energía y la salud en todos los niveles, sino que también pueden incidir sobre el peso de su hijo. Esto se debe, en primer lugar, a que al afectar el estado de ánimo del niño es poco probable que este esté dispuesto a volcarse a actividades más saludables. Además, los aditivos incluidos en los alimentos que ingerimos son productos químicos y no nutrientes, por lo que no son utilizados ni eliminados por el organismo. El cuerpo los almacena y esto puede trastocar el delicado equilibrio de la química orgánica de su hijo, lo cual incluye los niveles de glucosa en sangre y el metabolismo. Los alimentos naturales no contienen aditivos artificiales, en cambio la comida chatarra y los alimentos preelaborados sí. Si su hijo come demasiados alimentos del segundo tipo, sea en la forma en que sea, su salud se resentirá por las razones enumeradas a continuación.

12 ADITIVOS CLAVE QUE HAY QUE EVITAR Y LOS RIESGOS PARA LA SALUD ASOCIADOS A ELLOS:

1. *Grasas hidrogenadas*: riesgo cardiovascular y obesidad.
2. *Colorantes artificiales*: alergias, asma e hiperactividad; posiblemente, cáncer.
3. *Nitritos y nitratos*: estas sustancias pueden convertirse en nitrosaminas en el cuerpo, que son cancerígenas.
4. *Sulfitos* (dióxido de sulfuro, metabisulfitos y otros): alergias y reacciones asmáticas.
5. *Azúcares y edulcorantes*: obesidad, caries dentales, diabetes e hiperglucemia, aumento de los triglicéridos (grasas en sangre) o crecimiento excesivo de *Candida albicans* (un hongo de la familia de las levaduras).
6. *Edulcorantes artificiales* (Aspartamo, Acesulfamato K y Sacarina): problemas de comportamiento, hiperactividad y alergias; posiblemente cancerígenos. El gobierno británico advierte contra el uso de cualquier tipo de edulcorante artificial por parte de niños y de mujeres embarazadas. Toda persona que sufra de FCU (Fenilcetonuria, un problema relacionado con la metabolización del aminoácido fenilalanina) debería abstenerse de usar aspartame, cuya marca comercial es Nutrasweet.
7. MSG (glutamato de monosodio): reacciones alérgicas y de comportamiento, incluso dolores de cabeza, mareos, dolores de pecho, depresión y cambios bruscos de humor. También puede llegar a constituir una posible neurotoxina (las neurotoxinas interfieren con el funcionamiento adecuado del sistema nervioso).
8. *Conservantes* (BHA, BHT, EDTA, etc.): reacciones alérgicas, hiperactividad, posibilidad de ser cancerígenos. El BHT puede ser tóxico para el sistema nervioso y el hígado.

9. *Saborizantes artificiales*: reacciones alérgicas y alteraciones del comportamiento.
10. *Harinas refinadas* (en exceso): desequilibrio de hidratos de carbono, alteración de la producción de insulina.
11. *Sal* (en exceso): retención de líquidos y aumento de la presión sanguínea.
12. *Grasas artificiales*: diarrea y trastornos digestivos.

Resulta bastante evidente que una dieta bien equilibrada y saludable para niños en crecimiento no debería contener ninguno de esos aditivos. En pequeñas cantidades, difícilmente produzcan algún tipo de daño perdurable, pero en vista de la cantidad de comida chatarra y alimentos preelaborados que ingieren nuestros hijos, el impacto sobre su organismo puede llegar a ser significativo. Una de las claves para controlar el problema del sobrepeso es asegurarse de que su hijo se encuentre bien equilibrado, tanto física como emocionalmente. Dado que muchos aditivos tienen un efecto negativo sobre uno y otro aspecto, el organismo del niño, al igual que su comportamiento, se verán, sin duda, afectados. Incluirlos en la dieta de su hijo sólo hará que los esfuerzos que usted haga por alentarlo a alcanzar un peso saludable, resulten menos efectivos. ¿Dónde se encuentran esas sustancias? Sí, acertó: en la mayoría de los productos dirigidos específicamente a los niños y en casi toda la comida chatarra y en los alimentos preelaborados. De modo que no deje de controlar lo que dicen los rótulos de los alimentos que adquiera.

Bebidas saludables

Este tema es fuente de confusión para muchos padres: la cantidad de gaseosas, jugos, concentrados e, incluso, aguas saborizadas que hay en el mercado hace difícil discernir qué es saludable y qué no lo es.

Dejemos en claro una cosa: las bebidas gaseosas no son saludables. Están conformadas, en gran parte, por productos químicos y por azúcares que no solo pueden causar sobrepeso sino una cantidad de otros problemas, incluyendo caries dentales y pérdida de sustancia ósea, lo cual es algo muy grave en un niño. Como hemos visto en capítulos anteriores, actualmente los niños consumen demasiadas bebidas de este tipo, dejando de lado alternativas más saludables e, incluso, alimentos. Las bebidas producen sensación de saciedad, de modo que es de crucial importancia que lo que su hijo beba aporte a su nutrición general en lugar de sustituir alimentos más nutritivos.

Algunas aguas gasificadas tienen, como agregado, concentrados de jugos de frutas, y pueden ser consumidas con moderación; sin embargo, la mayoría tiene como agregado azúcares y otras sustancias químicas, lo que significa que pueden aportar al niño demasiadas calorías que, a la larga, causarán aumento de peso. Si su hijo insiste en consumir bebidas gasificadas, mezcle agua gasificada neutra (sin agregados) con jugos de frutas frescas, ya que es la opción más saludable.

Las limonadas concentradas son, básicamente, agua saborizada con almíbar (a base de azúcar). Algunas gotas en un vaso de agua harán que resulte más agradable para niños mañosos para comer, pero lo más probable es que su hijo quiera usar este concentrado de a cucharadas, lo cual le aportará una gran cantidad de azúcar innecesaria. Y no todos estos concentrados son iguales. Algunos casi no contienen jugo de fruta. Si usa ese tipo de limonadas concentradas, ponga sólo algunas gotas por vaso y elija marcas que contengan, por lo menos, un 50 por ciento de fruta. De esa manera, su hijo al menos ingerirá algunos nutrientes junto con todo ese azúcar.

Tampoco olvide tener en cuenta el azúcar contenido en todo tipo de bebidas, al calcular cuánta ingiere su hijo por día. Se sorprenderá. Sin embargo, no se deje engañar pensando que las marcas con "bajo contenido de azúcar" son una opción mejor. Contienen edulcorantes artificiales en lugar de azúcares, lo que significa la ingesta de más sustancias químicas que pueden interferir con la digestión, el metabolismo y otros procesos orgánicos del niño.

El caso de Flora

Flora sabía que tenía problemas de sobrepeso y pidió consejo a su mamá. Lo que realmente quería era perder peso sin que sus amigos se dieran cuenta de que estaba haciendo régimen. Su madre aprovechó la oportunidad para explicarle diversos aspectos relacionados con la nutrición y, en un esfuerzo mancomunado, toda la familia decidió modificar sus hábitos alimentarios. La madre de Flora también le explicó que no hacía falta que hiciera un régimen específico para adelgazar. A pesar de que durante las primeras semanas hubo algunos traspiés y a Flora le resultó difícil abandonar los tentempiés salados y las papas fritas, sobre todo en la escuela, la niña comenzó a sentirse mejor. Observó que se sentía menos cansada y de mejor humor, y que tenía mucha más energía. También perdió un poco de peso; nada enormemente significativo, pero a lo largo de algunos meses, a medida que seguía creciendo, su peso se mantuvo igual y Flora comenzó a verse más delgada.

Lo mejor de todo fue que sus amigos ni siquiera se percataron de que Flora había cambiado sus hábitos en relación con la comida: seguía comiendo la misma cantidad, pero haciendo elecciones diferentes, que justificaba explicando que ingerir muchas gaseosas le causaba somnolencia y que comer demasiadas grasas le irritaba el estómago. Cuando por la tarde, después de clase, Flora y sus amigos iban a comer juntos a un restaurante de comidas rápidas, Flora elegía ahora un sándwich de pollo grillado sin mayonesa en lugar de la tradicional hamburguesa con papas fritas. Y luego, para la cena, solo comía algún bocadillo saludable, porque después de clase había ingerido una comida completa.

Muchos niños no comen fruta, de modo que los jugos de fruta son un agregado importante a su dieta. De hecho, se considera que un vaso de jugo de frutas frescas equivale a una porción de fruta, de modo que vale la pena incluir este tipo de jugo en la dieta de su hijo. Esto no significa ingerir jugos de fruta envasados, que son algo muy distinto. Un jugo envasado no es puro jugo de fruta, sino que tiene otros agregados, sobre todo azúcares o edulcorantes. Los jugos preparados a partir de concentrados de fruta tienen un sabor y un valor nutritivo muy similar al de los jugos frescos. El problema es que pueden ser perjudiciales para los dientes y, al no contener fibras, aceleran la liberación de los azúcares al torrente sanguíneo. Por lo tanto, dentro de lo posible dilúyalos o sírvalos solo con las comidas. La comida también ayuda a desacelerar el impacto de los azúcares de las frutas sobre el torrente sanguíneo (cf. también "¿Frutas o verduras?", en página 137).

La mejor bebida es el agua y hay que alentar su consumo todo lo posible. El Grupo Pediátrico de la *British Dietetic Association* (Asociación Dietética Británica) informa que las necesidades de líquido de un niño varían de un día al otro, de acuerdo con el clima, el grado de actividad y los alimentos que ingiere. Esta entidad sugiere que los niños beban en forma regular a lo largo de todo el día y que se les sirvan bebidas con cada comida y entre comidas. Esto suma alrededor de seis a ocho vasos de líquido por día, vasos chicos para niños pequeños y vasos grandes para niños ya mayores. El agua no contiene calorías y, además, un niño bien hidratado funciona mucho mejor en todos los aspectos. También podrá observar cambios en la actitud de su hijo en relación con la comida. El niño que dice tener hambre, a menudo solo tiene sed. Ofrézcale un gran vaso de agua fría y vea qué sucede. Hay que hacer notar que la deshidratación provoca que el niño se sienta cansado, que le duela la cabeza, esté de mal humor y apático, con lo cual carece de la energía necesaria para mantener un estilo de vida sano y activo (cf. "Cómo lograr que un niño beba abundante agua", en página 182).

El Estudio Nacional de Dieta y Nutrición *(National Diet and Nutrition Survey)*, realizado en Gran Bretaña en el año 2000, reveló que cuatro de cada diez niños de edad escolar primaria no habían bebido agua durante toda una semana. La ingesta de gaseosas por niños de entre cuatro y seis años fue diez veces mayor que el consumo de agua potable, y los niños de entre siete y diez años bebían siete veces más bebidas gaseosas que leche. Este incremento en el consumo de gaseosas coincide con el sostenido aumento de la obesidad infantil. Introduciendo pequeños cambios en lo que su hijo bebe –pasando de bebidas edulcoradas a agua potable– puede disminuir sustancialmente la cantidad de azúcar que ingiere y reducir a la mitad la ingesta calórica total. Esto, a su vez, tendrá un fuerte impacto sobre su salud general y su humor.

La leche alimenta y calma la sed. Algunos especialistas recomiendan pasar de leche entera a leche parcialmente descremada después de los dos años, a fin de mantener bajo el nivel de grasas. Esto es particularmente importante si su hijo toma mucha leche. Un estudio reciente descubrió que la leche, que es una bebida de IG bajo, protege al joven adulto de la obesidad. A pesar de las calorías que aporta, los niños y jóvenes que ingieren lácteos en forma regular parecen correr menos riesgo de sufrir de sobrepeso. Lynn More, una epidemióloga de la Escuela de Medicina de Boston, descubrió que la ingesta de solo dos porciones de productos lácteos por día estaría estrechamente ligada a una reducción importante del sobrepeso y de la obesidad en adolescentes. Durante los últimos veinte años, la ingestión de productos lácteos durante la infancia ha ido disminuyendo, en parte porque las preferencias de niños y jóvenes se han volcado de la leche a las bebidas gaseosas azucaradas. Durante ese mismo período, el consumo de gaseosas aumentó, llamativamente, el 300 por ciento.

Sin embargo, otro factor que incidió sobre esta reducción en el consumo de lácteos ha sido la fobia a engordar. Los niños van "consumiendo cada vez menos lácteos a medida que van creciendo –dice Moore–. Sobre todo las niñas adolescentes tratan de evitar consumir lácteos porque temen que las engorde". Sin embargo, sus investigaciones han determinado que sucede exactamente lo opuesto. Diversos estudios –que incluyen el de Moore– también han demostrado que tanto niños como adultos que consumen una cantidad adecuada de lácteos tienen presión arterial más baja. Algunos investigadores han administrado dietas con mayor cantidad de lácteos a adultos y descubrieron, con gran sorpresa, que bajaron de peso. No se sabe bien por qué la ingestión de lácteos modera el aumento de peso. Moore supone que el calcio, u otro nutriente contenido en la leche, podrían influir sobre la forma en que el organismo almacena la energía en las células grasas. Otra posibilidad es que los lácteos hagan que los niños sientan menos hambre. Por lo tanto, no ceda a la tentación de suprimir la leche o los productos lácteos de la dieta de su hijo, en un intento por fomentar la pérdida de peso. Podría lograr exactamente lo opuesto.

¿CÓMO COCINA USTED?

La forma en que se cocina el alimento para los niños puede significar una gran diferencia en cuanto a la cantidad de grasa que aporta a su dieta.

Las frituras están, prácticamente, contraindicadas, no solo porque aportan calorías adicionales en el aceite, sino porque cuando este se calienta oxida las grasas y las convierte en grasas trans (cf. página 129). El proceso de freír también destruye casi todos los nutrientes. Un poco más recomendable es el salteado, con solo un poco de aceite de oliva, sin calentarlo al punto de que desprenda humo. Un salteado con un poco de aceite de oliva y algunas cucharadas de agua puede ser una excelente forma de preparar los alimentos en forma rápida, a fin de que mantengan su valor nutritivo y absorban menos aceite. Lo peor son las frituras hechas en gran cantidad de aceite (como las papas fritas), sobre todo si está tratando de controlar el peso de su hijo.

Grillar, hornear y asar las comidas es una excelente forma de prepararlas, ya que estos métodos, por lo general, no requieren grasa adicional. ¡Y la mayoría de los niños ni se da cuenta de la diferencia! Por ejemplo, las papas fritas horneadas (en lo posible, caseras [cf. página 171]), tienen menos de un tercio de grasa que las fritas en aceite. Grillar en lugar de freír una pechuga de pollo también significa reducir casi a la mitad sus calorías.

Por supuesto que la cocción en microondas no agrega grasa adicional a la preparación, y puede resultar una forma de cocción rápida para verduras y hortalizas; sin embargo, destruye un gran porcentaje de los nutrientes. Y por lo menos una parte de los cambios introducidos en los hábitos alimentarios, tanto suyos como de sus hijos, tiene que ver con la nutrición y no solo con el control del peso. Hervir los alimentos tampoco les agrega grasa, pero la calidad de los productos hervidos también será pobre. Un hervor de solo cinco minutos reduce en un 40% el contenido en tiamina (parte del complejo vitamínico B) de las arvejas. De forma similar, hervir el repollo reduce su contenido en vitamina C en un 75%. Su mejor opción es cocinar los alimentos al vapor, en muy poca agua, dado que, de esta forma, no solo se retiene la mayor proporción de nutrientes, sino que tampoco se requiere el uso de materia grasa.

Es muy bueno ofrecer a su hijo al menos parte de la fruta y de las verduras crudas. Constituyen una excelente fuente de fibra, que da sensación de saciedad y mejora la digestión. Además, los alimentos crudos son mucho más nutritivos que los hervidos.

Al cocinar, procure reducir a un mínimo la grasa y también la sal. Utilice hierbas, especias, pimienta, jugos de fruta, jugo de limón e, incluso, vinagres saborizados. Marine la carne antes de cocinarla a fin de hacerla más sabrosa y más fácil de masticar, y condimente otros alimentos mientras los cocina.

Las salsas no tienen por qué ser grasosas. Mezcle un poco de yogur o crema líquida con caldo desgrasado o, incluso, vino (al cocinar, el alcohol se evapora, con lo cual el resultado puede ser consumido por niños de más de seis años) o utilice tomates frescos o puré de tomate, en lugar de las salsas para pastas con alto contenido en azúcares. Las hierbas picadas y las especias agregarán todo el sabor necesario a sus comidas. También es bueno que los niños se vayan acostumbrando al sabor de las comidas frescas, ya que el paladar de muchos de ellos se ha habituado al sabor salado y excesivamente procesado de las comidas preelaboradas o de la comida chatarra, y podrá llevar un cierto tiempo hasta que se acostumbren a la textura y el sabor de los alimentos frescos. De ser necesario, permita el uso generoso de condimentos como el *ketchup*, la salsa de pimientos e, incluso, de salsas agridulces –pero procure comprar marcas con bajo contenido de sodio (sal)–, para ir acostumbrando a sus hijos a su comida casera y al sabor de alimentos frescos. Luego, gradualmente, vaya reduciendo ese tipo de condimento.

¿CÓMO ESTÁ CONFORMADA LA DIETA DE SU HIJO?

Muchos solemos creer que nos estamos alimentando bien, hasta que analizamos el contenido de nuestra dieta en detalle. Lo mismo vale para nuestros hijos. Si son ya mayores, es posible que coman en la escuela o salgan a comer con amigos. Los niños más pequeños y los bebés, muchas veces, son alimentados por la persona que los cuida durante el día o en la guardería, y no sabemos exactamente qué es lo que comen.

La mejor forma de comenzar, es analizando la dieta de su hijo durante una semana. Anote todo lo que consume, lo más detalladamente que pueda. Quizá tenga que recurrir, en cierta medida, a la memoria de su hijo o a la buena voluntad de quienes le dan de comer para obtener todos los detalles, pero es importante lograr un panorama lo más exacto posible.

Cada día, analice la dieta de su hijo siguiendo los siguientes criterios básicos:

- Otórguele 2 puntos por cada porción de frutas, verduras y hortalizas frescas (y sus jugos) que ingiera.

- Agregue 1 punto adicional por cada porción cruda.

- Agregue 2 puntos por cada porción de pan integral, pasta integral, arroz integral, avena, cebada, centeno, maíz, legumbres, cereales de desayuno no endulzados o papas.

- Agregue 2 puntos por cada porción de proteínas de buena calidad: pescado, carne magra, pollo, pavo, queso, leche, yogur, tofú, nueces, manteca de nueces (maní, avellana) sin azúcar, semillas o legumbres.

- Agregue 1 punto por cada vaso de agua potable.

- No suman puntos las porciones de pan blanco, pasta o arroz.

- Restar 2 puntos por cada porción de alimento preelaborado (carnes y quesos procesados, panificados industriales, incluyendo galletas).

- Reste 2 puntos por cada porción de alimento frito (incluso papas fritas) o alimentos comprados "listos para servir".

- Reste 2 puntos por cada porción de papas fritas, bocaditos de papa o maíz, chocolate, cereales endulzados o recubiertos de chocolate, golosinas y cremas heladas que no contengan leche.

- Reste 2 puntos por cada porción de mermelada, jalea, sopas envasadas o enlatadas.

- Reste 2 puntos por cada porción de gaseosas, jugos de frutas y concentrados sintéticos.

Cómo interpretar los resultados

Ahora, analice los totales que corresponden a su hijo.

- **Un puntaje de más de 40** indica una dieta excelente, con muy buen equilibrio y abundancia de los alimentos más importantes.
- **Un puntaje de 30-40** sugiere que su hijo tiene una dieta bastante equilibrada, pero procure mejorarla.

- **Un puntaje de 20-30** indica que es necesario mejorar la dieta de su hijo, ya que carece de nutrientes clave. Observe los alimentos que suman la mayor cantidad de puntos (frutas, verduras y hortalizas, proteínas e hidratos de carbono no refinados). Incrementando la proporción de este tipo de alimentos, podrá equilibrar una dieta que, de otra manera, resulta muy poco saludable.
- **Un puntaje de 10-20** es sumamente bajo. Deberá implementar cambios importantes si quiere asegurar que su hijo obtenga los nutrientes que necesita para su crecimiento y desarrollo.
- **Un puntaje menor que 10** es señal de una dieta muy deficiente e insalubre. La salud de su hijo se verá seriamente afectada si no toma medidas para revertir el desequilibrio existente en su alimentación.

Ir determinando este puntaje equivale a llevar un diario alimentario. Mientras usted no sepa qué come su hijo, nunca podrá reconocer sus esquemas alimentarios insalubres ni implementar los cambios necesarios. Conviene repetir este ejercicio cada semana durante los primeros dos o tres meses, para llevar un control de la dieta. Los niños ya mayores podrán ayudar en la confección de este *diario* (¡siempre y cuando prometan decir la verdad!) y usted podrá incluir un análisis de su propio régimen alimentario. Quizá le sorprenda descubrir que su dieta no es todo lo buena que creía.

¿Le suena demasiado exigente, sobre todo con una agenda repleta, falta de tiempo y gente mañosa para comer en su casa? No es tan difícil como usted cree. En el próximo capítulo le mostraré cómo enseñar a sus hijos a comer bien, es decir, cómo utilizar toda la información ofrecida hasta aquí para asegurar que su hijo obtenga los nutrientes que necesita para crecer, estudiar y, sobre todo, mantener un peso saludable.

CAPÍTULO 4

Cómo enseñar a un niño a comer bien

Si los padres tuvieran tiempo suficiente para preparar todos los días comidas caseras con alimentos frescos, y si pudieran vigilar durante las veinticuatro horas lo que sus hijos comen y hacen en su tiempo libre, la obesidad no sería el grave problema que representa hoy en día. Muchos padres aflojaron las riendas en lo que hace a la alimentación de sus hijos, no porque no les importe su salud, sino porque no tomaron conciencia de la importancia de una alimentación correcta y controlada, y porque no siempre tienen el tiempo de procurarla.

Partiremos de la premisa de que usted está muy ocupado u ocupada. Es posible que tenga hijos melindrosos a la hora de comer o que hayan adoptado una actitud poco saludable frente a la comida, o que se hayan vuelto adictos a los bocadillos y a la comida chatarra. Quizás en su casa sostengan una política liberal en cuanto a la comida, en la que cada uno come lo que quiere y cuando quiere, organizada en relación con los horarios y las múltiples ocupaciones de todos los integrantes de la familia. También es posible que sus hijos no sepan demasiado acerca de qué alimentos son perjudiciales para la salud ni conozcan qué efecto tienen sobre su organismo.

Nuestros padres, sin duda, no tenían tantos problemas. Muchos de nosotros crecimos en hogares donde al menos uno de los padres –generalmente la madre– estaba en casa para prepararnos la comida tres veces por día. Los alimentos preelaborados y la comida chatarra tenían mucha menor presencia, de modo que no existía tanta tentación de consumirla en reemplazo de alimentos más sanos. Por lo general, se comía en familia, uno era más activo físicamente y, en muchos casos, sentíamos el hambre suficiente como para comer lo que se nos ponía en el plato.

Hoy en día, la historia es diferente, y hay nuevas reglas de juego tanto para padres como para hijos. Entonces, ¿qué pueden hacer los padres actuales para crear y mantener una dieta alimentaria sana a pesar de la falta de tiempo, las presiones de la publicidad, el poder de los hijos, la presión que estos reciben de sus pares y la cantidad de comidas poco saludables que hay en el mercado? Es posible lograrlo, pero exige un poco de trabajo de parte de toda la familia. No hablamos de un trabajo enorme o imposible de realizar, pero sí de un cierto esfuerzo. Si usted está leyendo este libro, es evidente que está preocupado por el tema y siente que tiene que hacer algo para ayudar a su hijo a controlar su sobrepeso. Y la preocupación y el interés son elementos suficientes para empezar.

En este capítulo analizaremos cómo reunir las nociones nutricionales básicas en un plan alimentario saludable para toda la familia, y cómo transmitir a los niños los aspectos centrales de una buena alimentación a fin de que comprendan el impacto de lo que comen y sepan cuáles son los alimentos apropiados. Veremos cómo encarar a niños melindrosos, cómo cambiar hábitos alimentarios que pueden afectar su peso y cómo crear un *entorno alimentario* saludable en su casa, a fin de que sus hijos desarrollen una buena relación con la comida. Comencemos por revisar la alacena de su cocina.

LA COMPRA DE LAS PROVISIONES

No hay vueltas que darle: si usted compra comida chatarra, alimentos preelaborados o bocadillos poco sanos, sus hijos van a comerlos. No puede desarrollar un plan alimentario saludable con las alacenas llenas de alimentos chatarra. Concretamente, eso no va a funcionar. La tentación será demasiado grande para que un niño la resista y es muy posible que usted se sienta tentado a ceder a las exigencias de sus hijos, aun cuando haya otras opciones disponibles. Si un niño llora, pide e insiste lo suficiente como para que le sirvan papas o presitas de pollo fritas, lo más probable es que los padres terminen por acceder. Pero si usted no tiene ese tipo de comidas en casa, no podrá prepararlas.

Constantemente se escuchan historias de padres que no saben qué hacer ante el hecho de que sus hijos solo quieran comer galletitas dulces, papas fritas, cereales con chocolate o bocaditos fritos. ¿Cómo? Si usted no compra ese tipo de comida, ellos no podrán comerla. Es hora de tomar conciencia de que son los padres quienes tienen la decisión final acerca de qué comen sus hijos en su casa y de que es su responsabilidad asegurar que coman bien. En la mayoría de los casos, no es la glotonería lo que engorda a un niño, sino una dieta mal equilibrada. Y esto es algo que usted puede cambiar, al menos dentro de sus cuatro paredes.

Llegó la hora, entonces, de vaciar esas alacenas y el sector de comidas preelaboradas congeladas en su *freezer*. Si no se siente cómodo tirando comida en buen estado, vaya bajando su stock a medida que implemente el nuevo programa alimentario. Y no ceda al impulso de reponer ese tipo de alimentos. Muchos cometemos el error de ir a las mismas góndolas del supermercado, semana tras semana, como robots, y comprar exactamente el mismo tipo de comidas: paquetes familiares de papas fritas saladas, pastas con salsa ya preparada, bocaditos de pollo listos para freír, hamburguesas preelaboradas, cereales azucarados, papas fritas y pizzas congeladas, gaseosas, jugos artificiales con gran cantidad de azúcares y una variedad de golosinas.

Entonces, ¿qué compramos?

En base a lo que hemos visto en los capítulos anteriores, resulta claro que la comida chatarra no debería tener lugar en la dieta de nuestros hijos. Comencemos por comprar alimentos frescos: carnes magras, pescado, cantidades de fruta, verduras frescas o congeladas, algunas legumbres (como garbanzos o porotos), pan integral, queso, cereales sin azúcar, manteca, leche, jugos de fruta natural, huevos, pasta y arroz (preferentemente integrales), yogur, frutas secas y nueces. Si usted está reeducando a sus hijos habituados a una dieta poco saludable, también deberá comprar algún paquete (chico) de galletitas dulces o de papas fritas y algunas barras pequeñas de cereales con chocolate. Si usted está muy ocupado y tiene que usar, de tanto en tanto, alimentos ya preparados, busque marcas de buena calidad y bajo contenido en sal y grasas saturadas. Evite todo lo que diga "hidrogenado" en su etiqueta, ya que esos productos contienen las grasas más perjudiciales, las grasas trans.

En esta etapa, dentro de lo posible, evite ir de compras con sus hijos, porque ellos terminarían por convencerlo de agregar alguna golosina a su carrito de compras o insistirían en que les compre sus comidas preferidas de siempre. Para iniciar este cambio, necesita hacer borrón y cuenta nueva, y esto requiere tener en casa solo el tipo de alimento que uno quiere que los hijos coman.

Muchos padres se sentirán reacios ante la idea de preparar comida tres veces al día. El tiempo, a menudo, es escaso, y llegar a casa después de un día de trabajo intenso e invertir una hora en preparar una comida nutritiva para niños hambrientos puede resultar una misión imposible. No cabe duda de que es más fácil poner una pizza en el horno y dar por terminada la jornada. Pero es hora de tomar conciencia de que estas soluciones gastronómicas no les enseñan nada a nuestros hijos acerca de una buena nutrición y los llenan con el tipo de comida que va a engordarlos, si es que aún no son obesos.

Preparar y comer comidas frescas no tiene por qué ser caro ni insumir mucho tiempo. De hecho, el costo de comidas preelaboradas y de la comida chatarra puede llegar a ser exorbitante. Si usted se atiene a las premisas básicas, se dará cuenta de que sus gastos se reducen. Si cuenta con un *freezer*, resulta práctico aprovechar ofertas especiales y preparar reservas congeladas de comidas saludables para cuando esté demasiado ocupado para cocinar. Y en lo que hace al tiempo, es falso que la comida saludable sea un plato gourmet que lleve una hora de preparación. Grillar una pechuga de pollo, asar una papa y preparar una ensalada no lleva mucho tiempo. En las páginas siguientes encontrará gran cantidad de ideas para preparar comidas sanas que le ayudarán a controlar el peso de su familia. Ninguna de ellas requiere un gran esfuerzo de preparación.

Pero antes de entrar en los pormenores de las distintas comidas diarias, veremos algunas premisas que deben tenerse en cuenta:

- Tenga presente la pirámide alimentaria (cf. página 125) al considerar la ingesta diaria total de su hijo.

- Comience por las verduras y las frutas: si su hijo come cinco porciones (o más) por día, se saciará con alimentos básicos nutritivos.

- Procure incorporar por lo menos dos o tres frutas y/o verduras y hortalizas en cada comida, y cuide de ofrecer un buen equilibrio. Recuerde no dejar de lado las verduras ni reemplazarlas por fruta. Sus hijos necesitan comer ambas.

- A continuación, elija una buena fuente de proteínas: pollo, pescado, porotos o carnes magras, retirándoles toda la grasa; también puede incluir carne picada sin grasa.

- Elija hidratos de carbono no refinados: arroz integral, pasta integral, pan integral, papas, etcétera.

- Durante la comida, sirva agua, jugos de fruta o leche. Si en su casa no existe el hábito de beber agua (cosa que puede ser modificada, cf. página 182), agregue algunas *gotas* de concentrado de frutas o jugo de frutas fresco para darle otro sabor, o jugo de lima o limón.

- No es necesario suprimir los postres de su menú: yogur, fruta fresca o puré de frutas, fruta conservada en su propio jugo o frutas secas son buenas opciones. También puede ofrecer, ocasionalmente, un cuadradito o dos de chocolate de buena calidad, con 70% de cacao, o una porción de bizcochuelo o torta para satisfacer a los golosos.

- No se olvide de los tentempiés. Cuando llegan del colegio, los niños suelen tener mucha hambre, y a menudo necesitan comer y beber algo entre una comida y otra. Tenga a mano bocadillos saludables (cf. páginas 173-175) u ofrezca estas colaciones en forma regular, ya que ayudará a mantener estables los niveles de glucosa en sangre, y evitará la ansiedad y una ingesta excesiva. De paso, le estará dando a su hijo algo nutritivo en lugar de los bocadillos poco saludables que quizás está habituado a consumir.

CÓMO ARMAR LOS MENÚS

Veamos ahora en detalle algunas comidas y colaciones fáciles de preparar.

Desayuno

Esta comida es de fundamental importancia para mantener el peso bajo control y, por otra parte, es la comida que los niños suelen suprimir con mayor frecuencia. Si bien nunca es bueno forzar a un niño a comer cuando no siente hambre, su hijo tendrá que aceptar que el desayuno es algo que, indefectiblemente, tendrá que comer. La mayoría de los niños, una vez que comienzan a seguir un programa alimentario saludable, desarrollan un apetito más regular y se sienten más despiertos y mentalmente ágiles por la mañana. De modo que, con el tiempo, el desayuno les resultará más atractivo y la mayoría ingerirá con gran placer un desayuno sano y nutritivo.

Comience por incluir una buena fuente de proteínas –huevos, yogur, leche, pasta de maní, panceta magra grillada o queso– en el desayuno de su hijo. Esto lo ayudará a mantener estables los niveles de glucosa en sangre a lo largo de la mañana y contribuirá a una mayor capacidad de concentración. Como vimos en el capítulo anterior, el niño que desayuna bien tiene menos tendencia a comer en exceso durante el día. Agregue siempre una porción de frutas, que le aportará los nutrientes necesarios para comenzar bien el día, además de generarle un pico de energía que le durará toda la mañana. Muchos niños, aunque naturalmente no sean afectos al desayuno, suelen comer algo de fruta, así que aproveche esa oportunidad para que los suyos incorporen alguna ración adicional.

Sugerencias para un buen desayuno

- Los cereales para desayuno son una excelente fuente de fibra, ayudan a la digestión, dan sensación de saciedad y estimulan una liberación sostenida de energía a lo largo del día. La avena es una elección especialmente buena.

- Prepare una mesa de desayuno con avena, cereales, semillas de sésamo, semillas de girasol y frutas secas, como damascos y pasas de uva, servidos en pequeños platitos. Cada niño puede armar su propia combinación.

- Cereales integrales o *muesli*, con el agregado de frutas de la estación, leche (para variar, ofrezca, cada tanto, leche de soja o de arroz), junto con un vaso de jugo de frutas. Si el cereal necesita ser endulzado, rocíelo con miel.

- Tostadas integrales con manteca de maní, una banana y un vaso de jugo.

- Un huevo pasado por agua o *poché*, una tostada de pan integral y un jugo de fruta.

- Panceta magra grillada, un huevo pasado por agua, algunas frutas rojas o gajos de naranja, una tostada de pan integral y jugo de fruta.

- Yogur sin sabor ni aditivos (como alternativa, pruebe el yogur de soja) con fruta de cualquier tipo y miel orgánica, una tostada de pan integral y un vaso de jugo de fruta.

- Un sándwich de panceta grillada magra, con tomates o pepinos sobre una tostada de pan integral y un vaso de jugo de fruta.

- Una salchicha vegetariana en un pancito integral, con jugo de fruta y una naranja.

- Mango fresco con yogur, un puñado de semillas o nueces y una tostada de pan integral con manteca (mantequilla).

- Una tostada de pan integral con puré de fruta o mermelada con bajo contenido de azúcar, yogur (o yogur bebible) y un vaso de leche o jugo de fruta.

- Galletas de arroz con *hummus*, rodajas de manzana y jugo de frutas.

- Un licuado: fruta fresca o en conserva, yogur natural y miel, licuados con una banana y (a voluntad) unos cubos de hielo.

- Tomates grillados, hongos grillados y panceta magra grillada, con una rebanada de pan integral tostado y un vaso de jugo de fruta.

- ¿Por qué no pensar también en alimentos que no sean típicamente de desayuno, como un sándwich de atún hecho con pan integral y un vaso de jugo de frutas? ¿O una porción de pizza *sana* (cf. página 172) que haya sobrado de la cena?

- Si no sabe cómo incorporar algunas porciones de frutas o de verduras, verá que no es tan difícil. Algunas uvas, gajos de naranja o banana o manzana cortadas son una opción sencilla.

Otra idea puede ser una ensalada de frutas con jugo, algunas frutillas u otras frutas rojas servidas con el cereal o con yogur, o licuados de frutas y yogur. La panceta magra y los huevos pueden ir acompañados de rodajas de pepinos, tomates e, incluso, ajíes. Un vaso de jugo de frutas puro también equivale a una porción de frutas, y la mayoría de los niños acepta beber un vaso con el desayuno. Si tiene una extractora de jugos, haga que sus hijos elijan tres o cuatro frutas distintas (kiwi, manzana, mango, banana, ananá [piña] o melón, entre otras) y agrégueles una verdura u hortaliza, como zanahoria, apio o pepinos, para incorporar nutrientes esenciales. Una combinación buena y simple para quienes no tienen experiencia con esto es mezclar jugo de manzana y de zanahoria; es nutritivo, dulce y económico.

Asegúrese de que su hijo no coma todos los días exactamente lo mismo para el desayuno: la diversidad asegura que incorpore todos los nutrientes que necesita y también evita que se habitúe a comer solo determinados alimentos.

Almuerzo

Como es cada vez más frecuente que los niños almuercen en la escuela, a muchos padres les preocupa tener tan poco control sobre la dieta de sus hijos durante el día. No desespere. Algunos estudios realizados han demostrado que, independientemente de los ingresos paternos, los niños, por lo general, ingieren más nutrientes clave cuando almuerzan en el comedor escolar.

Durante los últimos años, se han revisado los menús servidos en los comedores escolares, y en la mayoría se sirven comidas que se adecuan a las normas nutricionales recomendadas por los especialistas. Por lo tanto, hay mayor cantidad y variedad en lo que respecta a alimentos frescos y nutritivos. Si la escuela a la que concurre su hijo es una excepción, averigüe las razones.

Muchos niños almuerzan mejor en la escuela que en su casa, porque imitan a sus pares. Si un niño prueba alguna comida nueva que se presente, sus amigos seguirán su ejemplo. Y es muy probable que, al tener hambre, el niño coma lo que le sirvan, especialmente si no hay alternativas disponibles.

Si su hijo almuerza en el comedor escolar, asegúrese de que conozca las premisas básicas de una buena alimentación. Explíquele que una comida sana le dará mucha energía para la práctica de deportes o para el trabajo escolar de la tarde, y que eso hará que se sienta mucho mejor. Como señalé anteriormente, puede negociar un plan alimentario que resulte aceptable tanto para usted como para el chico: por ejemplo, por lo menos dos verduras y una fruta en cada comida (dentro de lo posible, cada día algo diferente), pan, arroz o pasta (integrales) todos los días y papas fritas, jamón y alimentos empanados y fritos solo una vez por semana. Si su hijo conoce los parámetros y sabe que puede elegir lo que come sobre la base de ese acuerdo, es más probable que persevere en una dieta sana. Haga que se sienta dueño de la situación en lugar de ser el dominado. Demuestre interés por lo que ha comido al mediodía. A la mayoría de los niños les encanta contar con lujo de detalles qué han almorzado, sobre todo si ven un mérito en ello. Determine cuáles son los aspectos nutritivos fuertes y débiles de su almuerzo y téngalos en cuenta al diagramar las demás comidas del día. Por ejemplo, si para el almuerzo su hijo comió pocas frutas frescas y verduras, prepare una cena tipo picnic, con muchas verduras (en lo posible, crudas) y salsas untables, un plato de fruta fresca, yogur, queso y tostadas integrales. Incluso un tazón de sopa de verduras puede compensar un almuerzo algo menos nutritivo.

Viandas

Preparar una vianda para su hijo le otorga mayor control sobre lo que este come, a pesar de que es más difícil saber cuánto de esa vianda habrá comido realmente, si su caja vuelve vacía todos los días. Muchos niños prefieren tirar la comida antes que enfrentar el enojo de los padres. La principal solución a esto es discutir el almuerzo previamente. Determine qué es lo que su hijo quiere comer y procure incorporar ese alimento, al menos en cierta medida. Prepárele una lista de la cual pueda elegir, por ejemplo, entre una ensalada de huevos, queso y pepinos, atún y maíz dulce, tomates y lechuga o mantequilla de maní y banana. También en este caso lo estará motivando al darle opciones. A los niños les encanta sentir que pueden ejercer un cierto grado de control sobre sus vidas. También es mucho más probable que coma algo que él mismo ha decidido incluir en su vianda.

Las pautas para componer un almuerzo saludable son las mismas que para cualquier otra comida. Lo que se busca es una opción equilibrada, nutritiva y un espectro variado de alimentos sanos (cf. la pirámide alimentaria en la página 125). Además, es importante agregar cosas que sean realmente del agrado del niño, ya que de ese modo se sentirá más motivado.

Ideas

- La fruta no tiene necesariamente que ser fresca o cruda para ser nutritiva. Una porción de fruta conservada en su propio jugo también es nutritiva y puede resultar mucho más atractiva.

- Pele las naranjas y las mandarinas antes de servirlas, para que sea más fácil comerlas. También puede elegir las variedades sin semilla, ya que a muchos niños les desagrada la fruta porque tiene *pepitas*. Si corta la fruta previamente, mójela con jugo de limón antes de envolverla, a fin de prevenir la decoloración por oxidación. Las barras de fruta seca también son una buena alternativa y existen distintos tipos de sabores.

- Corte sándwiches en pequeños trozos que permitan que su hijo pueda ir *picando* mientras conversa con sus compañeros de colegio.

- Un almuerzo tipo picnic suele tener mucha aceptación. Elija pequeños trozos de pollo cocido, yogur, salsas untables a base de yogur, frutas que puedan comerse con la mano (uvas, cerezas, frutillas –fresas–, etcétera), queso, pan árabe integral, *hummus*, huevos duros, pasas, frutas secas, verduras crudas (zanahorias, brócoli, aceitunas, rebanadas de pepinos, rebanadas de ajíes, apio e, incluso, un pequeño recipiente con maíz dulce), nueces sin sal y galletas de arroz o bastoncitos de queso.

- Algunos niños prefieren armar sus propios sándwiches, ya sea en casa, antes de salir hacia el colegio, o en la escuela, siempre y cuando usted les provea los ingredientes.

- En un termo adecuado se pueden llevar comidas calientes como sopa, guisos o pasta, con algún agregado proteico. Si se le agrega una fruta y un pancito integral, el niño tendrá un almuerzo completo y balanceado.

- Para la preparación de sándwiches, utilice pan integral en lugar de pan blanco e incorpore una fuente de proteína (atún, pollo frío, jamón, carne asada fría magra, queso o huevos duros) a fin de disminuir la rapidez de la liberación de azúcares al torrente sanguíneo. Agregue un poco de lechuga, pepino, tomate o apio rallado al sándwich, para hacerlo más nutritivo y agregar fibra que, según se ha comprobado, ayuda a controlar el peso corporal.

- Procure evitar la trampa de las golosinas y las papas fritas. Las viandas de la mayoría de los niños, hoy en día, contienen sándwiches de pan blanco, una golosina a base de chocolate y papas fritas, nada de lo cual reemplaza, de modo alguno, una comida saludable y equilibrada. No hace falta prohibir las papas fritas saladas por completo, ya que, sin duda, sus hijos se rebelarían. Pero busque las marcas con menor contenido de sal y solo agregue uno o dos paquetes pequeños por semana (y esto también vale en el caso del bocadillo para después del colegio). También puede comprar un paquete grande y dar unas pocas papas fritas, dos días por semana, en una bolsita plástica. Otras alternativas incluyen palomitas de maíz caseras, una mezcla de nueces, semillas de girasol y frutas secas, algunos bastoncitos de queso, galletas de arroz o minigalletas de arroz, barras de cereales con bajo contenido de azúcar, palitos malteados e, incluso, cereales secos sin azúcar en una bolsita de plástico. Con respecto a cosas dulces, una pequeña tableta de chocolate de buena calidad no ocasionará mucho daño. También puede probar con pequeños envases de nueces o maní recubierto con chocolate, pasas de uvas, pasas recubiertas con chocolate, fruta seca o barras de frutas, dos galletitas dulces (envueltas por separado) o, incluso, una pequeña barrita de chocolate, pero solo una o dos veces por semana y si todo lo demás es saludable.

- Otra buena idea es agregar un pote de yogur individual (con frutas, poco azúcar y sin edulcorantes artificiales). Congélelos la noche anterior a fin de que aún estén fríos al mediodía siguiente.

- Averigüe en la escuela de su hijo cómo se supervisa a los alumnos durante la hora del almuerzo. Asegúrese de que se aliente a los niños a comer su almuerzo antes de las golosinas, sobre todo si su hijo es lento para comer y usted observa que parte de su vianda regresa, invariablemente, a casa. Pida que la caja de la vianda sea devuelta sin tirar lo que ha sobrado, de modo que pueda determinar qué es lo que, efectivamente, comió su hijo.

Almuerzos calientes

Muchos padres se preocupan pensando que sus hijos deberían tomar un almuerzo caliente, aunque no es así. Una vianda fría puede ser tan nutritiva y baja en grasas y procurar tanta saciedad como un almuerzo caliente. Cuando para su hijo la comida principal del día es el almuerzo –por ejemplo, en casa o durante los fines de semana– usted puede reemplazarlo por cualquiera de las sugerencias para la cena (cf. página 176). Recuerde que no es necesario que el niño coma dos comidas calientes por día y, por el contrario, muchos niños terminan ingiriendo demasiadas calorías si su organismo tiene que asimilar dos comidas principales.

BOCADILLOS ESPECTACULARES

Son pocos los niños que pueden pasar todo el día sin ingerir uno o dos bocadillos. La mayoría de los que están en edad escolar debería llevar uno para el recreo. Los bocadillos son importantes y, como ya dije, no tendrían que ser considerados como simple "relleno" sin consecuencias para el plan alimentario total de un niño. Si su hijo siente hambre, no deje de ofrecerle un bocadillo. Es más, aliéntelo a elegir esos alimentos de un área especialmente preparada en la heladera. El niño sentirá que ejerce cierto control sobre lo que come y aprenderá a satisfacer su hambre con los alimentos adecuados. Sin embargo, conviene establecer ciertas reglas, como no ingerir bocadillos antes de las comidas y hacerlo un máximo de tres veces durante una tarde o cinco a lo largo del día. Si usted solo ofrece cosas saludables, su hijo comerá bocadillos sanos. El niño que se habitúa a comer sano cuando siente hambre (y no cuando sus padres dicen que siente hambre) adquirirá buenos hábitos alimentarios y aprenderá a autocontrolarse con la comida.

Aliente a su hijo a determinar si realmente tiene hambre, o no. Algunos niños comen porque se sienten aburridos, solos o, incluso, emocionalmente alterados. A veces dicen "tengo hambre" cuando lo que realmente quieren es un poco de atención o un mimo. Y si aprenden que el hambre se satisface con alimentos saludables, aprenderán a comer solo cuando realmente lo sientan. Y si el hambre ya no es la causa de su descontento, es mucho más probable que puedan detectar y resolver el verdadero motivo.

La clave para proveer bocadillos saludables es hacer que sean ricos, estén a mano y sean fáciles de consumir. Tenga preparado un bocadillo para cuando su hijo regrese del colegio (si usted no está en casa, puede tener algo preparado en un plato en la heladera, o pedirle a la persona que cuida a su hijo que lo prepare con anticipación). Si el niño regresa a casa con hambre y usted le *sugiere* que coma una manzana, es muy posible que reciba una negativa. Pero si sobre la mesa espera una manzana cortada en rebanadas, un yogur y algunas pasas de uva, lo más probable es que el niño los coma en lugar de quejarse. Pele las naranjas con antelación y envuélvalas en filme adherente; ponga verduras crudas en un plato, con un potecito de *hummus* u otro tipo de salsa untable. Cuide que la presentación sea llamativa y divertida.

De forma similar, si le prepara bocadillos para los recreos en la escuela, hágalos de forma tal que resulten fáciles de comer. En general, un niño quiere jugar durante el recreo y no perder el tiempo pelando una mandarina. Pele y corte la fruta, coloque los alimentos en bolsas pequeñas de fácil apertura, o elija barras de cereales con bajo contenido de azúcar o pequeñas bolsitas con nueces, que resulten fáciles de comer. Repito, evite papas fritas y chocolate como tentempié. Una de las cosas que tenemos que hacer es enseñar a nuestros niños que esos productos no son apropiados porque, en realidad, son pequeñas comidas intermedias que tienen que estar integradas por alimentos saludables. Solo ocasionalmente pueden constituir un acompañamiento para un alimento sano (por ejemplo, algunas papas fritas con un sándwich de atún, rebanadas de pepino y bastones de zanahoria no harán daño; o un pequeño trozo de chocolate después de una fruta, como postre, tampoco constituirá un problema), pero nunca un bocadillo en sí mismo. Si el niño se acostumbra a comer un paquete de papas fritas o una barra de chocolate como tentempié, seguirá acumulando peso.

ALIMENTOS ATRACTIVOS PARA UN NIÑO

De nada sirve modificar los hábitos alimentarios de su familia si después resulta que sus hijos no prueban bocado. Obviamente, con el tiempo el hambre los obligará a ceder, pero tratemos de hacer la cosa más entretenida.

Ante todo, a los niños no les gusta sentirse diferentes. Si en la casa de sus amigos comen presitas de pollo y papas fritas, probablemente querrán comer lo mismo en su propia casa. Incluso, pueden llegar a sentirse avergonzados de traer a sus amigos a casa para comer si en el menú figuran ajíes rellenos. Pero es posible presentar alimentos sanos de forma tal que resulten atractivos para un niño y evitar así que se sientan como proscriptos sociales.

Las papas asadas con queso, acompañadas de verduras crudas (pepinos, tomates cherry, zanahorias y pimientos) gustarán a la mayoría de los niños, aun a aquellos que no son de buen comer. No hace falta que coman todo lo que hay en el plato. Permítales elegir: si usted puso suficientes verduras y hortalizas en el plato, algo terminarán eligiendo. Patas de pollo horneadas con un poco de miel, acompañadas con puré de papas o arroz y alguna de las verduras preferidas por los chicos (maíz dulce, arvejas o brócoli), por lo general, constituyen un plato bien recibido, incluso por los amigos invitados. Como alternativa, sirva una pasta nutritiva, con salsa de tomate que contenga algún tipo de verduras ralladas. Bañe escalopes de pollo en huevo batido y rebócelos con harina orgánica integral o pan rallado integral y fríalos rápidamente en aceite de oliva o, mejor aun, áselos en el grill; es una forma de preparar los tan codiciados *nuggets* de pollo. También es fácil preparar papas fritas: corte las papas en rebanadas finas, deles un ligero hervor (mejor si no son peladas), y luego dórelas en el horno con un poco de aceite de oliva. Las papas fritas industriales horneadas son otra opción, pero elija aquellas que no están revestidas ni preparadas con aceites vegetales hidrogenados. Una hamburguesa casera puede ser sumamente nutritiva utilizando carne magra de buena calidad y sirviéndola en un pan integral. También se puede preparar en su casa una pizza más saludable, utilizando harina orgánica para tortillas como base (o una base de pizza de harina integral) y agregando un poco de queso, muchas verduras y carne magra.. Como postre, prepare ensaladas de fruta o arme un "bar" de yogur y frutas, en el cual sus hijos puedan combinar sus propios postres. También puede congelar yogur o jugos de fruta fresca para hacer palitos helados más sanos.

Como ve, no es tan difícil como usted piensa. Ningún niño necesita sentir que lo obligan a subsistir a base de curry de lentejas. Sin duda es importante experimentar con alimentos distintos, probar nuevos en forma regular e introducir otros sabores, texturas e ingredientes. El objetivo es asegurar la diversidad y expandir el horizonte gastronómico y dietario de su hijo. Pero una comida amigable para los niños no significa, necesariamente, poco saludable. La diferencia radica, básicamente, en la forma en que un alimento está preparado y con qué lo acompañe.

Bocadillos: sugerencias

- Fruta fresca o ensalada de frutas.
- Frutas secas o barras de frutas secas.
- Nueces (después de los cinco años, si no se presentan alergias o hipersensibilidad).
- Tostada con manteca, extracto de levadura (cuidado con el contenido de sal), queso o banana.
- Barras de cereales de bajo contenido en azúcar, sobre todo las que contienen frutas y nueces.
- Un tazón de cereal sin azúcar, seco o con leche.

- Palomitas de maíz caseras (requieren su supervisión) sin sal y sin azúcar.

- Grisines o palitos malteados (dentro de lo posible, elija los que tengan semillas como el sésamo).

- Galletas de arroz (preferentemente arroz integral) untadas con *hummus*, fruta envasada al natural (con poco azúcar) o, incluso, un poco de manteca.

- Yogur de frutas con bajo contenido de azúcar, o yogur al natural con fruta fresca y miel.

- Dos bizcochos o galletitas de buena calidad, o galletitas de agua con queso.

- *Hummus* en pan árabe.

- Verduras crudas (por ejemplo, coliflor y brócoli, ajíes, apio, zanahorias, pepinos).

- Licuados con leche fresca (mejor aun con leche de arroz), una banana, jugo de fruta fresca y un poco de yogur. Congele algunas bananas para agregar durante el licuado, para que resulte cremoso y fresco.

- Palitos helados preparados con jugos de frutas. Son económicos y fáciles de hacer, y puede agregarles fruta en trozos para hacerlos más nutritivos; o mezclar los jugos con yogur, para obtener una versión más cremosa.

- Pasteles caseros de buena calidad, por ejemplo de zanahoria o de banana (por supuesto que no todos los días, pero está bien servirlos en forma relativamente frecuente, siempre y cuando no contengan mucho azúcar y estén preparados con harina integral).

- Queso (de buena calidad, sin aditivos ni colorantes).

- Pequeños sándwiches de pan integral. Los minipanes son ideales para esto; un pequeño sándwich de carne magra, queso y lechuga, o huevo y berro, por ejemplo, contiene menos calorías que cualquiera de los típicos bocadillos que compran los niños.

El caso de Mateo

Mateo era el típico adicto a los bocadillos y, a pesar de que ingería comidas normales y saludables con su familia, las cosas que consumía entre comidas estaban contribuyendo a profundizar un serio problema de sobrepeso. Sus padres lo incentivaron para que llevara un diario alimentario para ver cuáles eran las posibles causas de su problema y pronto resultó evidente que las gaseosas, las barras de chocolate, las papas fritas y otras golosinas que compraba de la máquina expendedora en la escuela y camino a su casa constituían el problema de fondo. En lugar de suprimir este tipo de bocadillos por completo, comenzó a llevar un pequeño sándwich para el recreo y algunas barras de fruta y cereales para después del colegio. De tanto en tanto, comía un paquete de papas fritas o una barra de chocolate, pero fue limitando esas golosinas a una vez por semana (por razones de "salud") y, en lugar de gaseosas, siempre bebía jugos de fruta o agua.

Al cabo de poco tiempo, este cambio en sus hábitos alimentarios comenzó a marcar una diferencia. En una semana, su peso se había estabilizado y a lo largo de los meses siguientes perdió seis kilos, comiendo siempre las mismas cantidades pero eligiendo alimentos diferentes. Mateo estaba encantado con este cambio y muy asombrado de que solo los bocadillos que ingería pudieran haberle causado semejante problema.

CENAS

También en este caso insisto en que una comida no tiene por qué ser pesada o, siquiera, caliente, para ser nutritiva. Una ensalada con atún o con un huevo duro, un poco de pan integral y queso, y una porción de fruta es una excelente cena para un niño, bien equilibrada y nutritiva; además, difícilmente conducirá a la acumulación de grasas o al sobrepeso. Planifique sus comidas con la mayor cantidad de fruta y verdura posible y estará bien encaminada. Una carne asada al horno es fácil de preparar. A pesar de que muchos padres no tienen el tiempo de cocinar tanto por la noche, se puede preparar el día anterior y servirla fría o recalentarla en el horno antes de comer. Una carne al horno no tiene por qué ir acompañada de papas ni de salsas pesadas. Un plato igualmente apetitoso es una porción de carne al horno con ensalada y pan integral. Y las sobras pueden ser utilizadas en sándwiches.

Otras ideas para la cena

- Pechuga de pollo grillada o patas de pollo al horno con papas asadas o al vapor, chauchas (judías verdes), brócoli y zanahorias.

- Salchicha vegetariana (algunas marcas son muy sabrosas y contienen mucha menos grasa saturada que las de carne) con porotos, arroz o papas y ensalada de pepinos.

- Cualquier tipo de carne o ave al horno con papas al vapor o arroz al vapor, y abundantes verduras y hortalizas frescas (crudas o cocidas), o con ensalada de papas asadas.

- Fideos a la boloñesa y ensalada o verduras crudas.

- Pasta integral con salsa de verduras y hortalizas, y verduras crudas.

- Carne vacuna o de ave saltada, con miel y un poco de salsa de soja, acompañada de cualquier combinación de verduras, hortalizas y arroz.

- Bastones de pollo, pasados por huevo batido y rebozados con pan rallado integral y grillados, acompañados de verduras frescas y arroz o papas.

- Un gran tazón de sopa de verduras con pan integral, queso y verduras crudas.

- Costeletas de cerdo con puré de manzana, papas al horno (darles un breve hervor y luego rociarlas con aceite de oliva y hornearlas) con cualquier combinación de verduras.

- Lasaña, remplazando la salsa por ricota o queso blanco y cubriéndola con sólo un poco de queso rallado, acompañada de ensalada (o verduras crudas, que parecen tener más aceptación entre los niños).

- Verduras grilladas con cuscús y queso desmenuzado.

- Pechuga de pavo o de pollo grillada, con hierbas y limón, servida sobre un pan integral y acompañada de verduras crudas o ensalada.

- Hamburguesas caseras (cf. página 172) con verduras crudas y papas fritas caseras (horneadas).

- Pizza casera (cf. página 172), con verduras crudas.

- Fajitas: tiras de pollo, carne o pavo, saltadas en un poco de aceite de oliva con condimento a base de chile, cebollas y ajíes, servido en una tortilla de harina integral, con un poco de salsa.

- Filete de salmón o de atún, servidos con papas hervidas al vapor y cualquier combinación de verduras y hortalizas.

- Budín de pescado: mezclar bacalao, camarones o atún con papas hervidas y verduras al vapor y servir en una salsa de queso con hierbas y un poco de leche y caldo. Cubrir con semillas de girasol y hornear.

- Guisos y cazuelas con abundantes verduras y carnes magras, cocidas con un poco de vino, hierbas y caldo; la preparación se espesa a medida que el líquido se reduce. Servir con un pancito integral o con arroz, además de una pequeña ensalada.

- Pollo "Cordon Bleu": aplaste una pechuga de pollo deshuesada, coloque una lonja de jamón magro y una de queso en el centro, enrolle y sujete con un escarbadientes. Saltee ligeramente en aceite de oliva para sellar y después cocínela al horno con un poco de vino y caldo. Sirva con ensalada y con arroz. A los niños les encanta, y es una versión de bajo tenor graso del escalope de pollo frito.

POSTRES

No hay razón alguna para excluir un remate dulce en una comida. Si su hijo ha comido abundante fruta fresca y verduras a lo largo del día, y pocos o ningún bocadillo dulce, sin duda es aceptable que coma una pequeña porción de torta o un *brownie*, un pequeño bol con crema helada o algunos bizcochos dulces. Como verá más adelante, restringir en exceso ciertos alimentos destruye el placer de comer e impide que el niño comprenda realmente el concepto de *comidas equilibradas*. La clave es evitar la ingesta de golosinas adicionales e innecesarias entre las comidas u ofrecer ese mismo tipo de golosinas, todas las noches, como postre. Un yogur, una porción de budín de arroz, manzanas asadas con pasas de uva y un poco de azúcar negro, ensaladas de fruta o helados hechos con jugos de frutas son alternativas saludables y la mayoría de los niños aceptará estos postres de buen grado. Incluso, usted puede rallar un poco de chocolate (que contenga 70 por ciento de cacao) sobre algunos de estos postres. Aunque no lo crea, el chocolate semiamargo, de buena calidad, es una excelente fuente de hierro y microelementos. Al no contener la cantidad de azúcar que se encuentra en la mayoría de las golosinas dulces, no afecta tanto los niveles de glucosa en sangre. Y como se trata de un bocadito muy nutritivo, ¡una pequeña porción es más que suficiente!

Reduzca a un mínimo la crema y el azúcar en los postres. Un tazón de frutas rojas frescas solo necesita de poco (o ningún) endulzado adicional. Si son muy ácidas, puede espolvorearlas con un poco de azúcar impalpable. Si las frutas no forman parte del postre mismo, procure servir algunas como guarnición, para que los niños aprendan la importancia de agregar elementos saludables a sus postres. Unos trozos de durazno enlatado son un excelente acompañamiento para una porción de helado, una rodaja de ananá (piña) es un delicioso postre en sí mismo y un mango puede ser cortado en cubitos para servirlo con yogur y miel. Algunas noches, una banana o una manzana, o un poco de fruta enlatada con su jugo serán suficientes. Ofrézcales a sus hijos diversas opciones y permítales elegir.

CÓMO MANEJAR EL TEMA DE LAS COMIDAS RÁPIDAS

No cabe duda de que si usted le prohíbe a su hijo, en forma terminante, todo tipo de *fast food*, esto será lo primero que comprará en cuanto tenga algo de dinero en la mano y la posibilidad de elegir. Lamentablemente, las comidas rápidas son parte de nuestra cultura, pero el niño tiene que aprender que ese tipo de alimento no es saludable y que solo debe ser ingerido muy de tanto en tanto, como algo especial. No deje de explicar a sus hijos las razones de esta restricción. Deben saber que una hamburguesa con papas fritas contiene, prácticamente, todas las grasas y calorías que debería ingerir en el día, y que demasiada sal puede resultar nociva para su salud. Aliéntelos a elegir, como acompañamiento, jugos de fruta, leche o agua, en lugar de las clásicas gaseosas. Elija pizzas de masa fina y con verduras, y pídales que ignoren el pan tostado con aceite y ajo. Elija arroz hervido en lugar de arroz frito, y verduras y carnes saltadas cuando pida comida china o tailandesa. El resto de las comidas de ese día deberán ser caseras, pobres en grasas y basadas en frutas y verduras frescas. También puede sugerir a su hijo que dé una larga caminata, vaya a nadar o a correr en el parque, a fin de compensar la ingesta de grasa adicional que provoca la comida rápida. Todo lo que usted le pueda enseñar a su hijo acerca de formas más sanas de comer, ayudará a establecer hábitos de vida saludables.

COMIDAS PREELABORADAS

También habrá momentos en los cuales alguna comida preelaborada, adquirida en el supermercado, constituya la única alternativa. Y tampoco es el fin del mundo, siempre que la mayor parte de la dieta de su hijo sea sana. Pero piense bien antes de comprar: las pizzas de masa fina con verduras son mucho más saludables y contienen menos grasas que las de masa gruesa con algún embutido y doble queso; elija las salsas para pastas que tengan menor contenido en azúcares; en general, adquiera salsas livianas, de verduras, en lugar de versiones más cremosas y sírvalas con arroz blanco y verduras al vapor; de tanto en tanto, adquiera hamburguesas y salchichas vegetarianas que tienen menos grasa y son una buena fuente de proteínas; elija bastoncitos de pechuga de pollo en lugar de las *presitas*, hechas de carne de pollo elaborada, y busque aquellos productos que contengan menos grasa; una buena alternativa es comprar trozos de pollo grillado. Equilibre los alimentos preelaborados sirviendo fruta o yogur como postre y acompañando las comidas con jugo de frutas fresco.

Recuerde también que no hay razón alguna para pensar que un sándwich y un tazón de sopa, o una *omelette* con ensalada no son una comida completa satisfactoria en esos días en los que el tiempo no alcanza. Son fáciles de preparar y, por cierto, muy nutritivos. Evite aderezos cremosos para las ensaladas, suprima el queso adicional y el pan de ajo cuando coma pizza y agregue algunos nutrientes adicionales, incluso semillas y nueces, a las ensaladas, a las pastas o a las verduras saltadas.

CÓMO LOGRAR QUE UN NIÑO COMA VERDURAS

Las verduras suelen ser lo que más rechazan los niños. Sin embargo, hay muchas formas creativas para lograr que sus hijos no solo consuman verduras sino que también las disfruten. Un niño necesita comer con frecuencia y los bocadillos son importantes, pero también es importante que no *picoteen* comidas que brindan saciedad pero que no aportan nutrientes, ni se llenen el estómago con jugos y gaseosas. Preparar tentempiés presentados en forma creativa, que incluyan frutas o verduras atractivas acompañadas de salsas untables sanas, es una muy buena solución.

A la hora de comer, sirva las verduras como *entrada*, cuando el niño siente más hambre; recién después de que haya terminado las verduras, sirva el resto de la comida. Pruebe con distintas salsas para que las verduras tengan mejor sabor y resulten más atractivas. Con unas gotas de limón o un *poco* de manteca, casi todo toma mejor sabor. Pruebe distintas variedades de verduras y, cuando sirva algo que sus niños nunca hayan probado, muestre entusiasmo con la novedad. Haga un puré o una crema de verduras para agregar a sopas, guisos o salsas, y procure licuar ciertas verduras. Dé por sentado que a su hijo le gustan las ensaladas y otras verduras. Demuéstrele cuánto le gustan a usted. Dé el ejemplo, comiendo también usted comida saludable.

Involucre a sus hijos en el cultivo, la compra y la cocción de verduras y hortalizas. Las ferias pueden ser una divertida excursión de compras. Enséñeles qué es lo que cada verdura aporta a su organismo y la importancia de su consumo. A los niños les fascina su cuerpo y siempre les gusta aprender más sobre él. Cuanto más aprendan, tanto mejor elegirán lo que comen. ¡Enséñeles a cocinar! Si un niño preparó una ensalada, es muy probable que también la coma, y lo mismo vale para cualquier otro tipo de comida. Ocasionalmente (por ejemplo, algún domingo, cuando hay más tiempo) pídale a sus hijos que cada uno elija una verdura y que la prepare. Adquiera un libro de recetas escrito para niños y pídales que elijan algún plato saludable, le hagan una lista de los ingredientes necesarios (así usted los compra) y que lo preparen ellos mismos. Hasta los niños pequeños pueden ayudar en la cocina, por ejemplo revolviendo, cortando comidas blandas con un cuchillo sin filo o quitando los cabitos de las frutas.

CÓMO LOGRAR QUE UN NIÑO BEBA ABUNDANTE AGUA

Con la increíble variedad de bebidas saborizadas y de brillantes colores dirigida al público infantil, no resulta sorprendente que el agua haya quedado relegada a un segundo (o tercer, o cuarto) lugar en lo que respecta a su popularidad entre los niños. Sin embargo, hay formas de lograr que sus hijos consuman más agua.

- Tenga en la heladera una jarra de agua filtrada o de agua mineral envasada, lista para beber. Si es la bebida más accesible, es más probable que sea la que los chicos elijan primero.
- No compre nada que no quiere que sus hijos beban. Si tienen sed, van a beber lo que haya.
- Para los adictos a concentrados sintéticos, vaya diluyéndolos cada vez más, hasta que lo que se beba sea, prácticamente, agua. Probablemente habrá quejas, pero se irán acostumbrando y la transición a beber agua pura será más fácil. Con el tiempo, deje de comprar el concentrado y con las comidas ofrezca solo jugo puro de frutas diluido en agua.

• Si tiene hijos más grandes, que beben demasiada gaseosa, explíqueles las causas de su preocupación (cf. página 70). Compre agua mineral gasificada (pero sin saborizantes), si desean algo gasificado, y distintos jugos de fruta para mezclar. En el caso de niños muy activos y aspirantes a deportistas, explique que el agua es el mejor hidratante que existe y que todos los atletas de primera línea la consumen.
• Considere invertir en un refrigerador de agua potable, del que se obtiene agua fresca con solo tocar un botón. La novedad hará que, al principio, sus hijos tomen agua con mayor frecuencia y esto pronto se convertirá en costumbre.
• Compre a cada uno de sus hijos una botella de plástico para deportistas y manténgala en la heladera siempre llena de agua. Hay que lavarla y recargarla a diario para evitar que se acumulen bacterias, pero la podrán usar durante el día, donde quiera que vayan.
• Dé el ejemplo. Si sus hijos ven que usted toma una gaseosa *diet* para el almuerzo, van a pedirle lo mismo. Si quiere tener éxito, toda la familia tendrá que cambiar de hábitos en este aspecto.

Lo más importante: no se apresure a abandonar estas prácticas si ve que no tiene éxito inmediato. Cuando intente introducir nuevos alimentos, sírvalos al menos cinco veces antes de resignarse a que sean rechazados. No acepte el primer "no" como una respuesta definitiva, pensando que nunca van a probar ese tipo de comida. Incluso, puede volver a ofrecerla poco después de que haya sido rechazada. Hágalo con calma y respeto, sin rezongar y sin sobornar a sus hijos. Las investigaciones científicas reafirman que esto funciona. Diversos estudios han demostrado que las reiteradas oportunidades para probar alimentos nuevos pueden modificar la respuesta de un niño del rechazo a la aceptación.

NIÑOS CAPRICHOSOS A LA HORA DE COMER

Este es el problema de fondo que enfrentan muchos padres. Es muy, muy difícil planificar comidas saludables y equilibradas cuando uno tiene hijos que se niegan a comerlas. Desde muy pequeños, la mayoría de los niños se aprovechan del hecho de que sus padres están preocupados por cuánto y qué comen. Hacer problemas con la comida les asegura, de inmediato, ser el centro de atención. Así, muchos niños se habitúan a usar la comida como forma de ejercer poder sobre sus padres. También hay chicos que, directamente, no se interesan por la comida, y los insistentes esfuerzos de sus padres por hacerlos comer solo consiguen acentuar ese desinterés. Para los padres de niños que no quieren comer, el mejor consejo, sea cual fuere el caso, es no ejercer más presión. Si el niño no obtiene de sus padres la respuesta esperada, termina aburriéndose. Si se da cuenta de que por comer mal y mostrarse caprichoso a la hora de las comidas no se le presta más atención, dejará de usar ese recurso como herramienta para lograr esa atención. En el momento en que desaparece esa presión en la mesa familiar, el niño comenzará a desarrollar una actitud más saludable hacia la comida, viéndola, simplemente, como algo que hay que comer. No es ni un veneno ni una medicina milagrosa. Y cuando comer ya no esté asociado con constantes llamados de atención e insistencia paterna, descubrirá que es algo de lo que puede disfrutar.

¿Cómo puedo cambiar los hábitos de mi hijo?

No haga escenas durante la comida. Habrá veces que su hijo esté muerto de hambre y devorará todo lo que se le pone delante. Otras, dará vueltas con la comida y apenas tomará algo, dando la impresión de que no necesita comer. Siga la corriente. Nunca obligue a un niño a terminar todo lo que tiene en el plato ya que; de lo contrario, siempre asociará la comida con estrés y mala conducta.

- Si hay algo que realmente disgusta a su hijo –por ejemplo, los hongos– no lo obligue a comerlos. Sugiera, simplemente, que los pruebe. Si usted sirve algo novedoso y su hijo afirma que no tiene mucha hambre, sugiera que coma solo tres bocados de cada cosa que tenga en el plato. Un niño debe aprender a probar distintos alimentos y tiene que comer una variedad de buena calidad para mantenerse sano.

- Respete a su hijo. Todos tenemos aversión a algún tipo de comida y hay personas que comen en forma muy saludable y normal pero que, simplemente, no toleran determinada verdura, tipo de carne o sabor particular. No obligue a su hijo a comer algo que realmente deteste. Por supuesto, el problema con los niños caprichosos con la comida es que afirman que no les gusta nada. Eso es diferente. Si su hijo come bien, prueba cosas nuevas y consume una dieta sana y variada, es perfectamente aceptable dejar de lado el alimento particular que no le guste. Pero no abandone. Pruebe recetas nuevas. Preséntelas otra vez al cabo de un mes. Los gustos de los niños cambian y lo que una semana es considerado repelente puede convertirse, más adelante, en su nuevo plato preferido. Si su hijo rechaza un alimento determinado después de varias veces y sigue detestándolo, a pesar de todos los esfuerzos por hacérselo sabroso, déjelo de lado por un tiempo.

- No ofrezca alternativas. Sirva una comida sana para toda la familia y no entre en estado de pánico si su hijo no come mucho. Si tiene hambre, va a comer. Ni el niño más caprichoso se dejará morir de hambre.

- Invite a comer, con cierta frecuencia, a un amigo de su hijo que tenga buen apetito y coma de todo. A los niños les gusta imitar a sus pares y si esto implica comer algo novedoso, lo harán.

- Eduque a su hijo. Explíquele qué comidas son saludables y qué aportan a su organismo.

- No le ponga *etiquetas* a su hijo. Los padres, a menudo, crean "profecías autocumplidas". Si un niño es calificado como caprichoso y difícil con la comida, seguirá siéndolo. Si usted elogia a su hijo durante la comida por lo que come y le cuenta a todo el mundo lo bien que come, se sentirá orgulloso de sus logros.

- ¡No claudique! Los niños remilgados con la comida muchas veces lo son porque se lo permitimos. Si usted cede y solo le sirve a su hijo lo que quiere comer, establecerá un esquema poco saludable que podrá perdurar durante toda su vida. Sirva platos ricos y saludables en todas las comidas. Ofrezca las golosinas normales y procure encontrar un equilibrio entre lo que su hijo come con gusto y lo que come a regañadientes.

- Dele poder de decisión a su hijo. Si un niño siente que ha perdido todo control, se encaprichará, hará berrinches o se echará a llorar. Haga una lista de ocho o nueve menús ricos y sanos, con una amplia variedad de verduras como guarnición. Deje que cada niño de la familia elija un menú determinado por noche. Usted podrá sugerir que en cada comida tiene que haber por lo menos cuatro frutas o cuatro tipos de verdura, y que por lo menos dos tienen que ser diferentes de las que hubo en el menú de la noche anterior. Si usted convierte esto en un juego, sus hijos estarán más interesados en la comida y se involucrarán más. También sentirán que tienen cierto control sobre lo que comen.

- Introduzca nuevos alimentos junto con los favoritos de siempre, y luego vaya dejando de lado aquellos que más le preocupe tener en la dieta. No ceda a la tentación de lanzar un programa absolutamente novedoso de un día para el otro. ¡Lo único que logrará será amotinar a la tropa! Vaya implementando, en cambio, pequeñas modificaciones. Cada alimento nuevo que coma su hijo será un paso más en la dirección correcta.

- En el caso de niños más pequeños, puede utilizar un panel para acumular estrellas. Por cada comida nueva o saludable que coman, se les otorga una estrella y, cuando hayan alcanzado un total prefijado, les puede ofrecer una golosina especial.

- Si su hijo come poco pero seguido, asegúrese de que los bocadillos que coma sean nutritivos. Al parecer, algunos niños no pueden comer mucho a la vez y prefieren comer poco y seguido a lo largo del día. No hay nada de malo en esto, siempre y cuando los alimentos que ingiera sean nutritivos y equilibrados. Pero, coma lo que coma durante el día, nunca deje que lo haga fuera de la mesa. No fomente el comer apresuradamente, porque esto puede convertirse en un mal hábito. Si su hijo ha comido varias minicolaciones durante el día, no ingerirá una gran cena. Sírvale porciones más pequeñas de lo que come el resto de la familia.

- Si su hijo se niega a comer o solo picotea un poco de lo que tiene en el plato, no lo fuerce. No haga sentir culpable al niño que no tiene hambre, y nunca lo haga comer para darle un gusto a usted. Este tipo de chantaje emocional puede reducir la autoestima de su hijo y hacer que se sienta inseguro.

- Coma lo mismo que sus hijos. No debería haber diferencia entre la comida de los niños y la de los adultos. Una alimentación buena y saludable es apropiada para toda la familia. Si los niños ven que sus padres disfrutan de una amplia gama de alimentos, es mucho más probable que también ellos quieran probarlos.

- Hay gran probabilidad de que los padres melindrosos con la comida tengan hijos caprichosos a la hora de comer. Procure ampliar su propia dieta para incluir alimentos que usted no come normalmente. Quizá descubra que también sus gustos han cambiado con el tiempo. No sirva solo los alimentos que a usted le gustan. Pruebe nuevas recetas y sea un poco más audaz. Hay que apuntar a la variedad. Por otro lado, si su hijo ve que usted come algo diferente de lo que le sirve a él, por lógica sentirá que tiene derecho a hacer lo mismo.

El tamaño de las porciones

¡Que sean pequeñas! Un niño nunca aprenderá a moderar su propia ingesta ni a determinar cuándo está satisfecho si se habitúa a vaciar platos enormes de comida de una sola vez. Si se siente satisfecho, permítale decirlo. Mientras que haya ingerido una cantidad razonable de comida saludable (incluyendo por lo menos parte de la verdura y de las hortalizas) permítale que deje de comer, si dice que está satisfecho. Si todavía tiene hambre, respete su derecho a pedir más. Ponga las fuentes en la mesa y deje que sus hijos se sirvan. Un niño con sobrepeso, probablemente, se excederá al principio y llenará su plato en forma excesiva, pero pronto aprenderá que hay comida suficiente, que no hay prisa por terminar y que no hay comidas *prohibidas* en la mesa, que hagan que aumente de peso. Mientras que un niño coma al menos algo de lo que se le ofrece, puede darle rienda suelta.

Nunca insista en que su hijo coma todo lo que tiene en el plato. Repito que esta actitud le hará perder ese mecanismo tan importante que le hace saber cuándo está satisfecho. Hay muchas pruebas de que esto es así. Por un lado, cuando los padres controlan qué y cuánto come un niño pueden influir sobre el mecanismo natural que controla la ingesta de alimentos. Es decir que nunca aprenderá a autocontrolarse si no se le permite jamás que su cuerpo le indique cuándo está satisfecho. Un estudio realizado en 1980, por ejemplo, comprobó que cuando los padres obligan a sus hijos a comer todo lo que tienen en su plato, esos niños aprenden que lo que les indica cuánto deben comer todavía es la cantidad de comida que queda en el plato y no sus señales internas, que les señalan que aún tienen hambre o que ya están satisfechos.

En vista del creciente problema de la obesidad, el funcionamiento de esa señal interna es importante. Y el ofrecer algunas opciones –todas saludables– también es parte de este mecanismo, ya que enseña al niño a elegir alimentos saludables, pero sólo cuando siente hambre.

Limitaciones alimentarias

Lo que dijimos anteriormente acerca de ir descartando toda la comida chatarra es importante. Si habitualmente en su casa usted tiene de ese tipo de comidas y se las prohíbe estrictamente a su hijo, es muy posible que le genere una obsesión con ellas. Lo que se busca es que el niño aprenda a elegir bien del amplio espectro de comidas saludables que se le ofrecen, a fin de que no haya necesidad de restringirle alimento alguno. Esto es de suma importancia. Un estudio realizado sobre el tema comprobó que, restringir el acceso del niño a ciertas comidas focaliza su atención sobre los alimentos prohibidos, incrementando sus ganas de consumirlos. Esto significa, básicamente, que si usted satisface a sus hijos con comida sana y les ofrece los alimentos que no son tan saludables solo en forma ocasional, es mucho menos probable que se sientan privados de estos. Es otra razón por la cual resulta tan importante que toda la familia adopte una dieta más saludable.

Los investigadores también comprobaron que un enfoque altamente controlador en relación con la alimentación del niño socava su capacidad de desarrollar y ejercer el autocontrol sobre su forma de comer. El control de los padres en este aspecto tiene una relación negativa sobre la capacidad de niños de edad preescolar para autorregular su ingesta energética.

Comer debería ser algo divertido y gratificante. Nuestra tarea como padres es ofrecer alimentos sanos y nutritivos, y la tarea del niño es decidir cuánto quiere comer. Un niño come tanto como necesita. De ninguna manera pasará hambre voluntariamente. Las comidas deberían ser distendidas y placenteras. Insistir con enojo y fastidio en que su hijo coma lo que usted quiere que coma no funciona y, además, no tiene en cuenta al niño.

Comer en familia

Una de las formas más importantes de implementar un programa alimentario sano y de saber qué come su hijo es que toda la familia se reúna para las comidas. Ya hemos visto que comer en familia está relacionado con un peso más normal en los niños, una mayor ingesta de alimentos sanos –incluyendo frutas y verduras– y una mayor autoestima. También es una de las formas más importantes de establecer una relación saludable con la comida. El niño que come solo, nunca aprende que una comida es una ocasión placentera para la interacción de la familia, para probar nuevos alimentos, para compartir los pormenores de la jornada y disfrutar de la experiencia de hablar acerca de lo que se come: cómo están preparados los platos, las combinaciones preferidas, las ideas para menús diferentes, los gustos y aversiones. Incluso, la comida compartida puede ser una ocasión para practicar un poco de emulación (probando comidas que otros encuentran deliciosas). Los niños que solo comen *comida para chicos* tampoco aprenden a expandir su repertorio alimentario y pueden terminar siendo caprichosos para comer, con hábitos insalubres que perduran hasta la adultez. No aprenden a comer cosas nuevas ni a experimentar. Los niños cuyos padres se sientan a su lado y los controlan mientras comen se sienten bajo estricta observación y, a menudo, utilizan esta situación para atraer la atención con caprichos y negativas, desarrollan rechazo hacia ciertas comidas o incluso se rehúsan a comer algo que, normalmente, les resultaría aceptable. Solo aprenden a comer una pequeña variedad de alimentos –los que sus padres insisten que consuman, o les ponen delante– y nunca tienen el placer de compartir la experiencia gastronómica. Después de todo, una comida no es, simplemente, ingerir todo lo que hay en el plato, comer porque a uno se lo ordenan o tragar frutas y verduras de mal grado y sólo porque son saludables.

En el otro extremo del espectro están los niños que comen solos, frente al televisor, y no prestan atención a qué ni a cuánto están comiendo. Estos niños no reconocen cuándo están satisfechos, porque el proceso de comer ha sido superado ya sea por la lucha continua con los padres o por la fascinación de un programa de televisión. También eligen mal su comida, ya que no hay nadie que supervise qué están comiendo. Recuerde, también, que muchos niños con sobrepeso son terriblemente conscientes de su peso y se sienten avergonzados de comer en público. Por supuesto que ese es un sendero peligroso porque, una vez que se habitúan a comer solos, tienen poca o ninguna necesidad de autocontrolarse y, por supuesto, tampoco tienen control externo. Un niño con sobrepeso debe aprender que no hay nada malo en tener un apetito sano, que todo el mundo tiene que comer, ya sea delgado o sufra de sobrepeso, y que el hecho de comer no es una actividad vergonzante ni comprometedora. Al comer en familia, el niño con sobrepeso aprenderá a sentir menos vergüenza por comer, sobre todo si todos comen lo mismo y nadie comenta acerca de cuánto ingiere (o deja de ingerir) cada miembro de la familia. Además, si la dieta es la misma para todos, su hijo con sobrepeso no sentirá que está siguiendo un plan especial. Así, el que todos coman lo mismo le dará tranquilidad y aplomo. Gradualmente, el comer se volverá menos problemático y su hijo desarrollará una relación más saludable con la comida.

Se ha visto que comer en familia está directamente relacionado con un mejor desempeño académico y psicológico en la escuela. Y en dos estudios realizados con niños de edad escolar, la frecuencia de las comidas en familia se relacionó con una mayor discusión y un conocimiento más profundo de temas relacionados con la nutrición.

Convierta la hora de comer en un momento que incluya mucha conversación, risa y diversión. Es mucho más probable que un niño coma lo que se le pone delante –es decir, comida sana en lugar del tipo de comida que antes preferían– si no hay presión por que coma todo lo que tiene en el plato y nadie está pendiente de lo que come o deja de comer. También aprenderá a asociar la comida con placer y momentos divertidos, y la comida dejará de ser un tema de conmoción afectiva.

Puede ocurrir que no siempre sea fácil reunir a toda la familia alrededor de la mesa, sobre todo si alguno de los padres trabaja hasta tarde. Si usted trabaja, insístale a quien cuide a sus hijos que se siente con ellos a la mesa y comparta la comida. Si usted está en casa con sus hijos y quiere cenar más tarde, con su pareja, de todos modos puede sentarse a la mesa y compartir algo de lo que sus hijos están comiendo. En todo caso, prepare un plato más liviano para su *segunda cena*. Es mucho más saludable comer temprano para darle a su cuerpo la posibilidad de digerir la comida antes de acostarse. Como alternativa, sirva a sus hijos una merienda nutritiva cuando vuelvan de la escuela, que incluya verduras frescas, frutas y una tostada. Según la edad, los niños podrán compartir más tarde la cena con los mayores.

Haga el esfuerzo de desayunar con sus hijos. La idea de levantarse un poco más temprano probablemente no sea muy grata para algunos miembros de la familia, pero es importante, al menos, hacer el intento de compartir la mayor cantidad de comidas. Sus hijos no sentirán la tentación de salir sin haber comido algo o cubrir sus nutritivos cereales con una montaña de azúcar. También podrán llegar a superar la resistencia al desayuno, si es que la tienen, ya que participar de una actividad familiar, en lugar de comer supervisados (¡y reprendidos!) por uno de los padres, los motivará. Si el desayuno forma parte de la rutina familiar, los niños participarán de ella.

Asegúrese, al menos durante el fin de semana, de que haya tiempo dedicado a comidas en familia. No es un buen ejemplo obligar a sus hijos a comer una comida saludable y mandarlos, rápidamente, a dormir, para después comer comida comprada afuera con su pareja. Sus hijos se sentirán aislados y también sentirán que lo que usted les da de comer no es tan bueno como lo que usted come. Esto también vale para las comidas que deben servirse en forma ocasional. Sin duda, dejar que los chicos miren un video mientras comen una pizza puede ser, de tanto en tanto, una fiesta para ellos. Si usted no tiene la iniciativa para modificar esta costumbre, hacer esto en forma regular –todos los fines de semana, por ejemplo– nunca les permitirá probar algo nuevo.

Lo más importante es recordar que no existen *alimentos para niños*. Un alimento es un alimento, y todos los miembros de la familia deberían comer lo mismo. Preparar dos comidas completas y saludables por separado (una para los adultos y otra para los niños) todos los días es una presión muy grande para la mayoría de los padres y, aun cuando lo intenten, suelen recurrir, a menudo, a alimentos enlatados o congelados. Ningún niño aprenderá a disfrutar de una diversidad de alimentos ni tendrá una noción clara acerca de lo que significa una buena nutrición si come la misma comida, no tan saludable, todos los días.

Esto significa elegir alimentos de los que todos los miembros de la familia disfrutarán, pero considere este proceso como algo placentero. Un niño puede tener ideas geniales -aunque, a veces, un tanto excéntricas- acerca de qué alimentos combinan bien, y le encantará planificar parte del menú. En este caso hablo de mi experiencia personal. Yo solía sentar a comer a mis hijos más temprano, a fin de que se acostaran a una hora razonable. Les servía platos sanos y nutritivos, pero solían ser un tanto monótonos y, a fin de evitar enfrentamientos, hacía, básicamente, las cosas que más les gustaban. Cuando me divorcié, comencé a comer con ellos más temprano y, como no estaba dispuesta a subsistir con una variedad tan limitada de comidas, cambié de política por completo, sirviendo lo que se me ocurría. Al principio, mis hijos tuvieron serias dudas acerca de mis elecciones y se horrorizaban al descubrir que algunas de mis comidas preferidas eran: a) de un verde intenso (comida tailandesa); b) bien condimentadas; y c) capaces de estar compuestas por cualquier combinación de verduras y hortalizas posibles. A coro, afirmaron que "los niños no comen comida tailandesa", cosa que pude refutar fácilmente señalando que los niños de Tailandia, por cierto, lo hacían. Finalmente aprendieron a adaptarse. Empezaron a agregar queso fresco (a veces, incluso, frutado) para suavizar el sabor de platos picantes, o puré de manzana para *endulzar* aquellas verduras que no les gustaban mucho. Se las ingeniaron para hacer que la comida les gustase más y realizaron algunas combinaciones que nunca se me hubiesen ocurrido. El coliflor al gratén de queso con guarnición de verduras se convirtió en coliflor, brócoli y espinacas al gratén, porque preferían las verduras mezcladas con la salsa... y resultó delicioso.

Dele a sus hijos la posibilidad de involucrarse. Si desarrollan una buena relación con la comida desde temprano, evitarán las *trampas* alimentarias que pueden conducir a la obesidad y aprenderán a comer aquellos alimentos que mantienen a raya los problemas de sobrepeso. Además, tanto usted como ellos se beneficiarán de la experiencia social a la hora de comer, y verán la comida no como algo problemático, sino como un grato motivo de reunión familiar y un tiempo para compartir. Dado que tantos niños con sobrepeso tienen problemas emocionales con la comida, el comer en familia constituye, sin duda alguna, un paso en la dirección correcta.

APLIQUE EL SENTIDO COMÚN

No se preocupe si tiene un mal día o, incluso, una mala semana. Lo que cuenta es el equilibrio general, no la carga diaria o semanal. Como adultos, muchos estamos habituados a hacer dietas que rompemos y retomamos según nuestra conveniencia. La situación es familiar para todos: rompe la dieta comiendo un *donut* con chocolate y decide empezar de nuevo al día siguiente. Comer bien y sano es un estilo de vida y no un régimen particular, y debería ser adoptado en forma permanente. Los ocasionales deslices (golosinas, pollo frito, una barra de chocolate o incluso un paquete de galletas dulces) no incidirán en el largo plazo, si usted adopta una política general de alimentación saludable. Cuantos más alimentos sanos y nutritivos figuren en la dieta de su hijo, tanto menos importa uno que otro desliz.

Sin embargo, lo más importante es que comer bien significa modificar nuestra filosofía en torno a la comida. Como familia, es necesario aprender acerca de los alimentos y de su acción –tanto negativa como positiva– sobre nuestros organismos. Una actitud sana es tan importante como la comida sana, y tenemos que estar convencidos y desear aquello que es bueno para nuestra mente y para nuestro cuerpo. Suprimir las papas fritas durante una semana no tendrá efecto a largo plazo. Incluso si estos cambios se hacen en forma gradual, tienen que convertirse en una forma bien aceptada de comer y en parte importante de la vida de nuestros hijos. Nunca es demasiado tarde, ni demasiado temprano, para dar los primeros pasos hacia la salud y el bienestar.

Y RECUERDE: ¡NADA DE DIETAS!

La comida que usted les sirva a sus hijos debe ser la comida que come toda la familia: rica, nutritiva y saludable, con la menor cantidad posible de alimentos que conducen al sobrepeso y a la obesidad. Lo esencial en un programa alimentario sano es asegurar que sus hijos aprendan a comer alimentos nutritivos y sigan haciéndolo durante toda la vida. Si intenta una *dieta* o una solución a corto plazo y vuelve inmediatamente a los antiguos hábitos en cuanto haya logrado el objetivo inmediato, sus hijos no aprenderán nada y, con el tiempo, irán recuperando todo el peso perdido. Una dieta sana incluye golosinas, una comida *fast food* de vez en cuando, y un ocasional paquete de papas fritas o una barra de chocolate. Nadie es inmune a las tentaciones de las golosinas poco saludables. Mientras se las coma en el contexto de una dieta general sana, y solo en forma mínima, no está mal incluirlas de tanto en tanto. Nadie extraña o desarrolla una adicción por alimentos que solo consume en forma esporádica. Pero lo más importante es que los antojos de comida chatarra y de golosinas suelen desaparecer -o, al menos, minimizarse- cuando nuestros niños están satisfechos, comen una dieta equilibrada con todos los nutrientes que necesitan, están bien hidratados y comprenden la necesidad de comer bien. Si usted obliga a un niño a seguir una dieta estricta, de inmediato se siente diferente, sometido a presiones y a restricciones que, en última instancia, tendrán un efecto contrario al deseado. Deje en claro que los cambios en su dieta familiar se implementan por razones de salud y asegúrese de que todos los miembros de la familia se involucren (cf. "El objetivo de comer sano", páginas 200-202).

En última instancia, los alimentos están hechos para comerlos y los hay más y menos saludables. Los niños tienen que aprender que no hay alimentos *malos* pero que algunos solo deben ser ingeridos con moderación porque pueden engordarnos y enfermarnos. La clave es alentar a sus hijos a comer una amplia gama de alimentos diferentes y satisfacer su hambre con cosas saludables, comprender que las comidas son una ocasión social placentera, que no deben ser ingeridas en forma automática frente al televisor, y que comer es una divertida experiencia.

CÓMO ENSEÑAR A SUS HIJOS LOS CONCEPTOS BÁSICOS DE UNA BUENA NUTRICIÓN

Como adultos, es mucho lo que podemos hacer para enseñar a nuestros hijos a vivir mejor. Educarlos en todo lo relacionado con la alimentación es una parte importante de esa orientación. Esto no significa que deba dictar clases de nutrición todos los viernes por la noche, sino que, simplemente, vaya explicando qué está cocinando o eligiendo en el supermercado, y por qué lo hace. Significa señalar, cada vez que se presente la oportunidad, por qué ciertos alimentos son más saludables que otros.

A los niños les encanta recibir información y se sentirán importantes si usted se toma el tiempo para explicarles todas estas cosas. Y lo que es más, no se sentirán totalmente indefensos frente a sus amigos que comen en forma menos saludable y los presionan para hacer lo mismo. Los conocimientos adquiridos les permitirán explicar por qué eligen comer tal cosa y no tal otra, e incluso enseñar a sus amigos algunos de esos conceptos. Si un niño puede explicar que está eligiendo un jugo de frutas en lugar de una gaseosa porque le gusta el sabor y no engorda, tendrá un argumento excelente. Si usted prohíbe las gaseosas sin explicar la razón, sus hijos no comprenderán por qué no figuran en el menú familiar y por qué no las pueden beber cuando quieran.

No suponga de antemano que el tema no les interesará. Enseñar a un niño no significa aburrirlo con información acerca de vitaminas y minerales, sino interesarlo por el tema. Si al niño le gusta el fútbol, señálele que los hidratos de carbono sin refinar le darán más energía para el próximo partido importante. Si está resfriado, explíquele que las frutas y las verduras tienen mucha vitamina C que lo ayudará a curar su resfrío. Si está estreñido, hágale saber que debe ser porque ingirió poca fibra, no tomó suficiente agua o no comió la cantidad necesaria de frutas y verduras.

¿SIN TIEMPO PARA COCINAR?

Como ya vimos anteriormente, no lleva más tiempo preparar comidas nutritivas que meter algunas bandejitas de comida comprada en el horno o en el microondas. Por supuesto que no todos los padres son cocineros por vocación o por naturaleza, y generar nuevas ideas les puede resultar trabajoso. Además, las limitaciones de tiempo pueden hacer que el proceso resulte todavía más difícil. A continuación les doy algunas ideas para facilitar esta tarea:

- Si está muy atareado o atareada, limítese a servir un tazón de sopa nutritiva, un sándwich de pan integral y un plato de frutas y verduras crudas. No hace falta que un plato sea complicado de preparar para ser nutritivo.
- Si tiene tiempo para cocinar durante el fin de semana, prepare una carne al horno con guarnición para el almuerzo, pero haga una cantidad adicional y congélela.
- Cuando haga salsa para pastas, sopas, guisos, cazuelas o, incluso, platos con pollo o con carne, duplique o triplique la receta y congele lo que sobra para utilizarlo en momentos en que no tenga tiempo.
- Adhiera a soluciones nutritivas, como papas asadas en su cáscara con una guarnición de porotos y queso, o fideos

con pesto y ensalada. A último momento, eche un puñado de verduras al agua de los fideos para que se combinen con el pesto y agreguen nutrientes al plato. Incluso bastoncitos congelados de pescado (hechos de pescado entero y no de pescado desmenuzado), rebozados en pan rallado integral y servidos con unas papas fritas horneadas, no dejan de ser saludables. Trate de encontrar productos orgánicos que –por ley– no deben contener aditivos, nada saludables y que, en general, contienen menos sal y menor cantidad de otros ingredientes poco saludables, y complete su plato agregando gran variedad de verduras y hortalizas cocidas (pueden ser congeladas) y algunas crudas, como zanahorias pequeñas, tallos de apio, tomates cherry y rebanadas de pepinos.

- Otras posibilidades pueden ser un gran tazón de avena cocida con leche; un sándwich de panceta magra, lechuga y tomates, en pan integral; o una omelette o huevos revueltos. Un favorito de último momento en mi casa es una variación de huevos Benedict: un huevo poché y panceta magra sobre una tostada de pan integral y queso, y una ensalada crocante como guarnición. La preparación lleva menos de 10 minutos, es decir, lo que demora en tostarse el pan y preparar el huevo. Cualquiera de los platos sugeridos anteriormente –ya sea como almuerzo o como desayuno– es lo suficientemente nutritivo como para constituir también una cena. No se ate al concepto de que una cena tiene que ser caliente y abundante.
- Y, como dije antes, no se sienta mal si, ocasionalmente, tiene que pedir una pizza. Elíjala con inteligencia –por ejemplo, un mínimo de queso, una masa fina y verduras en la cubierta– y acompáñela con verduras crudas para picar y fruta fresca como postre. Ceder cada tanto a la practicidad de una comida preelaborada no significa que usted hizo fracasar la dieta... ¡Porque no está haciendo dieta! Simplemente, compénselo al día siguiente sirviendo algo más saludable y menos engordante.

La mayoría de los niños ya mayores y de los adolescentes quiere saber de qué manera la nutrición puede ser útil en el presente. Si puede convencer a un adolescente, sobre todo si está interesado en la práctica de deportes o preparándose para un examen, de que la comida es su combustible y que utilizar el combustible adecuado mejorará su vida cotidiana, probablemente logrará captar su interés. Es una buena idea enfatizar la relación existente entre alimentación y deportes o ejercicios físicos. Aproximadamente la mitad de todos los adolescentes están involucrados en por lo menos un deporte organizado por el colegio o en sus horas libres. Para el adolescente que es poco activo, el desafío es convencerlo de la importancia que el ejercicio físico y una nutrición adecuada tienen tanto para el desarrollo mental como para el físico.

Un adolescente activo rinde más si alimenta su cuerpo con una dieta energizante, basada en la pirámide alimentaria. Si pone el énfasis en una dieta con hidratos de carbono integrales, frutas y verduras, con una proporción adecuada de proteínas magras y productos lácteos, el cuerpo estará bien preparado y rendirá al máximo. Explíquele que durante el ejercicio físico, los hidratos de carbono alimentan a los músculos activos desdoblando el glucógeno, es decir, la forma almacenable de los hidratos de carbono que liberan glucosa durante el trabajo muscular. El cuerpo también depende de un flujo estable de glucosa sanguínea para mantener todo el sistema orgánico en buen funcionamiento, incluyendo el cerebro. Cuanto más activo sea el adolescente, tanto mayor cantidad de hidratos de carbono necesita. Si su hijo es un aspirante a atleta, explíquele el concepto del *agotamiento* y de la falta de energía, lo que indica que las reservas de hidratos de carbono del organismo se están agotando. Si usted logra que la alimentación saludable pase a integrar parte de su lenguaje y de su mundo, estará mucho más dispuesto a escucharlo. Probablemente termine mostrándose orgulloso de seguir la dieta alimentaria de un atleta o de un genio del ajedrez. Y lo más probable es que transmita esta información a sus amigos.

Recuerde a su hijo que, cuando se trata de capacidad mental, ingerir un desayuno equilibrado todas las mañanas es fundamental. Una alimentación adecuada se traduce en una mayor capacidad de concentración y de disposición para el aprendizaje. Si su adolescente está lidiando con exámenes complejos, o se siente estresado por la competencia en la escuela, ofrézcale algunas sugerencias prácticas en relación con su nutrición. Un cambio en la dieta puede ser uno de los principales factores del éxito escolar.

Y ni se le ocurra mencionar las palabras "dieta" u "obesidad". Si su hijo sufre de sobrepeso y el problema realmente lo preocupa, usted le puede explicar de qué manera ciertos alimentos contribuyen al aumento de peso y demostrarle que toda la familia comprende la importancia de mantener un peso saludable. No hace falta darle un sermón acerca de las comidas que debe y no debe comer para evitar el sobrepeso. La mejor forma de lograr un cambio de hábitos alimentarios es educar a su hijo acerca de los efectos positivos de una alimentación sana. Cuando su peso comience a normalizarse, comprenderá que lo que usted le dice tiene sentido.

Lleve a su hijo al supermercado y muéstrele las etiquetas de los distintos alimentos. Compare la información detallada en ellas y analice las indicaciones acerca del contenido en grasas y azúcares. Muestre consternación ante los datos indicados en productos del tipo de la comida chatarra. Hágale sentir que es parte de su programa a favor de una nutrición sana. Pídale ayuda y consejos. Enséñele a elegir productos frescos de la huerta y, por ejemplo, a comprobar que los pepinos sean firmes, los tomates maduros, o a elegir un melón por su aroma y consistencia.

EL OBJETIVO DE COMER SANO

El principal objetivo de cambiar la dieta de su familia es la salud. Una familia que come bien y practica ejercicios físicos en forma regular no sufrirá, en la mayoría de los casos, problemas de sobrepeso.
Es fundamental recordar que una alimentación sana no es una solución a corto plazo, ni es una *dieta*. Representa un

cambio en los hábitos alimentarios que tienen que convertirse en, precisamente, eso: un hábito. No existen soluciones mágicas e inmediatas al problema del sobrepeso: la cantidad de personas que hace dietas y fracasa es la mejor prueba. Para bajar de peso y mantenerse en un nivel adecuado, es necesario comprometerse con un régimen alimentario más saludable y mantenerlo, más allá del tiempo y de la energía que ello le demande.

Un niño nunca debería, bajo ninguna circunstancia, ser puesto a dieta estricta para perder peso. *El objetivo de cambiar los hábitos alimentarios de su hijo es mantener su peso estable hasta que su natural crecimiento y desarrollo lo equilibre en el nivel deseado.* Algunos niños pierden peso cuando cambian de hábitos alimentarios, sobre todo si antes comían mal y eran grandes consumidores de bocadillos que engordan o de golosinas, o inconstantes en cómo, dónde y cuánto comían. Pero no es recomendable que un niño pierda más de 0,5 kg de peso por semana, y es necesario asegurarse de que coma lo suficiente para crecer y desarrollarse adecuadamente.

La principal diferencia entre un adulto con sobrepeso y un niño con sobrepeso es que el niño todavía está creciendo. Un adulto con sobrepeso tiene que perder peso por razones de salud y, dado que ha dejado de crecer, su ingesta puede ser reducida en forma bastante drástica sin que se comprometa con ello su futura salud. Esto no quiere decir que hacer una dieta estricta sea recomendable, más allá de la edad, básicamente porque, como hemos visto, estas dietas no funcionan en el largo plazo. Solo cambios fundamentales en todos los aspectos de la alimentación, adoptados y mantenidos en el tiempo, surtirán el efecto deseado. Pero es importante que tanto usted como sus hijos comprendan que no están modificando sus hábitos alimentarios para que la balanza marque menos kilogramos. Si usted puede mantener estable el peso de su hijo a medida que va creciendo, estará haciendo exactamente lo correcto: su hijo adecuará su estatura a su peso.

Si su hijo es peligrosamente obeso, es probable que requiera ayuda adicional para asegurar que, paralelamente a su crecimiento, mantenga una suave reducción de su peso (cf. el capítulo 7). Sin embargo, el cambiar a una alimentación sana producirá una natural pérdida de peso, si eso es lo que se necesita. Un niño necesita una buena cantidad de comidas regulares y una alimentación saludable para crecer y desarrollarse adecuadamente, mantenerse de buen humor, conservar en forma adecuada todas sus funciones orgánicas y desarrollar su capacidad de concentración y su salud general. Limitar la comida no solo tendrá un impacto emocional que conducirá a más hábitos alimentarios insalubres, sino que puede perjudicar la salud de su hijo.
Recuerde: mientras que un niño esté en su etapa de crecimiento, el objetivo de un tratamiento de la obesidad es reducir el aumento de peso. Nunca reduzca la ingesta alimentaria de su hijo para lograr una pérdida de peso sin consultar previamente a su médico.

EVITAR LA SEDUCCIÓN DE LA PUBLICIDAD

Usted pensará que todo esto está muy bien hasta que su hijo se vea bombardeado con publicidades de alimentos poco saludables, que se ven increíblemente tentadores... y cuyo consumo es "esencial" si un niño o adolescente quiere ser "moderno" y estar "actualizado". Existe una forma de contrarrestar la publicidad. Como señalé en el capítulo 2, es necesario educar al niño acerca de qué es la publicidad. Haga la prueba de sentarse con su hijo y mirar TV con él. Señale por qué determinada publicidad es tan exitosa. Puede comentar, por ejemplo: "¡Uauuu, logran que estas papas fritas hasta parezcan saludables! Dan ganas de comprarlas, ¿verdad? A pesar de que sabemos que no son sanas". Y aproveche la oportunidad para explicar por qué algunos alimentos no son saludables –muy ricos en azúcares, en grasas, en sal, etcétera– y de qué manera una cantidad excesiva de ese tipo de alimentos nos engorda, nos hace sentir más cansados, de mal humor y, en general, termina afectando nuestra salud. Convierta esto en un juego, en el que participe su hijo, preguntándole por qué tal o cual golosina o productos publicitados que se ven tan atractivos son, en realidad, perjudiciales para la salud. Hoy en día, los niños, a veces, echan una ojeada a los diarios o captan algo de las noticias, así que suelen estar al tanto de los hechos de actualidad. La tendencia hacia la obesidad no les habrá pasado inadvertida, y si ellos mismos tienen un problema de sobrepeso, no pierda la oportunidad para abordar el tema en forma general: "Toda esta publicidad hace que los niños prefieran comer cosas que los engordan". No hace falta señalar específicamente a su hijo, simplemente hágale comprender el problema en general y algunas de sus causas.

Y AHORA, ¿CÓMO SEGUIMOS?

Usted comenzará a notar la diferencia en la salud general de su hijo cuando modifique la dieta familiar. También observará un cambio en su peso corporal, es decir, su hijo dejará de aumentar e, incluso, puede llegar a perder algo de peso. Pero recuerde que la dieta es solo una parte del problema de la actual tendencia hacia la obesidad. Si un niño no desarrolla suficiente actividad física, el solo hecho de comer sano no puede mantener a raya por completo el problema del sobrepeso. Influirá sobre el mismo, sin duda, pero no lo es todo. Es indudable que el buen estado físico es parte de un estilo de vida saludable. Y un niño que es activo puede disfrutar más de la comida, si no necesita preocuparse acerca de si lo hará engordar. Y, lo que es más, una golosina o una comida ocasional en un restaurante de comidas rápidas no será un problema si el niño observa, normalmente, una dieta saludable *y* un estilo de vida activo.

Si su hijo es perezoso y pasivo, en el capítulo siguiente veremos cómo lograr que mueva su osamenta.

CAPÍTULO 5

Ejercicio y tiempo libre

La importancia de un buen estado físico no puede subestimarse en la lucha contra la tendencia a la obesidad. Como hemos visto en el capítulo 2, en la actualidad los niños no desarrollan actividad suficiente para *gastar* lo que comen. Caminan menos, participan en menos deportes en el colegio y en su tiempo libre, y el principal entretenimiento es sentarse frente al televisor, a la computadora o a los juegos electrónicos. Incluso cuando se reúnen con amigos, las actividades de los niños se centran en pasatiempos sedentarios.

Esto constituye un cambio marcado con respecto al tipo de infancia que hemos tenido la mayoría de nosotros, que íbamos al colegio caminando y volvíamos de la misma manera, y después de clase salíamos a jugar afuera, ya sea a andar en bicicleta o a jugar en el parque, provistos de pelota, de tiza para trazar la rayuela o de una cuerda para saltar. Los niños tenían creatividad y jugaban a las escondidas o, directamente, inventaban juegos en descampados o en áreas boscosas cercanas. Iban y volvían de su espacio de juegos caminando, y se divertían haciéndolo.

Es cierto que hoy hay menos parques y plazas, campos y bosques a distancias accesibles a pie, y que la mayoría de las instalaciones recreativas suelen ser costosas y exigen que los padres acompañen al niño. Y ya es prácticamente imposible dejar jugar a los niños en la calle. La creciente cantidad de automóviles y vehículos de transporte público hace que los accidentes sean más frecuentes, de modo que ya no es seguro para los niños jugar a la pelota en la calle, o salir en grupo en bicicleta. Los padres se sienten obligados a llevar a sus niños a hacer ejercicio, lo que significa, por supuesto, que estas salidas se adecuan al tiempo y a la conveniencia de los padres. Y como suelen estar muy ocupados y ellos mismos hacen muy poco ejercicio, es cada vez más fácil que un niño se quede frente al televisor o haga algo dentro de la casa. Para complicar aun más las cosas, muchos padres tampoco dan un buen ejemplo en este sentido. Un estudio realizado en 1999 demostró que solo el 10 por ciento de los adultos hace ejercicio físico en forma regular, de modo que no resulta sorprendente que nuestros hijos sean menos activos. Incluso niños pequeños que, por naturaleza, deberían ser activos, pasan demasiado tiempo en ocupaciones sedentarias.

El ejercicio reduce el peso y lo mantiene bajo control por una cantidad de razones, pero también ayuda a prevenir muchos de los problemas emocionales y de salud asociados con el sobrepeso. Veamos qué nos dicen los estudios especializados.

LOS BENEFICIOS DE LA ACTIVIDAD FÍSICA

- El ejercicio fortalece el sistema cardiovascular e incrementa la masa cardíaca. Esto reduce el riesgo de sufrir de afecciones cardíacas. La mayor parte de los estudios se concentran en el adulto y sabemos que el adulto sedentario corre un riesgo 30% a 40% mayor de sufrir de afecciones coronarias y cardíacas que el adulto que hace algún tipo de ejercicio físico de tres a cuatro veces por semana. Dado que los signos tempranos de afecciones cardíacas están haciéndose cada vez más frecuentes en niños, resulta claro que la actividad física es necesaria para reducir el daño y prevenir problemas cardíacos antes de que se instalen.

- El ejercicio ayuda a aumentar el metabolismo, es decir, la velocidad a la que nuestro organismo quema las calorías. La actividad física puede quemar suficiente cantidad de calorías para reducir la grasa corporal, conduciendo así a la pérdida de peso de quienes sufren de sobrepeso. Obviamente, el grado de reducción de peso depende del nivel y del tipo de actividad que se realice.

- El ejercicio dilata los vasos sanguíneos, con lo cual el corazón puede bombear con mayor facilidad sangre hacia todo el cuerpo. En consecuencia, desciende la presión sanguínea. Últimamente se ha observado que hay cada vez más casos de hipertensión infantil, en parte debido a la inactividad física, pero también a causa de las dietas ricas en grasas y sal.

- El ejercicio físico reduce el estrés. Los niños y los jóvenes adultos suelen estar expuestos a distintos tipos de estrés que pueden afectar su conducta y su salud física y mental. El ejercicio físico ayuda a consumir la adrenalina generada por el estrés y por situaciones estresantes. También genera endorfinas, la "hormona del bienestar", que mejoran el estado de ánimo, la motivación e incluso la tolerancia al dolor y a otros estímulos. Esto podrá sonar irrelevante para el común de los niños con sobrepeso, pero hay que tener presente que un niño con este tipo de problemas suele ser víctima de burlas y abuso verbal (o incluso físico) de sus pares, teniendo una autoestima más baja que el resto (cf. páginas 254 a 258).

- La actividad física es buena para el cerebro. Los ejercicios aeróbicos ayudan a incrementar la cantidad de sustancias químicas cerebrales llamadas neurotransmisores, con lo que los mensajes pueden ser transmitidos con mayor velocidad a través de las células cerebrales. Esto, a su vez, aumenta la flexibilidad y la agilidad mental por períodos más prolongados. Además, el ejercicio físico practicado con regularidad acrecienta el suministro de sangre oxigenada al cerebro, lo que puede mejorar la concentración, el estado de alerta y la capacidad intelectual. Muchos niños con sobrepeso se sienten lentos, aletargados y cansados durante gran parte del tiempo. Esto afecta sus calificaciones en el colegio y, en consecuencia, también su confianza en sí mismos y su aplomo.

- La práctica regular de ejercicio físico puede promover hábitos de sueño mejores y más regulares. Muchos niños no están cansados al final del día, lo cual pospone cada vez más la hora de ir a dormir y causa interrupción del sueño (cf. páginas 245-248). Los niños que están sobreestimulados por la televisión, los juegos de video o demasiadas tareas escolares pueden sufrir algo similar. Un niño necesita sentirse físicamente exhausto para estar dispuesto a ir a la cama a una hora apropiada y poder disfrutar de un sueño profundo durante la noche.

- Diversos estudios demuestran que el niño que practica una actividad física en forma regular es más apto para ese mismo tipo de práctica cuando llega a la adultez. Esto es importante. Un niño con sobrepeso tiene grandes posibilidades de convertirse en un adulto con sobrepeso, a no ser que cambie su estilo de vida insalubre y sus esquemas alimentarios nocivos.

- Una actividad física regular desarrolla la capacidad del cuerpo para la inspiración y la espiración pulmonar, incrementa el volumen sanguíneo y ayuda a mejorar la calidad de la sangre, al facilitar el transporte del oxígeno. Esto, a su vez, incrementa los niveles de energía que, a menudo, se encuentran muy reducidos en los niños con sobrepeso. El tener un poco más de energía puede motivarlos para implementar los cambios necesarios que los ayudarán a mantener su peso bajo control.

- La práctica regular de ejercicio físico reduce la ingesta de calorías. En un estudio realizado con cuarenta y tres varones con sobrepeso, entre ocho y diez años, que comenzaron a asistir a un programa de cuatro meses, con una a dos sesiones de educación física por semana, la ingesta calórica diaria decreció en forma espontánea en un 12%. De modo que la actividad física no solo quema el exceso de calorías, sino que los niños que practican ejercicios físicos en forma regular tienden a comer menos.

- Ciertos estudios preliminares sugieren que el ejercicio favorece la sensibilidad a la insulina y la resistencia a la diabetes. Existen estudios que indican que un individuo más activo tiene un riesgo entre el 30% y el 50% menor de desarrollar una diabetes que sus pares sedentarios. La actividad física ha demostrado que puede demorar o, incluso, prevenir la intolerancia a la glucosa que se convierte en diabetes, y que también tiene una influencia beneficiosa en los casos que ya han sido diagnosticados como diabéticos.

- La actividad física se encuentra ligada a la autoestima y a la actitud mental. El ejercicio físico realizado en forma regular produce un fortalecimiento de la musculatura, mejora el estado físico aeróbico, crea sentimientos de control sobre el entorno y una retroalimentación positiva por parte de terceros. Todo esto puede lograr que el niño se sienta mejor consigo mismo. Esto último podría ser de suma importancia, en vista de que la autoestima suele estar debilitada en la mayoría de los niños con sobrepeso, en tal grado que incluso puede dar lugar a depresiones persistentes y abruptos cambios anímicos.

¿Cuánto ejercicio necesita un niño?

Antes de analizar las distintas formas de incorporar el ejercicio físico en el estilo de vida de su hijo, es importante determinar cuáles son las necesidades físicas de un niño. En abril de 2004, el gobierno del Reino Unido emitió lineamientos específicos al respecto, en los que se sugiere realizar ejercicios físicos de cuarenta y cinco minutos a una hora, cinco veces a la semana. Por supuesto que estas recomendaciones no son cumplidas, en general, por los niños de hoy en día, como ya vimos en el capítulo 2.

¿QUÉ TIPO DE EJERCICIO?

El niño necesita el mismo tipo de ejercicio que un adulto, es decir, el que promueva la flexibilidad, forme la musculatura (de musculación), ejercite el corazón y los pulmones (aeróbicos) y fortalezca su cuerpo en términos generales. Esto no significa llevarlo todas las noches al gimnasio. La mayor parte de estos requerimientos puede ser satisfecha a través del juego, que es la manera en la que los niños siempre se han mantenido sanos y en forma.

Lo que sí hay que hacer es asegurarse de que el niño tenga el tiempo y el espacio para jugar y para correr. Veamos algunas ideas en este sentido:

- Los grupos musculares grandes se ejercitan a través de distintas actividades lúdicas y divertidas: caminar, trepar, hacer gimnasia, patear (¡preferentemente una pelota!) y saltar. Estas actividades también son aeróbicas, siempre y cuando se las realice durante un tiempo suficiente (alrededor de 15 minutos).

- Los ejercicios aeróbicos son los más indicados para el sistema cardiovascular. Los más apropiados para niños son la natación, el patinaje, el ciclismo, correr, y juegos de equipo que exijan gran actividad (el fútbol es un excelente ejemplo).

- Los ejercicios que mejoran e incrementan la flexibilidad incluyen los ejercicios de gimnasia, yudo y karate y la danza. Incluso hay clases de yoga para niños, que resultan excelentes para reducir el estrés y mejorar la gracia de los movimientos.

- Su hijo se fortalecerá a través de cualquier actividad que implique el uso de su musculatura: empujar y tironear en los aparatos para juegos de las plazas y parques, hamacarse (que ejercita los músculos de las piernas), trepar y otras actividades, como correr y saltar. Dado que la musculatura quema más calorías que grasa, al incrementar la masa muscular, le resultará más fácil perder peso y/o mantener un peso saludable.

- Elija deportes que impliquen coordinación entre mano y vista (o pie y vista), como los que incluyen el tirar y el atajar, como el béisbol, el críquet, el fútbol, el tenis o el squash. Además de la coordinación, mejoran la gracia y la agilidad.

- Y no se olvide del descanso. Cada 15 minutos de actividad, un niño necesita algo de descanso. Probablemente encuentre que un niño se desacelera en forma natural. Observe a un niño jugando en el parque: lo verá correr y saltar durante unos 10 a 15 minutos y después, automáticamente, hará una pausa.

- Esto no significa detener la actividad por completo –a menudo, reducir la intensidad es suficiente– y de ninguna manera es bueno que el niño haga sus pausas sentándose frente al televisor, lo que puede conducir a dolores o rigidez muscular. Ofrézcale abundante bebida durante los períodos de descanso.

- También deberá dar lugar a un cierto tiempo de enfriamiento. Si su hijo acaba de correr por el parque o de andar en bicicleta, se desacelerará en forma natural. Sin embargo, si participa en deportes de competencia o realiza alguna actividad aeróbica, deberá hacer algunos ejercicios de elongación y de *jogging* suave para prevenir lesiones musculares y rigidez y para, literalmente, enfriar su musculatura.

La actividad física debería incorporarse en forma de rutinas regulares y horarios de juego para el niño y su familia. Además, debería desarrollarse con un grado de intensidad que obligue al niño a acelerar su respiración (una ligera incomodidad) pero nunca llevarla al punto en que produzca dolor. Si su hijo es habitualmente sedentario, la actividad física deberá incorporarse en forma gradual.

Es importante involucrar al niño en actividades variadas que lo obliguen a mover su cuerpo. Estudios recientes sugieren que esta variedad es una herramienta muy efectiva para mantenerlo motivado. No hace falta anotar a su hijo en una de las clases de *aerobics* más cercanas a su domicilio (salvo que él tenga particular interés en ello). Un niño puede realizar toda la actividad física necesaria a través de juegos activos, entretenimientos e, incluso, tareas en la casa. Sin embargo, deberá tener en cuenta que la actividad debe adecuarse a la edad de su hijo. Por ejemplo, según la Fundación Nemours de los Estados Unidos, por lo general se considera apropiado iniciar los deportes competitivos entre los ocho y los doce años, aunque es aceptable que niños más pequeños compitan y se entrenen, siempre y cuando se encuentren en manos de un entrenador experto.

CÓMO ENCONTRAR EL TIEMPO NECESARIO

- Primero y principal, usted tendrá que evaluar sus propios horarios. Si el tiempo disponible es un problema, le conviene organizar encuentros adecuados y supervisados por terceros para asegurar que su hijo tenga el tiempo que necesita para jugar. Con un poco de libertad y espacio abierto, la mayoría de los niños desarrollarán una buena actividad física sin que los padres tengan que insistir demasiado.

- Asegúrese de que sus hijos dediquen todos los días un tiempo al juego activo. Si esto significa mandarlos a jugar al jardín o concurrir al parque de la zona o a un patio de juegos infantiles, hacer natación o ir a un gimnasio todos los días después de clase, usted tendrá que organizar el tiempo en forma adecuada. Procure recordar que el ejercicio físico es tan esencial como una comida nutritiva cuando se trata de la salud en general y de combatir el problema del sobrepeso. Nada de excusas.

- Si sus hijos están muy ocupados con las tareas escolares o tienen un largo viaje hasta su casa, o si usted llega a casa muy tarde, tendrá que compatibilizar los horarios. La actividad física no tiene por qué ser formal para ser efectiva. Se han realizado estudios que demuestran que caminar es tan buen ejercicio como cualquier otro en lo que se refiere al control del peso. En los días más ocupados, realice un paseo en familia por la noche o reserve una hora después de cenar para realizar alguna tarea que implique actividad física.

- Asegúrese de que el tiempo dedicado al juego preceda al dedicado a la realización de las tareas escolares. Si bien es muy tentador "sacarse esa obligación de encima" en cuanto los niños llegan a casa, en ese momento estarán cansados de todo un día de clase y tendrán un rendimiento mucho mayor si previamente hacen algún ejercicio energizante y comen algo liviano. Deje que quemen la energía acumulada durante el día escolar. Esto reducirá los niveles de estrés y aliviará cualquier tensión que se haya acumulado.

- No se vuelque por completo a actividades estructuradas. Si bien son, sin duda alguna, excelentes para mantener un muy buen estado físico, también pueden implicar largos tiempos de espera (vestuarios, turnos, etc.) y no son tan útiles para liberar la energía acumulada. Lo que algunos niños necesitan es, simplemente, correr y jugar en forma libre y sin supervisión estricta.

- Procure, sin embargo, incluir algún tipo de deporte organizado. Un niño necesita probar todo tipo de actividades antes de decidir qué es lo que más le gusta. No se preocupe si su hijo no tiene talento natural ni es un atleta nato, no lo critique nunca ni sugiera que abandone determinada actividad, sobre todo si la disfruta, aunque no se destaque en ella. Los deportes en equipo brindan al niño mucho más que una ejercitación física adecuada, y su hijo se beneficiará participando en una actividad grupal. Muchos niños comienzan a practicar deportes durante la infancia que luego, en su vida adulta, se convierten en su *hobby*, de modo que es importante encontrar algo de lo que disfrute y permitir que lo practique en forma regular.

- Cuando el clima impida realizar actividades al aire libre, organice algún juego dentro de la casa: correr escaleras arriba y escaleras abajo, jugar a la mancha en un cuarto adecuado o, incluso, ayudar en alguna tarea doméstica es mejor que permanecer sentado. Sin embargo, puede tener la seguridad de que a la mayoría de los niños les importan poco las inclemencias del tiempo. Si está vestido adecuadamente, se divertirá tanto en un día frío y nublado como cuando brilla el sol.

- Procure planificar algunas actividades familiares que impliquen actividad física. Después de cenar, sugiera dar una vuelta a la manzana o ir en bicicleta hasta el parque. Durante los fines de semana, procure salir con sus hijos para visitar algún parque importante, una zona arbolada cercana o ir al zoológico, a nadar o al club deportivo. Incluso, puede organizar una salida al campo y pasar allí un día al aire libre. Toda la familia se verá beneficiada practicando actividades físicas en forma regular y, además, enseñará a sus hijos cómo incorporar la actividad física en su vida cotidiana. Si, por ejemplo, están acostumbrados a *quemar energías* después de una comida abundante, lo más probable es que adopten ese hábito en su vida adulta. Incluso una excursión a la ciudad, a un parque de diversiones o una visita a algún lugar histórico implica movimiento, lo cual, a su vez, es mejor que permanecer sentados frente a la computadora o al televisor.

- Convierta el ejercicio físico en algo divertido (cf. página 217). Si sus hijos piensan que solo lo hacen porque es sano, difícilmente se sientan muy entusiasmados. Son capaces de decirle que no a una barra de chocolate si usted les dice que la tienen que comer porque es saludable, así que esté preparado:

sus hijos se resistirán a todo lo que "es bueno para ellos". Busque actividades de las que todos disfruten y conviértalas en parte normal de su rutina. Obligar a un niño a dejar su jueguito electrónico para ir a jugar al parque difícilmente sea algo que lo entusiasme. Pero si siempre van al parque a jugar después de clase, o antes del almuerzo del domingo, lo aceptarán como una parte natural de su vida. Trate de encontrar actividades variadas, a fin de mantener el interés y, sobre todo, asegúrese de que sus hijos las disfruten (cf. ideas y sugerencias para poner en movimiento a un niño perezoso en página 221).

- Ponga el énfasis en lo positivo. Si su hijo tiene como ídolo a un atleta en particular, hágale ver cuánto entrena para alcanzar un estado físico excepcional. Es mucho más probable que se vea motivado a hacer algo si puede relacionar su actividad con alguien con quien quiera identificarse.

- Inscríbase en un gimnasio que tenga actividades para niños. Muchos clubes tienen programas infantiles para los fines de semana. De este modo, usted puede aprovechar para hacer natación o tomar clases de gimnasia. Busque centros comunitarios o instituciones similares, que suelen ser bastante más económicas que los gimnasios de moda.

- Dé el ejemplo. Si su actividad de tiempo libre es beber una copa de vino y leer el diario, difícilmente sus hijos consideren que andar en bicicleta es una actividad normal para el fin de semana. Procure no suspirar y gemir cuando sus hijos quieren ir al parque a jugar a la pelota, o sugieren ir a nadar. Si usted se muestra entusiasmado con la actividad física y se compromete, sus hijos responderán con igual entusiasmo. Y, sobre todo, disfrutarán de su compañía y sentirán que usted se interesa por lo que les interesa a ellos.

- Si ir caminando a la escuela o al parque es imposible, estacione el automóvil más lejos de lo habitual y camine una parte de la distancia. Considere la posibilidad de organizar un "ómnibus caminante", en el que los niños vayan caminando a la escuela en un grupo grande, acompañados por un "conductor" (un padre o voluntario a la cabeza de la columna u "ómnibus"), y un "guarda" (en la parte posterior de la columna). El "autobús" se detiene en lugares convenidos previamente para recoger a más niños que se unen a la columna.

- Si es posible, piense en acompañar a su hijo a la escuela, yendo ambos en bicicleta. Anote a su hijo en un curso de seguridad en ciclismo que le enseñará los conceptos básicos de seguridad en la calle, señalización y otras habilidades. Invierta en un buen casco y en una pechera reflectora.

- Únase (en familia) a carreras abiertas al gran público (maratones, etc.) organizadas por distintas entidades.

Independientemente de lo que usted elija hacer, tendrá que estar decidido a comprometerse con esa actividad. Los adultos, a menudo, desconfían de la expresión "ejercicio físico", porque la asocian con rutinas obligadas y tediosas en la escuela u horas en el escalador para perder esos kilos de más. Para un niño, el término "ejercicio físico" no tiene esas connotaciones y tenemos que hacer todo lo posible para que nunca las tenga. Si comienza a desarrollar actividades físicas, lo más probable es que siga haciéndolo. Desde muy temprano tenemos que fomentar la idea de que el ejercicio físico es algo divertido y social, que nos hace sentir mejor y que, sobre todo, es algo natural y parte integral de una vida normal.

El caso de Federico

Federico tenía diez años cuando su peso comenzó a preocuparlo. Con su consentimiento, sus padres modificaron su dieta –y la de toda la familia– para incluir alimentos con menor tenor graso y menor contenido de sal, y evitar, en lo posible, la comida chatarra. El objetivo no era la pérdida de peso sino la salud. Para llevar a la escuela, Federico eligió bocadillos sanos pero de aspecto muy similar a los que consumían sus amigos (por ejemplo, bolsitas con palomitas de maíz en lugar de papas fritas). Sin embargo, lo que realmente le cambió la vida fue la actividad física. Federico siempre había sido un niño activo que participaba en los deportes en el club y en la escuela, pero en un momento comenzó a sentir que su peso lo estaba haciendo más lento y menos activo. La solución fue comenzar a ir a la escuela en tren, en lugar de que lo llevaran en coche, lo que implicaba una caminata de 20 minutos hasta la estación, tanto por la mañana como por la tarde. Sus padres también le sugirieron que dedicara 30 minutos diarios a realizar algún tipo de ejercicio: jugar al tenis con su mamá, nadar, patear una pelota con su hermano o con su papá, es decir, cualquier actividad que lo obligara a moverse. Federico observó esta rutina en forma rigurosa. A lo largo del año siguiente, Federico creció mucho pero mantuvo siempre el mismo peso, y ahora tiene un físico delgado y se siente bien.

CÓMO HACER QUE EL EJERCICIO RESULTE DIVERTIDO

¿No sabe cómo hacer para alentar a su hijo inactivo a movilizarse? Intente alguna de las siguientes estrategias:

- Cámbiele el nombre a la actividad física. Si la idea de "salir a caminar" no entusiasma a sus hijos, llámelo de otra forma. Conviértalo en un juego, por ejemplo, en una "búsqueda del tesoro". Consígase un plano de calles del área en que vive y pídale a cada niño que planifique una rutina diferente cada día. O tire una moneda en cada esquina para decidir si doblar hacia la derecha o hacia la izquierda (esto puede dar como resultado una caminata *muy* larga). Organice una "misión espía", en la que sus hijos tienen que encontrar diez diferentes objetos de características similares (por ejemplo, todas de color rojo), antes de poder volver a casa. Haga sus compras en su barrio e indique a cada niño las cosas que tiene que recordar que hay que comprar. Si sienten que tienen una misión, se sentirán más felices de participar en la actividad.

- Inicie una campaña para ponerse en forma y transfórmela en algo divertido. Los niños se sienten muy motivados por un poco de competencia y, si pueden ver resultados concretos, se comprometen aun más. El colegio de mi hijo armó un programa para mejorar el estado atlético de los varones. Los niños eran evaluados en cuanto a su estado físico y fueron sometidos a un programa para mejorarlo, con evaluaciones a intervalos regulares con el fin de comprobar los resultados. Casi todos los niños se sintieron muy motivados por este proyecto, en parte por el elemento de la competitividad, pero también porque podían ver claramente los beneficios concretos del ejercicio físico. Ese tipo de programas puede ser realizado perfectamente en casa. Invierta en un cronómetro y tome el tiempo a sus hijos cuando corren en el parque, alrededor de la manzana o, incluso, escaleras arriba y escaleras abajo. Anote los tiempos en una tabla y aliéntelos a mejorar sus marcas. También pueden medirse de este modo la cantidad de abdominales por minuto y otro tipo de ejercicios. Arme una carrera de obstáculos en su jardín o en el parque de juegos y tome el tiempo que necesitan los chicos para dar toda la vuelta.

- ¡Baile! Encienda el reproductor de CD y haga intervenir a toda la familia. Bailar es un ejercicio aeróbico excelente y cualquier tipo de actividad que implique a la música puede ser estimulante. Invente sus propias coreografías o enséñeles a sus hijos algún baile exótico o divertido. Quizás usted mismo termine aprendiendo nuevas danzas modernas. Permítale a su hijo elegir las canciones.

- Cree su propio video de gimnasia. Si tiene una cámara de video, puede resultar divertido preparar un video casero con un programa de ejercicios y la musicalización correspondiente. Esto no solo divertirá a los chicos (y les hará hacer mucho ejercicio) sino que, al haberlo armado ellos mismos, se sentirán motivados para usarlo en días lluviosos.

- Invente un juego. Pídales a sus hijos que le den ideas acerca de juegos con la pelota, con saltos o cualquier otra actividad. La idea es mantenerse en movimiento, más allá de lo que los inspire.

- Saque a pasear al perro. Quienes tienen perro suelen tener un estado físico mejor que los dueños de otro tipo de mascotas, y con razón. Todos los perros necesitan sus paseos diarios y esto puede convertirse, de un ejercicio obligado, en una costumbre saludable y placentera. Si usted no tiene perro, quizá sus hijos puedan ofrecerse a sacar a pasear el perro de los vecinos. O quizás, pedirle al vecino, simplemente, que permita que el perro juegue con sus hijos en el jardín algunas horas por semana... ¡Por supuesto, solo si el perro acepta jugar con los niños!

- Arme un parque acuático en su jardín, con un pequeño tobogán, el regador, algunas fuentes grandes de plástico, una pileta inflable e, incluso, las hamacas. Pídales a sus hijos que diseñen el parque a fin de que haya la mayor cantidad posible de actividades y dígales que inviten a algunos amigos.

- Compre un paquete de globos y utilice cucharones de madera grandes, en lugar de raquetas, para jugar al *tenis* en el jardín. Simule una *red* con sogas o con los muebles de jardín. Este juego también se puede realizar dentro de la casa, usando las sillas de la cocina como red. En verano, si los niños juegan en el jardín, llene los globos con agua. Aquí el juego consiste en tirarlos y atajarlos sin romperlos.

- Planifique sus vacaciones con muchas actividades al aire libre para los niños: esquí, windsurf, ciclismo, caminatas, escalamiento, patinaje o natación. Cuanto mayor sea la cantidad y diversidad de actividades que realicen sus hijos, tanto más se sentirán motivados para ampliar su repertorio de habilidades. También comenzarán a ver la actividad física como algo asociado al tiempo libre y a la diversión, en lugar de percibirla, simplemente, como una aburrida clase de gimnasia en la escuela.

- Compre un podómetro para cada miembro de la familia (un objeto de bajo costo que mide la cantidad de pasos dados durante un día). Fije un objetivo para cada niño (10.000 pasos para un adolescente, menos para niños más jóvenes) y conviértalo en una especie de competencia, donde toda la familia compara la cantidad de pasos efectuados al final del día. Es una forma de incentivar a su hijo para que se mueva un poco más. Al final de cada semana, incluso, puede entregar un premio al ganador. Si bien el entusiasmo por esta novedad durará seguramente poco, el niño comenzará a ver el impacto que, aunque sea un poco de ejercicio, puede tener sobre su nivel energético y sobre su estado físico general. Una vez que el hábito de la actividad física se haya establecido, es muy probable que se mantenga.

- No subestime el efecto de las tareas domésticas sobre el estado físico. Hoy en día, muchos niños están acostumbrados a no hacer absolutamente nada en la casa, lo cual, además, no es una buena preparación para su vida adulta. Incluso un niño relativamente pequeño puede mover una aspiradora (aunque, quizás, en forma errática), recoger la ropa sucia y ponerla en su canasto, guardar sus juguetes, lavar los platos y poner la mesa. Aunque esto, de por sí, no parezca una gran práctica de ejercicio, a la larga, todo suma y ayuda; al menos, sus hijos no estarán, simplemente, sentados.

Es precisamente el sedentarismo en el estilo de vida de los niños de hoy en día lo que causa los peores problemas con su estado físico y el sobrepeso. ¿Sabía que un niño sentado frente al televisor quema, aproximadamente, treinta y tres calorías por hora, mientras que un niño que está parado quema sesenta y seis calorías en el mismo tiempo? Esto demuestra que aun el más mínimo cambio puede afectar la pérdida o, al menos, el mantenimiento del peso. Acepto que pocos niños considerarán que ayudar en las tareas domésticas es algo divertido, pero si su asignación mensual depende de ello, es más probable que colaboren. Recuerde también que al niño le gusta que se le asignen responsabilidades, sobre todo si su desempeño es reconocido y respetado. Si de verdad lo están ayudando, muestre entusiasmo y gratitud por sus esfuerzos. Sus hijos desarrollarán su autoestima y se sentirán orgullosos de sus logros.

CÓMO INCENTIVAR A UN NIÑO PEREZOSO

¿Tiene un hijo remolón? Algunos niños parecen sentirse mucho más contentos frente a una pantalla o sentados en algún rincón con un libro. Si bien estas actividades tienen cabida dentro de la vida familiar normal, lo más probable es que su hijo perezoso no haga todo el ejercicio que tendría que hacer. En ese caso, a continuación van algunas ideas para incentivarlo.

- Establezca un sistema de puntajes (estrellas) y premios por hacer ejercicio. En una planilla, pegue una estrella por cada media hora de actividad. Una vez completada una planilla, podrá premiar el logro con algo que su hijo desea (¡dentro de límites razonables!), por ejemplo, una pelota de fútbol nueva, una nueva raqueta de tenis, clases de yudo o de patinaje, un libro o un video nuevo o, incluso, treinta minutos de juego con usted, haciendo lo que él quiera.

- Haga pequeñas trampas. Estacione el automóvil lo más lejos posible de los negocios a los que van juntos, para tener que caminar. Pídale a su hijo que haga mandados o que le alcance algo desde la planta alta, obligándolo a subir y bajar escaleras. Insista en que haga su cama o lleve las bolsas de las compras. Todas estas actividades habituales van sumando actividad física.

- Hable con su hijo y trate de averiguar por qué no le gusta practicar deportes o jugar en el parque. Puede ser que haya tenido una experiencia desagradable en el campo de juegos o que sienta que no tiene aptitud alguna para los deportes. Conversando con él, vea de qué manera puede ayudarlo. Ofrézcale un entrenamiento especial en algún deporte que practiquen sus amigos. Aliéntelo a elegir dos o tres actividades deportivas que él siempre haya querido practicar. Quizá descubra que su pasión es la arquería o algún otro deporte no tan común.

- No escatime los elogios. Si usted lo alienta y lo motiva, su hijo se sentirá orgulloso de sus logros. Nunca lo humille ni sugiera que no es bueno para la práctica deportiva o para alguna otra actividad. Los niños aprenden a tener confianza en sí mismos cuando se los alienta, y aprenden a quererse si sienten que usted los quiere y aprueba lo que hacen.

- No los regañe ni ponga demasiado énfasis en lo beneficiosos que son los ejercicios físicos para la salud. Si bien un niño necesita aprender acerca del funcionamiento de su cuerpo y de lo que este necesita para mantenerse sano, no le gustará sentirse bombardeado con sermones o presionado para darle un gusto a usted.

- Durante un estudio realizado en 1999, mil doscientos niños de entre once y dieciséis años fueron interrogados acerca de su actitud frente a la salud y a la actividad física. Los encuestados dijeron que deseaban recibir más información sobre cómo mantenerse sanos, pero que no querían escuchar los sermones de los adultos. Tenga esto en cuenta y busque alternativas. Presente la información en forma casual y generalizada; con eso abrirá la posibilidad de discutir el tema e intercambiar opiniones. Evalúe su propio estilo de vida y admita que está preocupado por no realizar más actividad física. Pídale a su hijo que sugiera formas en las que usted podría mejorar su estado físico y cómo se podría incrementar el nivel de ejercitación física de toda la familia. Dele importancia a lo que su hijo opina. Si la inclinación de su hijo es más académica que deportiva, coméntele que el ejercicio físico puede mejorar la memoria y la concentración y reducir el estrés. Si su hijo es un "atleta teórico", hágale ver que todas las grandes estrellas deportivas, ya sea en fútbol, básquet, hockey, rugby, atletismo o lo que fuese, tienen que entrenar y practicar en forma intensa. Ofrézcale establecer un plan de entrenamiento para mejorar su desempeño en el deporte que más admire.

- Involúcrese. Si usted está en el jardín pateando una pelota o practicando tiros al aro de básquet, es muy probable que su hijo también quiera participar. Convierta el buen estado físico en un objetivo familiar.

- Ofrezca una cantidad de opciones adecuadas para motivar a su hijo. Pregúntele, por ejemplo, si en el día de hoy prefiere jugar al fútbol en el parque, ir a caminar, ir a nadar o a un parque de juegos. Asegúrese de que todas las opciones incluyan un cierto nivel de actividad física. A los niños les encanta sentir que pueden tomar decisiones y ejercer control sobre lo que hacen, y eso es lo que sienten cuando se les da la posibilidad de elegir.

- Andar en bicicleta es un ejercicio aeróbico económico y eficaz, y algo que les gusta a casi todos los niños. Un niño más pequeño puede andar en bicicleta en el parque más cercano, mientras que chicos mayores pueden emprender paseos más largos. Pasear en bicicleta también es una excelente forma de explorar la zona en la que vive. Busque información en alguna entidad municipal acerca de sendas para ciclismo existentes en su zona.

- Por otra parte, patear una pelota o jugar al básquet divierte a casi todos los niños y no se asemeja a un ejercicio físico organizado. Hable con otros padres de su vecindario y, cuando menos lo espere, tendrá todo un equipo reunido. Esto no solo fomenta el espíritu de competencia, sino que ofrecerá a sus hijos una buena oportunidad para interactuar con sus pares, cosa que es mucho mejor que una relación unilateral con una pantalla de TV.

Pequeños haraganes

Estudios recientes han determinado que ahora, incluso desde el año y medio de edad, los niños pequeños pasan una cantidad increíble de tiempo frente al televisor, y muchos tienen un aparato de TV en el dormitorio. Esta es la edad crucial en la que se produce el aumento patológico de peso y también es una etapa fundamental para establecer hábitos de vida saludables. Es mucho más difícil conseguir que un niño desarrolle una buena actividad física si nunca ha pasado mucho tiempo jugando al aire libre ni ha practicado alguna forma de ejercicio. Esta pasividad temprana contribuye, sin duda, al problema de obesidad infantil que se observa en la actualidad.

Casi todo niño pequeño es activo por naturaleza y es importante incentivar ese comportamiento instintivo desde el principio. Algunos niños muy activos y rebeldes tendrán que permanecer en su cochecito cerca de calles muy transitadas, pero toda vez que sea posible ofrézcale a su pequeño la posibilidad de caminar o correr. Obligar a un niño a permanecer quieto en un sitio durante un tiempo prolongado coartará su natural entusiasmo y curiosidad. Si bien no es nada fácil garantizar la seguridad de un niño pequeño en una poblada calle urbana o, incluso, dentro de la casa, es relativamente fácil convertir su casa en un sitio seguro para su pequeño explorador, y resulta más fácil todavía llevarlo a un parque, a los juegos infantiles, a una piscina o, incluso, a clases de música y movimiento.

A continuación, le presento algunas ideas para mantener activos a los más pequeños:

- Ponga música y baile. La mayoría de los niños responden en forma natural a la música, y si usted participa en la actividad, les resultará muy divertida.

- Arme un gimnasio para jugar en la sala de estar, utilizando almohadones de los sillones o del sofá.

- Invierta en una hamaca con resortes, que permitirá a los bebés más grandes permanecer sentados y usar sus piernas para saltar hacia arriba y hacia abajo.

- Llene una pileta inflable o la bañera con un poco de agua tibia y muchos juguetes, creando así el entorno ideal para realizar el "aerobismo chapoteador".

- Si su bebé no se decide a gatear o a caminar, ubique sus juguetes preferidos apenas fuera de su alcance. Pronto aprenderán que tienen que moverse para alcanzar lo que quieren. Conviértalo en un juego y haga que el pequeño persiga a su juguete, siempre en un ambiente adecuadamente seguro.

- Asegúrese de que su niño tenga juguetes que lo incentiven para caminar, empujar o tirar. Todas estas actividades invitan a la acción y mejoran la coordinación. También aprenderá mucho acerca del mundo que lo rodea.

- Invite a niños de edad similar para jugar. A un niño, por lo general, no le gusta mantenerse apartado si ve que a su lado se desarrolla una actividad grupal.

- Si su niño ya es algo mayor, aliéntelo a ayudar en la casa: llevar la ropa sucia hasta el lavarropas, empujar o arrastrar una escoba por la cocina o, incluso, ayudar a llevar las compras desde el coche a la casa.

- Infle un globo y juegue al voleibol o, simplemente, trate de evitar que toque el piso.

También es importante que el niño pequeño tenga momentos de calma, pero no caiga en la tentación de utilizar la televisión como niñera. A pesar de que todo padre necesita tiempo para sí mismo y tranquilidad, demasiadas horas delante del televisor a una edad muy temprana puede favorecer la inactividad y quitarle a su niño las ganas de realizar actividad física.

APATÍA ADOLESCENTE

Una característica del adolescente es su languidez. En cierta medida, esto es comprensible, ya que muchos adolescentes necesitan más horas de sueño que los niños de edad preadolescente, en tanto crecen y se desarrollan durante ese período. No resulta sorprendente, entonces, que muchos adolescentes tengan poca energía y pocas ganas de tomar parte de actividades deportivas, sobre todo si no las consideran atractivas ni están de moda entre sus pares. Además, las salidas familiares ya no resultan tan seductoras como cuando eran más pequeños. Habrá, por lo tanto, que buscar la forma de entusiasmarlo y, sobre todo, asegurar su adecuado estado físico.

Es de importancia crucial crear y mantener una buena relación a medida que su hijo vaya creciendo. Si su hijo lo considera como un enemigo, sus consejos caerán en saco roto y solo lograrán que el joven se rebele. Es evidente que si los deportes y la actividad física en general despeñaron un rol importante durante la infancia, el adolescente seguirá disfrutando de ellos. Por eso es tan importante crear hábitos saludables desde una edad temprana. Sin embargo, si le preocupa el bajo nivel de actividad de su adolescente, ya sea porque usted nunca puso mucho énfasis en este aspecto de su vida familiar, o porque no logra convencerlo de practicar algún deporte o actividad física, nunca es demasiado tarde para implementar algunos cambios.

SUGERENCIAS PARA PADRES PEREZOSOS

No cabe duda de que muchos de nosotros preferiríamos distendernos y descansar a nuestro propio ritmo y que, después de un día muy ajetreado en la oficina o atendiendo la casa y los niños, la idea de hacer algún tipo de ejercicio físico puede acobardarnos. Por lo tanto, es fundamental elegir actividades que también podamos llegar a disfrutar. Por ejemplo, un juego que reúna a toda la familia en el parque, un domingo, podrá parecer menos atractivo que desparramarse cómodamente delante del televisor o en el jardín, pero todos se beneficiarán con esa actividad y usted tendrá la oportunidad de pasar un tiempo distendido con sus hijos. Haga alguna pausa para leer los diarios del domingo o lleve una canasta con comida para picnic y un libro, de modo de convertir la actividad en una verdadera salida dominguera. Puede ir a un gimnasio, donde sus hijos tendrán sus propias actividades mientras usted hace algo que le resulte atractivo o, al menos, saludable. Lo más difícil de cualquier tipo de actividad física es salir de casa. Sin embargo, una vez que *arrancó*, sin duda lo disfrutará y, ciertamente, se sentirá mejor después del ejercicio.

Si tiene que obligarse a salir, hágalo. Tenga presente la sensación de rejuvenecimiento que sigue a una buena caminata, a una hora de ejercicio en el gimnasio o, incluso, a una salida con sus hijos. No dude en negociar con ellos. Deje en claro que pasará dos horas jugando, haciendo exactamente lo que ellos tengan ganas de hacer, siempre y cuando ellos, a su vez, le den algo a cambio. Por ejemplo, puede dar un largo paseo por el parque con sus hijos, pero después querrá un tiempo de tranquilidad para leer el diario, hacer alguna llamada telefónica o, incluso, dormir una siesta. Lo mismo puede hacer durante la semana. Después de clase, por ejemplo, puede aceptar pasar una hora en el parque o en la piscina si sus hijos luego lo ayudan a guardar las compras, a poner la mesa o, simplemente, a hacer sus tareas escolares sin protestar y sin pelearse.

Sobre todo, muéstrese entusiasmado con sus hijos activos. Si estos sienten que usted está aburriéndose o que le fastidia jugar con ellos, se arruinará toda la diversión y comenzarán a tener asociaciones negativas con la actividad en cuestión. También pensarán que es normal que los adultos detesten el ejercicio físico, lo cual les da la idea de que no se trata de algo muy importante. Si su día está demasiado ocupado como para jugar con sus hijos, pídale a un niño mayor del vecindario que lo haga o llame a una tía, un tío o incluso a los abuelos para que lo reemplacen en ese rol.

La ventaja de tratar con niños mayores es que comprenden y razonan (ciertamente, solo cuando están de humor para ello). La mejor forma de lograr algo es hacer que el tema de la actividad física se relacione con su vida cotidiana. Insisto, trace paralelos entre ellos y deportistas, bailarines, atletas e, incluso, científicos famosos. Para todos ellos, la actividad física resulta beneficiosa e importante, y es fundamental que usted logre transmitir ese mensaje. Ya sea que su adolescente reaccione ante la posibilidad de reducir el estrés, de incrementar la capacidad mental o la resistencia física, siempre habrá alguna forma de convencerlo de que el ejercicio físico puede ayudarlo a mejorar en algo que a él le interesa. Pero haga lo que haga, no dé sermones ni regañe a su hijo. Ofrezca opciones positivas y deje que su adolescente tome sus propias decisiones. Simplemente, asegúrese de que las alternativas que le ofrezca sean realizables y fomenten la actividad física.

La adolescencia es un período lleno de estrés. La transición de la infancia a la adultez les resulta muy difícil a muchos jóvenes. Sin duda chocará a menudo con sus hijos durante esos años pero, al igual que un niño pequeño, el adolescente necesita que lo guíen, que lo elogien y que lo alienten. Si su hijo se siente bien acerca de lo que es y lo que hace en estos años, es mucho más probable que se comunique con usted, con sus pares y con otros adultos. También se respetará más a sí mismo y a su cuerpo. Y si un adolescente se siente orgulloso de su cuerpo y de sus logros, es mucho más probable que tome decisiones saludables. Una creciente autoestima puede ser de crucial importancia para el éxito a largo plazo de su hijo en todos los momentos de su vida.

Se sabe que un niño que está involucrado en actividades deportivas e, incluso, musicales, tiene menos tiempo libre para experimentar con drogas y alcohol. Esta es otra razón para mantener a su adolescente activo y ocupado desde lo más temprano que sea posible. Porque un adolescente ocupado y motivado tiene poco tiempo libre para actividades ociosas que puedan dañar su salud.

A continuación, le doy algunas ideas acerca de cómo fomentar la actividad física de su adolescente.

- Probablemente, su hijo ya sea un poco grande para implementar con él el sistema de las estrellitas, pero el principio a aplicar es el mismo: ofrezca beneficios o premios por el comportamiento que usted quiere fomentar. Por ejemplo, si su hijo acepta practicar un deporte que él mismo ha elegido, una o dos veces por semana, podrá ofrecerle llevarlo en el auto hasta un lugar donde vaya a divertirse o comprarle entradas para ir al cine durante el fin de semana, o regalarle un CD nuevo.

- Bailar es un buen deporte aeróbico. A muchos niños con pocas aptitudes atléticas les fascina la música. Fomente esa pasión. Quizá pueda unirse con otros padres para adquirir equipo para realizar karaoke y algunos CD que pueda intercambiar. Asegúrese de que su hijo tenga un espacio propio donde se sienta libre de moverse a gusto, lejos de la mirada de padres y hermanos. Es mucho más probable que se mueva si nadie lo observa. Quizá también usted pueda probarlo;

si no le preocupa demasiado lo mal que baila o canta, su participación alentará a su hijo a sentirse tan audaz como usted y a hacerlo simplemente por el placer que le procura.

- Establezca una serie de evaluaciones del estado atlético y ofrezca premios si su adolescente logra buenos resultados o una mejora de sus marcas dentro de un plazo determinado. Deje que él mismo arme el programa (incluyendo abdominales, trote alrededor de la plaza o parque, o en una pista, carreras escaleras arriba) y ofrézcase para tomarle el tiempo.

- Mantenga las actividades familiares. A muchos adolescentes les da vergüenza ser vistos con sus padres, pero procure llegar a un acuerdo para realizar alguna actividad conjunta por lo menos una vez por semana. Asegúrese de que esta incluya actividad física. También las vacaciones en familia son adecuadas para un adolescente, y usted puede elegir algo que resulte atractivo para todos, con deportes y juegos para todas las edades.

- Aliente a su hijo adolescente a conseguir alguna ocupación a tiempo parcial, como ayudar en la piscina a la que concurre, en el club deportivo, en el club de fútbol o en el gimnasio. Se sentirá más inspirado si se desenvuelve en un entorno que estimula la ejercitación física. Las largas vacaciones de verano pueden ser dedicadas a ayudar en el club deportivo o en alguna colonia de vacaciones, donde los niños más grandes enseñan y capacitan a los más pequeños. Casi todos los adolescentes responderán positivamente si se les da alguna responsabilidad y, probablemente, querrán impresionar a los más pequeños con sus conocimientos y habilidades.

- Piense en algún tipo de campamento-aventura para el verano, armado especialmente para adolescentes. Quizás esté por encima de su presupuesto, pero muchas veces se ofrecen promociones especiales, sobre todo si su hijo puede aportar alguna ayuda. De forma similar, trabajar durante el verano como supervisor en un club o en una entidad deportiva lo mantendrá activo. Además, probablemente aprenda nuevos deportes y habilidades que pueden convertirse en una pasión.

- Los adolescentes casi siempre responden bien a algún tipo de competencia. Juegue al tenis o al squash con su hijo. Es una forma de asegurar que también usted se mantenga en buen estado, y quizá pronto descubra que también usted todavía tiene mucho que aprender.

- Ofrezca organizar cursos en algunos de los deportes *diferentes* que se ofrecen en la actualidad: cabalgar, ciclismo de montaña, atletismo, buceo, arquería, artes marciales, escalamiento bajo techo o esquí. Todo lo que haga mover la musculatura ayudará a alcanzar el objetivo de lograr o mantener un buen estado físico.

FIJAR OBJETIVOS

Una forma de motivar a todos los integrantes de la familia es fijar objetivos en forma regular y trabajar para alcanzarlos. Cada niño y cada adulto en la familia tendrá sus propias razones para mejorar su estado físico: participar del equipo deportivo escolar, reducir el abdomen, afinar las piernas, tener un mayor nivel de energía o, simplemente, perder algo de peso en general y sentirse más sano. Hable con sus hijos –lo ideal es en la mesa familiar– acerca de cuáles serían sus objetivos y aliéntelos a establecer una meta realista para lograr un buen estado físico.

Establezca pequeños desafíos y permítales ver los resultados. Por ejemplo, correr es una excelente forma de ver con cuánta rapidez podemos ganar en agilidad y resistencia física cuando realmente nos lo proponemos. Sugiera que cada integrante de la familia corra alrededor de la manzana tomándose el tiempo. Hágalo durante una semana y pronto verá que los tiempos mejoran en forma notable. Incluso los niños se darán cuenta de cuánto mejora su energía y su velocidad con un esfuerzo relativamente pequeño. Es muy posible que, a partir de ahí, surja el hábito de salir a correr. Lo mismo vale para la natación o para cualquier otro deporte. Hágales fijar objetivos concretos con respecto a lo que quieren alcanzar (por ejemplo, lograr patear un tiro libre al estilo de David Beckham, o llegar a la cima de una pared de escalamiento, alcanzar un cinturón en artes marciales, una medalla en natación o ser admitido en un equipo deportivo en la escuela) y aliéntelos a trabajar hasta lograrlo. Cada pequeño éxito irá generando cada vez más entusiasmo.

Notas especiales para niños con mucho sobrepeso u obesos

Si su hijo sufre de sobrepeso marcado o es francamente obeso, o se siente incómodo con su figura por el motivo que sea, el ejercicio puede resultar para él una experiencia embarazosa y desmoralizadora. En ese caso –con un hijo a quien realmente lo angustia la idea de practicar ejercicio en público, de pasar vergüenza o de hacer el ridículo–, todas las recomendaciones anteriores le parecerán utópicas. Es importante tener muy en cuenta los sentimientos de su hijo y comprender su postura. Forzarlo a realizar actividades que detesta solo hará que pierda la confianza en sí mismo. Exponerlo a ser el blanco de las burlas de sus compañeros logrará exactamente lo opuesto de lo que usted se propone.

Sin embargo, no deja de ser una realidad que todos los niños –y sobre todo los que sufren de sobrepeso– tienen que aprender a realizar ejercicios físicos en forma regular. Hay formas de lograr que a su hijo obeso le resulte más fácil alcanzar un nivel de entrenamiento aceptable.

- Ante todo, cuide que su hijo esté vestido adecuadamente para cualquier actividad. Obligarlo a vestir un equipo de fútbol, ropa ajustada para hacer ejercicios aeróbicos o cualquier otro tipo de ropa deportiva que sea demasiado chica o haga resaltar su gordura no hará sino exacerbar el problema. Su hijo necesita ropa que le vaya cómoda y que disimule los aspectos de su físico que lo abochornan. Tampoco deberá vestirlo con una especie de carpa, que no hará sino llamar más la atención sobre su gordura. Si su hijo está adecuadamente vestido y se siente cómodo con su ropa, no se sentirá diferente de los demás.

- También hay que tener en cuenta las necesidades y los sentimientos personales de su hijo. Un estudio realizado en el año 2001 determinó que la diversión, el éxito, la variedad, la libertad, la participación familiar, el apoyo de los pares y el entusiasmo del maestro o entrenador estimulan la participación y la constancia. Por otra parte, el fracaso, el bochorno, la competencia agresiva, el aburrimiento, el autoritarismo y las lesiones desalientan al niño de perseverar en la práctica de alguna actividad física. Por lo tanto, deberá asegurarse de que su hijo se involucre en actividades de las que disfruta y en las cuales participen otros niños que tampoco sean todo lo delgados que desearían.

- Un niño que tiene ciertas inhibiciones físicas o que se siente diferente de sus pares podrá sentirse incómodo participando en juegos de equipo. El temor a fracasar o la vergüenza de presentarse en público –y también el temor de ridiculizar a sus padres– pueden hacer que se niegue a participar de algún juego de equipo. Algunos niños, al igual que muchos adultos, simplemente no están interesados en ese tipo de deportes, pero aun así mantienen un excelente nivel de entrenamiento físico a través de otras actividades en las que no se enfatiza la competencia. Mientras su hijo no se convierta en un ser sedentario, no tiene por qué preocuparlo que se niegue a participar de actividades deportivas de equipo.

- Uno de los mayores problemas para alentar a un niño con sobrepeso a mejorar su estado físico es su rechazo ante cualquier tipo de ejercitación violenta o que implique un esfuerzo. Si quedan sin aliento después de subir las escaleras, se mostrarán reacios ante la perspectiva de realizar cualquier ejercicio más exigente. Comience paulatinamente. Por empezar, organice caminatas en familia o utilice un podómetro para aumentar la cantidad de pasos que da a lo largo de un día determinado. Cerciórese de que su hijo ya haya desarrollado un nivel razonable de entrenamiento básico antes de involucrarlo en alguna actividad en la que otros niños, probablemente, sean más ágiles y capaces.

- Aliente a su hijo a iniciar una actividad que pueda desarrollar a lo largo de toda su vida, como el ciclismo, la carrera, artes marciales o marchas pedestres. Estas actividades fomentan el buen estado físico a un nivel individual no competitivo. También debería sugerir deportes como lucha, tenis, natación o gimnasia. En estas actividades el deporte es individual, o uno contra uno, pero los participantes obtienen puntos por equipos. Además, en caso de fracasar, la presión no es tan dramática.

- Un niño sabe que tiene sobrepeso o que es obeso, y no hace falta recordárselo. Estos niños necesitan, ante todo, aceptación, estímulo y amor.

- Recuerde que se sentirán abochornados si se los obliga a vivir situaciones en las que no se sienten cómodos. Un niño gordo no se sentirá bien vistiendo una malla de baño, sobre todo si está rodeado de compañeros más delgados y atléticos. Así, la práctica de natación, en lugar de una experiencia positiva, será una tortura. Busque actividades en las cuales su peso no sea el foco de atención.

- Considere la posibilidad de inscribir a su hijo en algún tipo de clase de gimnasia con otros niños que tengan el mismo problema de sobrepeso. A pesar de que es importante no poner a un niño el rótulo de "gordo", ni darle la impresión de que solo puede hacer ejercicios físicos cuando está rodeado de otros niños con sobrepeso, el estar entre niños que tengan su mismo problema, quizá lo motive más a participar de un programa de ejercicios físicos. En cierto sentido, este tipo de actividad funciona un poco como la terapia grupal: los niños pueden ser ellos mismos y hablar abiertamente acerca de sus problemas de sobrepeso con otros que están en la misma situación. Además, en esos lugares, los ejercicios han sido desarrollados teniendo en cuenta los problemas asociados con el sobrepeso: energía, flexibilidad, vergüenza, etc. Si su hijo está preocupado por su problema de sobrepeso, probablemente se sienta mucho mejor interactuando con niños que tienen el mismo problema. No lo fuerce, pero ofrézcale esta posibilidad como una opción más.

- Preste mucha atención a cada pequeño éxito. No es bueno tener la pérdida de peso como objetivo. Como dije antes, la mejor forma de manejar el tema del sobrepeso con un niño es estabilizar su peso para que, al crecer, peso y altura se vayan equilibrando. Fijarles objetivos inalcanzables puede ser desalentador y provoca que pierdan interés en hacer el menor esfuerzo. Es mejor trabajar con pequeños objetivos y pequeños logros, como el incremento de brazadas al nadar, los diez minutos adicionales en una bicicleta fija, mayor habilidad jugando al básquet o, incluso, la capacidad de llegar con las puntas de los dedos de la mano a los pies. Convierta cada éxito en una celebración. La pérdida de peso será, sin duda, el resultado de un buen programa de ejercicios, pero debería ser un beneficio adicional, aun cuando sirva para motivar más a su hijo.

- No obligue a su hijo con sobrepeso a practicar ejercicios físicos con otros niños si no está preparado para hacerlo. Cualquier cosa que lo movilice es suficiente para empezar, ya sea scoutismo, clases de manualidades o equitación. Todo esto hará que desarrolle más actividad general y que, más adelante, intente hacer otras cosas. Empiece por lo más pequeño y vaya expandiendo sus intereses cuando se muestre entusiasmado.

- Hable con su hijo acerca de sus sentimientos de bochorno y trate de inculcarle un poco de amor propio y autoestima. Hablaré de esto con mayor detalle en el próximo capítulo pero, por ahora, reconozca que su hijo puede tener problemas emocionales relacionados con su sobrepeso y temores muy reales en relación con lo que otros piensan de él y cómo lo tratarán. Reconozca esos temores y trabaje con su hijo para superarlos. Ayúdelo a aumentar su energía asignándole pequeños proyectos u objetivos que pueda lograr con éxito. Enséñele, por ejemplo, que una cara enrojecida es común en muchas personas sanas en buen estado físico y de peso normal. Si se siente avergonzado por transpirar, cómprele un desodorante adecuado y ropa que disimule el problema. Explíquele que sentirse torpe es normal cuando uno no tiene buen estado físico y que la coordinación mejora a través del tiempo. Haga lo que haga, no ignore sus preocupaciones, restándoles importancia. Estas son muy reales para su hijo y pueden ser la razón por la que ha abandonado toda actividad física.

- Muchos niños con sobrepeso carecen de fuerza de voluntad porque tienen una imaginen de su persona demasiado humillante. "¿Qué sentido tiene...?" es una queja común entre niños que luchan con su sobrepeso. Las personas que se sienten bien con su cuerpo tienen una tendencia mucho mayor a cuidar de él. Y lo opuesto también vale. Esto no significa que su hijo sea perezoso o desaliñado. Simplemente perdió el entusiasmo por cuidar de sí mismo. Motívelo para revertir esa posición, celebrando cualquier pequeño éxito. Aliéntelo a continuar, aun cuando él sienta ganas de abandonar, explicándole cómo el perseverar en la ejercitación física le hará sentirse bien en todos los aspectos.

No cabe duda de que un poco de ejercicio físico, realizado en forma regular, terminará por mejorar el ánimo y la salud emocional de su hijo, y una vez que haya echado la pelota a rodar, esos efectos positivos ayudarán a fomentar un mayor interés y una mayor capacidad de perseverar. Algunos estudios realizados con adolescentes han demostrado que veinte minutos de actividad aeróbica tres veces por semana tienen un efecto altamente positivo sobre su salud y pueden ayudar a controlar la depresión y la ansiedad. Los niños involucrados en actividades físicas tienen una mejor imagen de sí mismos y un mayor aplomo y, además, demuestran una mejora más llamativa en sus actividades deportivas.

El caso de Eleonora

Desde pequeña Eleonora sufría de sobrepeso y siempre se había sentido abochornada al hacer ejercicios físicos, sobre todo en la escuela, donde se la veía ridícula en el equipo de gimnasia reglamentario y, además, nunca logró ponerse a la par de sus compañeras. A menudo era marginada y nadie la quería como integrante de un grupo o equipo. Eleonora comenzó a buscar excusas a fin de faltar a las clases de gimnasia y a los entrenamientos y, con el tiempo, sus maestros abandonaron todo intento de motivarla. Lo mismo sucedía en su casa: dejó de salir con sus amigas, a las que les gustaba andar en bicicleta o ir a nadar juntas, y se convirtió en una niña solitaria.

A los doce años, se dio cuenta de que su peso se estaba convirtiendo en un verdadero problema, y pidió ayuda a sus padres. Estos consultaron con un médico, quien les explicó la importancia del ejercicio físico y sugirió un club "para niños gordos" en el centro comunitario local. Al principio, Eleonora estaba espantada ante la idea de que tenía que ir a hacer ejercicios con "niños gordos" pero, finalmente y a regañadientes, aceptó intentarlo. Para ella fue toda una revelación. No solo no era, por mucho, la más gorda del grupo (cosa a la que estaba acostumbrada), sino que se le asignaba la práctica de ejercicios adecuados para su nivel de capacidad física, con lo cual no se sentía como una fracasada. Además, los otros niños tenían los mismos objetivos que ella, de modo que no se sentía diferente en absoluto. La marginación y la burla no tenían lugar en ese ambiente sino que, por el contrario, tanto los entrenadores como los otros niños apoyaban sus esfuerzos. Eleonora pronto comenzó a disfrutar de esas actividades y, a lo largo del año siguiente, logró bajar un poco de peso. Además, creció más de 15 centímetros, lo cual cambió radicalmente su aspecto físico. A medida que lograba dominar bien las rutinas de gimnasia, se animó también a practicar otros deportes y pronto tuvo el estado atlético suficiente para jugar, después de clase, al bádminton en un club.

Para su propia sorpresa, descubrió que su desempeño en las clases de gimnasia del colegio también había mejorado drásticamente, cosa que la hizo sentirse muy bien. Ahora a Eleonora le encantan las actividades físicas y pasa más tiempo con amigas más atléticas pero también con las amistades que trabó en el club "para gordos", al cual sigue concurriendo en forma regular.

ACTIVIDADES RECREATIVAS Y TIEMPO LIBRE

Hacer la transición de la pasividad a una ejercitación física regular significa un cambio importante en las actividades en el tiempo libre. El niño está habituado a permanecer sentado frente al televisor, a entretenerse con juegos de consola o de computación o, incluso, a leer. Cambiar estos hábitos es una de las cosas más importantes que usted puede hacer para fomentar un estilo de vida más saludable. Al principio, esos cambios no serán muy bienvenidos, pero manténgase firme. Es necesario establecer nuevas reglas, nuevas rutinas y un nuevo régimen alimentario a fin de hacer que toda la familia esté más sana y tenga un mejor estado físico. Desde ya le puedo asegurar que todos los niños se resisten a hacer esos esfuerzos y que usted sentirá la tentación de abandonar antes de haber fijado las reglas básicas. Pero una de las tareas más importantes como padres es hacer algo para ayudar a nuestros hijos a establecer hábitos que contribuirán a su salud, tanto ahora como en el futuro. La disciplina y la capacidad de fijar normas son esenciales para poder enseñarles cualquier cosa a sus hijos. Recuerde que quien está a cargo de la casa y de la familia es usted, y que es usted quien tiene la facultad de tomar las decisiones. Ser padres no es tarea fácil, y a veces es necesario ponerse firmes.

Establecer, supervisar y predicar con el ejemplo en relación con los buenos hábitos es importante en todas las facetas de la vida. Fijar estándares para sus hijos, estableciendo las reglas en su casa y dando el ejemplo de un estilo de vida sano, es un primer paso para poder guiarlos hacia prácticas saludables. De ahí que sea responsabilidad de los padres o de quienes estén a cargo de un niño, establecer, monitorear y dar el ejemplo de buenos hábitos en lo que se refiere al uso de los medios de comunicación. Las siguientes recomendaciones podrán servir como ayuda:

Evitar que la TV o la computadora gobiernen la vida del hogar

- Limite el tiempo para mirar televisión a no más de una a dos horas por día. Si su hijo se entretiene con juegos electrónicos o con la computadora, esta actividad debería ser incluida en el tiempo total frente a la pantalla. Durante la semana, sugiero una hora diaria para el total de ese tipo de actividades, extendiendo ese tiempo a dos o tres horas por día durante los fines de semana. Pero ninguna sesión debería durar más de media hora (a no ser que haya un buen programa en televisión que dure más tiempo). El niño podrá elegir cómo repartir ese tiempo. Podrá optar, por ejemplo, por no mirar TV una noche y pasar, en cambio, la hora jugando en la computadora, o repartir ese tiempo entre cada una de esas actividades. En casa, los juegos electrónicos están vedados durante la semana. Esta regla fue establecida cuando recién los compramos y, por lo tanto, nunca fue cuestionada, a pesar de que, de tanto en tanto, haya pedidos de excepción que, por supuesto, también son tomados en cuenta. Durante los fines de semana, y siempre que la tarea escolar esté terminada, prácticamente todo vale, aunque la regla básica es que por cada hora frente a la pantalla o con el juego electrónico tiene que haber por lo menos una hora de actividad física o juego al aire libre. Durante muchos fines de semana, mis hijos directamente no juegan en la computadora, y eligen, en cambio, jugar afuera con sus amigos o practicar algún deporte.

- Este tipo de norma significa saber cuánta televisión miran sus hijos y no titubear en reducir ese tiempo. Muchos niños tienen un televisor, o juegos electrónicos, o su computadora, en sus dormitorios, y los padres realmente no tienen idea de cuánto tiempo les dedican. Contrólelos. Es la única forma de saberlo.

- Planifique por adelantado lo que se verá por televisión. Recurra a la guía de TV o al diario para elegir los programas que su familia quiera ver. Con demasiada frecuencia caemos en la rutina de pasar de un canal a otro por el simple hábito de mirar algo. Inste a sus hijos a elegir. Si su tiempo está limitado, es mucho más probable que lo hagan.

- Dé el buen ejemplo. Si bien mirar televisión puede parecer algo inofensivo, nuestros propios hábitos y actitudes frente a la pantalla influyen sobre la salud de nuestros hijos. Según un estudio reciente, cuanto más televisión mire usted, tanto más mirará su hijo. Si estamos mirando TV, también estamos limitando el tiempo que podríamos pasar conversando con el resto de la familia y compartiendo nuestras vidas.

- Minimice la influencia de la televisión en su hogar. Para evitar que la TV se convierta en una parte central de la casa:

  ✓ apague el televisor durante las comidas en familia;
  ✓ convierta la conversación en algo prioritario en su hogar;

✓ no ubique los muebles en función del televisor;
✓ procure no permitir televisores en los dormitorios, dado que eso aísla a los miembros de la familia, reduce la interacción familiar e incrementa la cantidad de TV que se mira.

- No permita mirar televisión a niños menores de dos años. Ciertas investigaciones realizadas sobre el desarrollo cerebral temprano han demostrado que para un crecimiento sano del cerebro y el desarrollo de habilidades sociales, emocionales y cognoscitivas, los niños de esta edad tienen necesidad vital de una interacción directa con los padres y con quienes los cuidan. Además, si un niño no aprendió desde pequeño a usar la TV como entretenimiento, desarrollará otros intereses a temprana edad, como leer o mirar libros de cuentos, dibujar o, simplemente, conversar.

- No use el tiempo de mirar televisión, de videojuegos o de computadora como premio. De acuerdo con investigaciones realizadas por la fundación Nemours, en los Estados Unidos, utilizar esos medios como recompensa hace que estos parezcan aun más importantes para los niños.

- Ofrezca alternativas a la televisión, a los videojuegos y al uso recreativo de la computadora. Los padres y quienes atienden a los niños son responsables del tiempo que ellos pasan frente a estos entretenimientos. Aliente otras actividades para sus hijos, tanto dentro como fuera de la casa, sobre todo aquellas que impliquen un juego activo. Los padres, a menudo, ceden ante la letanía de quejas –"estoy aburrido", "no tengo nada que hacer"– y permiten más tiempo de TV o de videojuegos de lo que deberían. Puede evitar esto sentándose con sus hijos y proponiendo, entre todos, cien cosas diferentes para hacer cuando estén aburridos o cuando llueva y no puedan jugar afuera. Coloque esa lista en la puerta de la heladera y remítalos a ella cuando comiencen las quejas.

Cómo enseñar a administrar el tiempo

Limitar el tiempo que sus hijos pasan entreteniéndose con los distintos medios les enseñará a planificar sus actividades y eso, a su vez, facilitará incluir otras iniciativas como, por ejemplo, el ejercicio físico. Una de las cosas más útiles que puede aprender todo adulto es la administración del tiempo, ya que ello no solo asegura que se fijen prioridades para las distintas actividades, sino también que el tiempo es utilizado en forma más efectiva, dando lugar a la inclusión de momentos de distensión y diversión, que son indispensables. En vista de que, en la actualidad, los horarios de los niños son casi tan acelerados y complejos como los de los adultos, la administración del tiempo es una habilidad cuyo aprendizaje, sin duda, los beneficiará no solo en el presente sino también en el futuro.

Si sus hijos son pequeños, usted tendrá que tomar parte muy activa en el proceso, planificando el tiempo y los horarios con ellos, de acuerdo con su información. Planificar un horario también ofrece una buena oportunidad para discutir actividades y prioridades, como la importancia del ejercicio físico y del tiempo libre que no implique estar frente al televisor. Esta planificación también le servirá para descubrir áreas en las cuales su hijo esté más estresado, excesivamente ocupado o realizando actividades de las que ya no disfruta o que lo someten a demasiada presión.

Los niños más grandes y los adolescentes deberán ser incentivados a administrar su tiempo en forma regular, a fijar horarios y a establecer sus preferencias y prioridades (por ejemplo, a través de una lista). El mismo sistema puede ser aplicado a niños de todas las edades, pero es importante que usted, en algún momento, se involucre para ir conociendo los cambios en los intereses de su hijo o para descubrir áreas de potencial estrés.

Cómo establecer prioridades

Siéntese con su hijo y considere las prioridades para todo aquello que habrá de ocupar su tiempo. Las prioridades obvias son el ejercicio físico, el sueño, comer en familia, tiempo para hablar, el colegio, las tareas escolares, el tiempo libre, el tiempo a pasar con amigos y las actividades familiares. Haga una lista de todas las ocupaciones cotidianas y pídale a su hijo que agregue aquellas de las que disfruta mucho y que no figuran en la nómina. Es muy probable que algunas de las cosas que diga sean una sorpresa para usted. Ahora asígneles los distintos puntos de acuerdo con su importancia para su hijo y con el placer que él obtenga de ellas. Utilice esto como detonante para una charla constructiva. Si siente que algunas de las actividades que su hijo quiere dejar de lado son importantes, explíquele los motivos y esté dispuesto a hacer y a exigir concesiones. El objetivo es reducir la sobrecarga de ocupaciones y establecer una rutina que permita que todos los aspectos importantes de la vida de su hijo tengan su lugar.

Todo esto podrá sonar muy complicado, pero recuerde que, a pesar de ser básicamente sedentarios, los niños de hoy en día tienen jornadas muy ocupadas y complicadas, casi sin tiempo para distenderse y "recargar las pilas". Esto contribuye al problema del estrés infantil que, a su vez, influye sobre el peso. Además, un niño cuyo día está demasiado repleto de obligaciones y compromisos, terminará agotado y con menos ganas de participar de actividades físicas. Lo que usted deberá tratar de lograr es incluir la mayor cantidad de tiempo libre distribuido a lo largo del día, durante el cual el niño pueda hacer algo para sí mismo, lejos del televisor y de la computadora. Es mucho más probable que salga a jugar a la pelota con algunos amigos si tiene tiempo libre para hacer lo que quiera. También podrá elegir practicar natación, o jugar en el parque, o hacer cualquier cosa que lo mantenga distendido, feliz y activo. Esto no quiere decir que haya que desalentar pasatiempos como la lectura... siempre y cuando su hijo desarrolle actividad física suficiente en otro momento. La distensión es una parte importante de un estilo de vida equilibrado y, mientras no se la practique frente al televisor, debería alentarse al niño a descansar y relajarse. Un niño distendido está mucho mejor preparado para manejar las presiones de la vida moderna y la enfocará en forma mucho más equilibrada.

Cómo planificar un horario

El objetivo de un horario es establecer una rutina que aliente a su hijo a concluir la tarea que tiene entre manos, sobre todo si sabe que también hay planificadas actividades *divertidas*. Cuide que exista un buen equilibrio entre juego, diversión y trabajo, y que haya tiempo totalmente libre. Involucre a su hijo en el proceso de planificación. De ser posible, que sea él quien comience armando el horario; usted luego trabajará con él para afinar detalles.

Quizás algunos días de la vida de su hijo resulten muy cargados de actividades, en cuyo caso deberá intercalar con mayor frecuencia pequeñas pausas. Reserve uno o más días a la semana en los que su hijo tenga la visita de amigos y procure que haya al menos un día en la semana en el que no tenga que hacer tareas escolares y pueda disfrutar plenamente del descanso y de la libre elección de actividades. Reserve al menos una hora diaria para ejercicios físicos o la práctica de deportes, al menos una hora de tiempo libre durante el cual pueda, simplemente, jugar (y la mayoría de los niños desarrolla actividad física durante el juego) y, por supuesto, el tiempo para TV y videojuegos (tan valorado por su hijo). También deberá haber tiempo suficiente para hacer las tareas escolares y tiempo en familia, de crucial importancia para la dinámica familiar y la salud emocional de todos los integrantes del hogar.

Procure encontrar un adecuado equilibrio entre *ser* y *hacer*. Con una mejor administración del tiempo, tanto usted como sus hijos podrán ser más productivos, mantener una mejor relación, disfrutar más de la interacción con un mínimo de estrés y ansiedad. Y lo más importante de todo será que la excusa de que "estoy demasiado ocupado", ya sea para hacer ejercicio físico, las tareas o cualquier otra cosa, ya no tendrá razón de ser. El niño que aprende a administrar su tiempo cosechará los beneficios de esa habilidad en el futuro, cuando tenga exámenes, trabajos exigentes y su propia familia. Habrá aprendido a fijar prioridades para cosas como el ejercicio físico, actividades recreativas que disfruta, tiempo dedicado a la familia y a los amigos y siempre tendrá un poco de tiempo para sí mismo. También verá que no perder horas y horas sentado frente al televisor le permite ocupar su tiempo en cosas más interesantes.

El horario de su hijo no tiene por qué ser reelaborado cada semana. Al cabo de dos o tres semanas verá que su hijo conformó una rutina sana y que aprendió a incluir más actividades y, al mismo tiempo, a tener más tiempo libre. Y esta es una forma de vida mucho más saludable.

¿QUÉ PASA CON EL SUEÑO?

A pesar de que en este capítulo hablamos, principalmente, del ejercicio físico y del tiempo libre, es decir, de cómo lograr que los niños desarrollen más actividad y se despeguen del televisor, es importante tomar en cuenta también el otro elemento de la ecuación: el sueño. En la introducción de este libro vimos que uno de los efectos colaterales de la obesidad es dormir mal y con interrupción, además de un problema llamado *apnea nocturna*, un trastorno del sueño serio que puede afectar mucho al niño.

La apnea nocturna se caracteriza por breves pero numerosas pausas involuntarias en la respiración. Esas interrupciones hacen que el niño se despierte varias veces a lo largo de toda la noche, con lo cual resulta imposible disfrutar de un sueño profundo, continuo y reparador. Las personas que sufren de apnea nocturna durante el día suelen sentirse somnolientas, con poca capacidad de concentración, con lo cual todo su desempeño se ve afectado.

En el niño, las repercusiones de la apnea nocturna y la falta de sueño suficiente son importantes. Cuando un niño no duerme lo suficiente, tanto su salud como su rendimiento se ven afectados y es muy frecuente que surjan problemas en el colegio. Sin embargo, muchas veces se ignora la falta de sueño suficiente en el niño o sus consecuencias son atribuidas a un déficit de atención y a trastornos del comportamiento.

¿Cuántas horas de sueño necesita un niño?

Las necesidades en este aspecto difieren marcadamente de un niño a otro, al igual que en los adultos. Sin embargo, esta no es una excusa para pensar que el niño pueda hacer lo mismo que ellos. El sueño es de crucial importancia durante la infancia y la adolescencia y hay muy, muy pocos niños que no necesiten dormir, por lo menos, las horas promedio requeridas. La tabla que sigue indica la cantidad de horas que necesita dormir un niño según su edad. No se sorprenda si su hijo no se adecua exactamente a esta norma. Simplemente es útil tener una idea acerca de qué esperar y a qué objetivo apuntar. Si usted se encuentra con que su hijo duerme muchísimo menos o más de lo requerido, probablemente debería averiguar la razón de ese desvío.

El tema es que no solo la obesidad contribuye a problemas de sueño, sino que los problemas de sueño pueden contribuir a la obesidad. Un estudio realizado en 1999 sobre el tema determinó que ir generando un déficit de sueño a lo largo de varios días puede afectar el metabolismo y trastocar los niveles hormonales. Después de limitar las horas de sueño de 11 adultos jóvenes a cuatro horas durante seis noches, los investigadores detectaron que su capacidad de procesar la glucosa (azúcar) en sangre había decaído y, en algunos casos, incluso en el nivel de un diabético. Esto, por supuesto, tiene importantes consecuencias a largo plazo en lo referente al control del peso corporal.

Edad	Cantidad de horas	Períodos de sueño/ observaciones
Recién nacidos	16 a 18	En períodos a lo largo del día, alrededor de la mitad durante la noche y la mitad durante el día.
3 a 6 meses	15	En cuatro o cinco períodos, alrededor de dos tercios durante la noche. En algún momento, entre los tres y los seis meses, el bebé, normalmente, comienza a dormir más horas seguidas durante la noche.

Edad	Cantidad de horas	Períodos de sueño/ observaciones
6 a 12 meses	14 a 15	Durante este período, el sueño durante el día suele reducirse de cuatro horas a una hora y media. Lo que significa que el sueño nocturno se incrementa en forma proporcional. Probablemente duerma siestas regulares (por ejemplo, dos veces al día).
1 a 2 años	14	Las siestas suman entre una y dos horas y media de sueño, mientras que las horas restantes se duermen de noche. La mayoría de los niños dejan de lado la siesta a media mañana al aproximarse a los dos años. Un niño sano de dos años puede dormir alrededor de doce horas durante la noche, sin despertarse.
3 a 6 años	11 a 13	Por lo general, alrededor de los tres o cuatro años desaparece la siesta de la tarde, aunque a niños más dormilones les hace bien un descanso vespertino.
7 a 9 años	9 a 11	Dormirse les lleva más tiempo y estas cifras no tienen en cuenta el tiempo que media entre apagar la luz y quedarse dormidos. Es importante que el sueño sea profundo y sereno.
10 a 11 años	8 a 11	A esta edad, los niños no suelen dormir todo lo que necesitan, y muchos padres se sorprenden al ver la cantidad de sueño que necesita el niño preadolescente.

Edad	Cantidad de horas	Períodos de sueño/ observaciones
11 a 18 años	9,5 y más	Durante la adolescencia, el niño necesita dormir más que otro de menor edad.

Investigaciones recientes comprobaron que la privación del sueño puede aumentar el apetito. Debido a las manifestaciones psicológicas de la fatiga, las sensaciones de sueño y de hambre son similares y, a veces, las confundimos y comemos no porque tengamos hambre sino porque tenemos sueño.

Cuando un niño no ha descansado lo suficiente, es evidente que sentirá menor inclinación a la práctica de deportes y ejercicios físicos. Además, la falta de las horas de sueño adecuado genera una fuerte tendencia a reducir la intensidad de la actividad física. De ahí que una persona bien descansada puede caminar tres kilómetros en treinta minutos, mientras que la persona que no ha descansado demorará el doble, con lo cual quemará la mitad de calorías en el mismo tiempo.

La falta de sueño también puede afectar el metabolismo por sus efectos sobre los niveles de hormonas. Afecta, sobre todo, los niveles de hormonas como la cortisona, la insulina y la hormona del crecimiento. La cortisona (la hormona del estrés) también aumenta como respuesta al estrés físico y emocional, y la falta de sueño se considera uno de esos factores de estrés. La cortisona eleva los niveles de insulina, lo que promueve el almacenamiento de grasas e inhibe la pérdida de adiposidad. Cuando los niveles de la hormona de crecimiento caen como consecuencia de un sueño inadecuado, se produce el almacenamiento de las grasas y la pérdida de masa muscular.

Como si todo esto no fuese suficiente se ha demostrado que la mayoría de las personas, cuando se sienten privadas de sueño, tienden a consumir más calorías de las que necesitan para mantener su peso corporal. Algunos estudios también indican que esas personas suelen experimentar una mayor ansiedad por consumir alimentos dulces de alto contenido en hidratos de carbono. Si esto se combina con un nivel elevado de cortisona y de insulina, todo favorece el almacenamiento de grasas.

¿Qué se puede hacer para favorecer un descanso nocturno adecuado?

Cómo asegurar un buen descanso nocturno

- Apague el televisor por lo menos una hora antes de que su hijo se vaya a dormir, para que no se encuentre sobreestimulado. Lo mismo vale para videojuegos y computadoras. Estos juegos suelen posponer la hora de ir a dormir ya los niños dicen que tienen que "terminar el partido". Ni se le ocurra aceptar que su hijo se vaya a dormir más tarde por estas excusas.

- Insista en la importancia del ejercicio. Es mucho más probable que un niño físicamente cansado duerma bien, que un niño que estuvo inactivo durante todo el día.

- Implemente una buena rutina a la hora de ir a dormir. Para un niño más pequeño, eso comienza unos treinta o sesenta minutos antes de la hora de ir a la cama e incluye un baño caliente, un cuento, una conversación calma y un tiempo para desacelerarse. También en el caso de un niño ya mayor, ese tipo de rutina resulta beneficiosa: un baño y tiempo para leer tranquilo en su cuarto antes de apagar la luz.

- Recuerde que un niño cansado no se comporta como un adulto exhausto sino que, por el contrario, se ve hiperactivo, nervioso y rebosante de energía. La clave es hacer que se acueste mucho antes de que se instalen esos síntomas, ya que de lo contrario estarán demasiado excitados para dormirse. Algunos padres se dieron cuenta de que, en el caso de niños muy acelerados, el acostar a sus hijos treinta minutos más temprano produce un cambio positivo.

- Evitar actividad física fuerte durante los sesenta a noventa minutos que preceden a la hora de ir a dormir, ya que el niño puede llegar a desvelarse.

- Dentro de lo posible, no permita que ingiera bebidas cafeinadas ni tentempiés muy azucarados, dado que pueden impedir que se duerma o que duerma bien durante toda la noche. Un vaso de leche, una rebanada de pollo frío, queso o una tostada integral antes de que se cepille los dientes constituyen tentempiés más adecuados. El niño que sufre de problemas con su glucemia también dormirá mejor si los niveles de glucosa en sangre no caen demasiado durante la noche.

- Inculque a sus hijos las razones por las cuales es importante que duerman lo suficiente: mejorar la concentración y los niveles de energía, lograr un estado de ánimo equilibrado, mejor capacidad de aprendizaje e, incluso, mejor control del peso corporal.

- Manténgase firme. Es responsabilidad de los padres fijar reglas que aseguren la buena salud de sus hijos. No ceda a demandas que puedan afectar el bienestar de su hijo. Fije reglas razonables y adhiera a ellas. Manténgase firme. Cuando usted diga no, debe ser no.

Para todo niño y, sobre todo, para uno con problemas de sobrepeso, es fundamental que usted genere un estilo de vida equilibrado, con suficiente tiempo al aire libre, abundante ejercicio físico, actividades recreativas saludables y un ritmo de sueño adecuado. Pero un mejor estilo de vida también tiene el beneficio adicional de liberar tiempo para la interacción entre los integrantes de la familia, algo que a menudo queda demasiado relegado en la tan atareada sociedad actual. El impacto de ese tiempo pasado en familia puede resultar decisivo para la salud emocional de su hijo. Y en vista de que muchos de los problemas asociados con la obesidad tienen que ver con las emociones y la autoestima de su hijo, se trata de un tema que requiere de la atención de toda la familia. En el próximo capítulo analizaremos la importancia de la salud emocional y de qué manera usted puede lograr una vida familiar equilibrada, en la que todos puedan sentirse bien.

CAPÍTULO 6

Cómo construir una imagen de sí mismo saludable

Sufrir de sobrepeso es una especie de arma de doble filo cuando de salud emocional se trata. Por un lado, un niño con baja autoestima o con problemas emocionales es más vulnerable al sobrepeso y, por otro, aun la autoestima del niño emocionalmente más sano puede resentirse mucho cuando aparece un problema de sobrepeso. No resulta sorprendente que esto complique el problema e incremente la probabilidad de exacerbar aun más el aumento de peso.

En el capítulo 2 vimos de qué manera la autoestima y la salud emocional pueden tener una incidencia importante sobre el peso de un niño. Además, advertimos que una relación poco saludable con la comida –cuando se convierte en una fuente de consuelo y una forma de aliviar el aburrimiento, el estrés, la ansiedad, la depresión y la infelicidad general– es uno de los mayores problemas que enfrenta el niño con sobrepeso. Pero ¿qué pueden hacer los padres para equilibrar la balanza? ¿Cómo lograr que un niño con sobrepeso, que se siente desdichado, vuelva a sentirse bien e interesado en actividades físicas y recreativas, a cultivar amistades positivas y a recuperar su autoestima? Ningún niño deprimido o maltratado por sus pares encontrará, milagrosamente, el impulso para implementar cambios que conduzcan a un peso más saludable, ya que si sostiene una imagen negativa de sí mismo, no tendrá la motivación suficiente para cuidar de sí, de su cuerpo, de su salud y su aspecto físico.

En este capítulo afrontaremos cómo revertir esa situación a fin de ayudar a su hijo a cultivar una autoimagen saludable y a sentirse bien con lo que es. Repararemos en cómo alentar la autoestima y el respeto de sí mismo y, además, cómo incentivarlo a cuidar su peso sin menoscabar su autoestima y su aplomo. Una forma de hacerlo es cambiar la dinámica familiar. Muchos niños con sobrepeso se sienten aislados e incapaces de compartir sus problemas. En una unidad familiar inclusiva y llena de afecto, donde todos los integrantes son valorados, el niño con sobrepeso podrá enfrentar su problema y, como parte de una familia, buscar soluciones que lo harán sentirse mejor consigo mismo y más capaz de afrontar la presión normal que significa crecer.

Por empezar, analicemos los problemas que el niño con sobrepeso tiene que enfrentar, a menudo, en forma cotidiana:

- El niño con sobrepeso tiende a sufrir mayor ansiedad y a tener menor habilidad social que un niño de peso normal. Por un lado, está el niño a quien esos problemas inducen a portarse mal y a molestar en clase, mientras que por el otro está aquel que se aísla socialmente. El estrés y la angustia también interfieren con el aprendizaje. La angustia relacionada con la actividad escolar puede crear un círculo vicioso en el cual una preocupación creciente alimenta un desempeño académico cada vez más deficiente.

- En algunos niños con sobrepeso, el aislamiento social y la baja autoestima crean abrumadores sentimientos de desesperanza. Cuando un niño pierde toda esperanza de que su calidad de vida puede mejorar, está yendo camino hacia la depresión. Un niño deprimido probablemente pierda interés en las actividades normales de todo niño, duerma más que lo habitual o llore mucho. Algunos niños deprimidos ocultan su tristeza y se muestran emocionalmente inaccesibles e indiferentes. De cualquier manera, la depresión es tan seria en un niño como en un adulto.

- Un estudio realizado entre más de noventa mil adolescentes determinó que los niños con sobrepeso solían tener una red social más limitada que sus pares de peso normal. Los investigadores descubrieron que los estudiantes con sobrepeso tenían el 70 por ciento menos de probabilidad de ser elegidos como amigos por sus compañeros que sus pares de peso normal. A pesar de que los estudiantes con sobrepeso citaban como amigos a compañeros de estudio, esos *amigos* no retribuían esa calificación.

- Un estudio canadiense encontró que el adolescente con sobrepeso tiene mayor probabilidad de ser víctima de acoso y agresión por parte de niños pendencieros que sus compañeros de peso normal o, en el otro extremo, de convertirse él mismo en agresor, lo que respalda la idea de que la obesidad pone en peligro no solo la salud física sino también la emocional. Este estudio, publicado en *Paedriatics*, en 2002, detectó que las niñas obesas tenían el doble de posibilidad de ser maltratadas por alguna *líder* que sus pares de peso normal; entre los varones obsesos, el riesgo de ser víctima del "bravucón de la clase" era algo menor que en el caso de las niñas, pero considerablemente mayor que el existente para varones de peso normal. También se detectó la situación inversa: en comparación con las conductas de niñas de peso normal, había una posibilidad cinco veces mayor de que una niña obesa maltratara físicamente a sus compañeras. Entre los varones, el riesgo de que el obeso se volviese físicamente agresivo sólo aumentaba ligeramente, pero se observó una probabilidad dos veces mayor entre ellos que entre los chicos de peso normal, de que se burlaran de los otros o hicieran circular calumnias y rumores. Los investigadores llegaron a la conclusión de que "las ramificaciones sociales y psicológicas inducidas por el proceso de victimario-víctima podían frustrar el desarrollo social del joven con sobrepeso u obeso, porque los adolescentes son extremadamente dependientes de sus pares en todo lo que hace a apoyo social, identidad y autoestima".

- La psicóloga infantil Sylvia Rimm, autora de *Rescuing the Emotional Lives of Overweight Children* (*Al rescate de la vi-*

da emocional de los niños con sobrepeso), dice que muchos colegios con programas tendientes a evitar la intimidación por parte de niños belicosos no toman en consideración, en forma específica, el problema de los niños con sobrepeso. Según Rimm, una reducción de los problemas de intimidación y acoso por parte de niños pendencieros en los colegios podría ayudar a muchos niños a superar sus problemas de sobrepeso, ya que el sentirse víctima de esos *líderes* más fuertes y agresivos hace que el niño se aísle y sienta que "lo único que les queda a los niños gordos es la comida y mirar televisión".

- En el Reino Unido, un estudio realizado en 2003 demostró que niñas de apenas nueve años se sometían a estrictas dietas después de que alguien se burlara de ellas por su peso. Una de cada cinco niñas de nueve años y casi la misma proporción de varones habían sido víctimas de burlas y agresiones de parte de sus compañeros a causa de su gordura. A los especialistas les preocupa que las burlas de sus pares contribuyan a la moda de adelgazar entre los niños y, en particular, entre las niñas pequeñas.

- Dado que la obesidad está aumentando y la práctica de ejercicio físico disminuye, los niños están desarrollando enfermedades crónicas a edades muy tempranas. Los niños con sobrepeso y los obesos suelen crecer con mayor rapidez que sus pares y, muchas veces, son confundidos con niños de mayor edad. Con eso corren el riesgo de ser discriminados y de generar actitudes negativas en relación con su sobrepeso, según lo establecido por un estudio realizado en 2003 entre alrededor de cinco mil niños. Este reveló que el 30% de las niñas y aproximadamente el 25% de los varones eran, regularmente, blanco de burlas por parte de sus pares a causa de su sobrepeso. Y lo que sucede en el hogar no es mucho mejor, sobre todo para las niñas: el 28% dijo que algunos integrantes de la familia se burlaban de ellas, cosa que también sucedía con el 16% de los varones. Los investigadores afirman que ese tipo de tormento ocasiona una tasa más elevada que la normal en lo que respecta a la reducción de la autoestima, a la depresión y pensamientos suicidas.

- Cuanto más tiempo sufra un niño de sobrepeso, tanto mayor es el riesgo de que caiga en una depresión o en algún otro trastorno relacionado con su salud mental. Los investigadores han descubierto que la obesidad conlleva un gran estigma social y puede conducir a la depresión si afecta negativamente la autoestima, la imagen corporal o la sociabilidad. Incluso puede trastornar los esquemas hormonales normales. Además, la depresión en el niño con sobrepeso puede conducir a la obesidad, ya que el niño carece de la energía necesaria para practicar actividades físicas o se siente inmovilizado por el estrés.

- Un estudio fascinante, publicado por el *Journal of the American Medical Association* (*Revista de la Asociación Médica de los Estados Unidos*) descubrió que los niños obesos tenían cinco veces y media más probabilidades de soportar una calidad de vida deficiente que los niños sanos, lo que equipara su experiencia al trauma sufrido por niños sometidos a un tratamiento de quimioterapia por un cáncer. "En cada una de las áreas de su vida, los niños obesos mostraron un puntaje [en relación con un estudio sobre la calidad de vida] tan negativo como el de pacientes de cáncer –dijo el doctor Jefferey Schwimmer, de la Universidad de California, en San Diego–. Nos sorprendió que el puntaje fuese tan negativo." El mismo estudio determinó que los niños obesos perdían, en promedio, cuatro días de clase al mes, contra menos de un día por mes en el caso de niños de peso normal.

- El grado y la naturaleza de las burlas que padecen los niños con sobrepeso han sido ilustrados por una cantidad de estudios realizados en el Reino Unido. Uno de ellos comprobó que el 96% de las adolescentes con sobrepeso refirieron comentarios hirientes y humillantes y apodos despectivos. También hay una investigación que sugiere que muchos profesionales de la salud, incluyendo médicos, dietistas y enfermeras, comparten esos prejuicios "antigordos". Un estudio realizado por el doctor Andrew Hill, de la Universidad de Leeds, demostró que el 14% de los niños de doce años y el 18% de los de nueve años eran blanco de burlas en forma regular por ser *gordos*, a pesar de que alrededor de la mitad de esos niños no eran clínicamente gordos y ni siquiera tenían sobrepeso. "Todos los destinatarios de las burlas y algunos de los burladores demostraron tener una baja autoestima, propender más a seguir dietas estrictas y a detestar sus cuerpos –dijo el doctor Hill–. Con el tema de la obesidad, tenemos que recordar que los factores psicológicos son de suma importancia y que trastornos alimentarios como la anorexia y la bulimia son la otra cara de la moneda."

- En un estudio realizado sobre el tema, la obesidad infantil se hallaba asociada a una probabilidad dos veces y media mayor de aparición de un trastorno conocido como "negativista-desafiante", determinado por un cuadro de desafío y no cooperación, y un comportamiento hostil hacia las figuras de autoridad. El trastorno es más frecuente en varones, pero los investigadores comprobaron que era elevado tanto en niñas como en varones obesos. La doctora Sarah Barlow, especialista en obesidad infantil, dice que un niño con trastorno negativista-desafiante no suele fijarse límites ni observar aquellos estipulados por los padres, y que esto, muy fácilmente, puede conducir a la obesidad.

Toda esta información es sumamente preocupante. Es evidente que algunos de estos estudios se concentran en niños que han sido obesos durante un período prolongado y que pueden estar padeciendo un peligroso grado de sobrepeso. Pero es importante recordar que en nuestra sociedad el sobrepeso posee una fuerte carga emocional y que centrarse exageradamente en un modelo de extrema delgadez puede hacer que el niño con sobrepeso no solo se sienta desdichado y aislado, sino que también sea centro de bromas y blanco de agresiones. También es posible que esté ocultando su malestar detrás de una aparente apatía, o haciéndose el valiente, con lo cual probablemente usted ni siquiera advierta la existencia del problema. Todo esto suena muy dramático y quizá fuera de toda relación con el niño normal que tiene un ligero sobrepeso, pero es importante recordar que la autoestima y la imagen de sí mismos son muy frágiles durante la etapa del crecimiento, y pueden ser demolidas con mucha facilidad, causando así problemas emocionales que tal vez afecten al chico por el resto de su vida.

Otro punto clave que debe recordarse es que los problemas de peso de un niño pueden ser exacerbados por las dificultades que está experimentando. Si para un adulto resulta difícil levantarse una y otra vez de sus cenizas, fácilmente un niño puede sentirse tentado a abandonar cualquier intento y a buscar consuelo en la comida y en una alimentación poco saludable. Es necesario que posea una determinación muy fuerte para poder encontrar, por sí mismo, la energía que le permita cambiar de estilo de vida y tomar por un rumbo más saludable, cuando es blanco de burlas y agresiones y se siente, además, abrumado por la imagen negativa de sí que ha desarrollado. No cabe duda de que los niños pueden ser muy crueles con otros chicos y usted, como padre, no querrá que su hijo sea receptor de esa crueldad.

Una forma de evitarlo es trabajar para desarrollar la autoestima y el autorrespeto de su hijo, y para que mejore su imagen corporal, de modo que pueda hacer frente a la agresión de sus pares, manejar los sentimientos negativos asociados con el sobrepeso y, al mismo tiempo, encontrar el aliciente necesario para cambiar.

CÓMO MOTIVAR A UN NIÑO CON PROBLEMAS DE SOBREPESO

Antes de volcar nuestra atención sobre cómo reforzar la autoestima de su hijo, analicemos las distintas maneras de motivar a un niño con sobrepeso a fin de que adopte un estilo de vida más saludable. Debido a su frágil autoestima, es importante encarar ese cometido de la manera correcta, de modo tal de no intensificar los conflictos emocionales que puedan estar alimentando el problema del sobrepeso.

- Ante todo, es importante no ponerle el rótulo de "gordo", "regordete" o "gordito". Los niños dan mucha importancia a lo que sus padres les dicen y construyen su identidad sobre lo que escuchan acerca de ellos. Al ponerle un rótulo, usted puede estar socavando la confianza de su hijo y creando una profecía que contribuirá a su propio cumplimiento.

- El sobrepeso y la obesidad indican una baja autoestima y una imagen corporal negativa. Hacerle bromas a su hijo sobre el tema o abochornarlo señalando en forma reiterada un problema que es percibido no hará sino incrementar esos mismos problemas.

- Aliente a su hijo en todo aquello que sabe hacer bien. Dígale cuánto lo quiere, lo valora y aprueba lo que es.

- Asegúrese de que su hijo tenga ropas atractivas y acordes con la moda. Lo ayudará a sentirse orgulloso de su aspecto, lo cual podrá fomentar su interés por su cuidado corporal. También es importante que el niño con sobrepeso no se sienta diferente de sus pares y que evite que los más agresivos tengan motivos adicionales para burlarse de él y humillarlo. Ayudarlo a verse bien es una forma de alentarlo a sentirse a gusto respecto de sí mismo, lo que podrá propiciar modificaciones de los esquemas poco saludables. Algunos padres evitan comprar ropas atractivas a sus hijos cuando están gordos, alegando que, de esa forma, no tendrán estímulo para perder peso. Hay adultos que adhieren al mismo concepto y compran sus ropas de un tamaño menor al que necesitan como incitación para perder unos kilos. Esto no funciona para un niño, que sólo se sentirá poco atractivo y frustrado.

- Procure que su hijo no se sienta mal; no lo obligue a participar en deportes en los que siempre será el perdedor. Busque ejercicios que pueda practicar en forma individual y en los que pueda tener éxito. Aliéntelo a practicar los deportes que le agraden y en los que se desempeñe bien.

- No lo regañe por lo que come o por el peso. Su hijo solo se sentirá resentido y se distanciará de usted... probablemente para consolarse con una oculta reserva de golosinas.

- Sea especialmente cuidadoso si tiene una hija preadolescente. Nuestra cultura enseña a las jóvenes a basar su autoestima casi exclusivamente sobre las formas y medidas de sus cuerpos. Si su hija piensa que usted critica su aspecto, creerá que la encuentra inaceptable como persona. Con eso corre el riesgo de que, al sentir que no responde a las expectativas del entorno, se vuelque a la anorexia en un esfuerzo de complacerlo, o que, por el contrario, se rebele y engorde aún más como una expresión de ira y desafío.

- En lugar de regañar a su hijo, predique con el ejemplo. No sirva un plato de comida *dietética* a su hijo con sobrepeso mientras los demás integrantes de la familia se atoran con pizza y torta de chocolate. Prepare comidas familiares saludables para todos por igual. En lugar de desparramarse frente a la TV después de cenar, salga a caminar o a andar en bicicleta con los niños. Durante los fines de semana, llévelos a hacer caminatas o familiarícelos con su deporte favorito, pero no deje de participar usted también... y no sólo viéndolo por televisión.

LA OBESIDAD ¿ES UN TRASTORNO ALIMENTARIO?

En algunos niños, la obesidad bien podría estar relacionada con un trastorno alimentario; de hecho, una relación poco saludable con la comida, incrementada por problemas emocionales que conducen a un comportamiento errático tanto en la alimentación como en otras áreas de la vida, podría ser clasificada como un trastorno alimentario, a pesar de que puede ser algo menos serio que trastornos como la bulimia y la anorexia. Pero vale la pena observar que los niños con sobrepeso corren el riesgo de desembocar en ese tipo de problema. Ciertos estudios realizados al respecto demuestran que el niño que ha sido puesto a dieta y privado de alimento es más proclive a asociar sentimientos negativos con la comida y sufrir de trastornos alimentarios más tarde en la vida. Otros estudios también indican que los padres que tratan de controlar con excesiva rigidez lo que sus hijos comen pueden estar creando, sin darse cuenta, depresión, bochorno, sensaciones de abandono y de ansiedad, todo lo cual contribuirá a que se desarrolle un trastorno alimentario. Un estudio reveló que el atracarse con comida y levantarse a comer durante la noche son dos trastornos que afectan a entre el 10% y el 20% de las personas que siguen un tratamiento por obesidad. Como resultado de su insalubre relación con la comida, algunos niños con sobrepeso pueden haber desarrollado el trastorno alimentario de atragantarse periódicamente. Los síntomas más comunes incluyen:

- Comer con frecuencia y repetidamente.
- Sentirse fuera de control e incapaz de parar de comer durante los atracones.
- A menudo, comer rápido y a escondidas, o *picando* durante todo el día.
- Sentirse culpable y avergonzado después de atracarse.

• Tener una historia de dietas fracasadas.
• Tener una tendencia hacia la depresión o, simplemente, sufrir de bajones anímicos.
• Ser obeso.

Las personas que tienen este tipo de trastorno, por lo general, no vomitan ni hacen ejercicios en exceso ni abusan de laxantes, como los bulímicos. Es posible que tengan una predisposición genética a pesar más de lo que establece el ideal cultural (que en la actualidad es excesivamente irreal), de modo que se someten a dietas estrictas, sienten hambre y después se atracan como respuesta al hambre que sienten. O comen por razones emocionales: para consolarse, para evitar situaciones amenazadoras o para anestesiar dolores emocionales.
Si reconoce a su hijo en este cuadro, tendrá que recurrir a la ayuda de un profesional de la salud. Su médico de cabecera podrá orientarlo en ese sentido.

- A fin de evitar actitudes rebeldes y sentimientos heridos, cuando hable con su hijo centre la atención en la salud y no en su aspecto físico. Enfatice el aumento de la actividad física y no el de comer menos. Las dietas generan sentimientos de privación. Por eso no funcionan para los adultos... y tampoco lo harán para un niño.

- Sea realista acerca del peso de su hijo. Lo genético tiene gran influencia. Si un niño es regordete pero ingiere alimentos sanos y en cantidades razonables, si es activo y tiene un buen nivel de autocontrol, es posible que posea una predisposición genética a pesar más que el promedio de los niños de su edad. Las investigaciones sobre el tema sugieren que ese tipo de peso adicional no constituye una amenaza grave para la salud como el sobrepeso adquirido a través de excesiva comida chatarra o golosinas, o demasiadas horas navegando por Internet. Asegúrese de que su hijo comprenda que su valor como persona depende de su carácter y no de su aspecto.

- Averigüe si la causa del sobrepeso de su hijo es el estrés emocional o el sentirse desdichado o triste. El niño suele reemplazar a sus amigos por comida cuando se siente solo. También puede comer demasiado cuando está aburrido, enojado, deprimido, ansioso o angustiado. Si usted sospecha que su hijo come en un intento por atenuar sentimientos dolorosos o por escapar del estrés, hable con él y procure determinar de qué manera puede atacar la causa subyacente al problema de la comida y no solo el síntoma, que es comer demasiado. Si usted siente que la situación lo supera, consulte a un profesional calificado. Su médico de cabecera sabrá orientarlo.

- La comida puede adquirir un significado emocional cuando se la usa para consolar o para premiar a un niño. Por lo tanto, es muy importante que usted no use la comida para consolar o hacer sentir bien a su hijo: escúchelo con paciencia, préstele atención y dele cariño y abrazos. Asimismo, evite usar la comida como premio, ya que eso puede reforzar la idea de que la comida es una fuente de consuelo y bienestar anímico. En lugar de salir a comer a un restaurante de comidas rápidas para celebrar las altas calificaciones recibidas en el colegio, cómprele a su hijo un regalo, llévelo al cine o permítale invitar a un amigo a pasar la noche en su casa.

- Un niño se puede volcar a la comida para disimular o disfrazar sus sentimientos y emociones. En estos casos, los esquemas alimentarios disfuncionales se convierten en la *solución* de los problemas reales pero, por supuesto, solo generan más problemas, no menos. Es sumamente importante identificar los conflictos que pueden afectar a su hijo y enseñarle formas de manejarlos sin recurrir a la comida (cf. página 283).

- Cuando los problemas emocionales son la causa del sobrepeso de su hijo, obviamente es en lo emocional el primer lugar donde hay que buscar la solución y donde hay que implementar los cambios. Es responsabilidad de los padres intervenir para alentar a sus hijos a reconocer, definir y resolver el problema emocional subyacente que los impulsa al comportamiento disfuncional, que, a su vez, conduce al sobrepeso.

- Es responsabilidad de los padres proveer al niño de comidas saludables en forma regular y sentarse con él a comer, escuchando lo que dice, piensa y siente mientras, al mismo tiempo, observan su comportamiento frente a la comida. El niño aprende a querer lo que está acostumbrado a comer y lo que ve comer a los demás. Al principio podrá encontrar cierto rechazo pero, a la larga, si a la hora de comer el foco es una conversación positiva, habrá menos enfrentamientos acerca de lo que se sirve o se deja de servir.

- Participe junto a su hijo en actividades físicas, deportes y ejercicios saludables. Quizás lo atraiga salir en bicicleta con su hijo, tomar juntos clases de tenis o caminar hasta la biblioteca pública de su área en lugar de ir en automóvil. Esto le enseñará a su hijo que usted no solo disfruta de su compañía y quiere compartir actividades con él, sino que también está involucrado, a la par que él, en el proceso de cambiar de hábitos y de estilo de vida. Todos nos sentimos mejor si tenemos un "socio en la lucha" y su hijo sentirá que tiene en usted un apoyo fundamental. Además, al participar activamente, le estará demostrando que está convencido de que el ejercicio físico es parte de un estilo de vida saludable. No tiene sentido encarar toda una batería de cambios para su hijo si usted no demuestra interés por participar de ellos.

- Esté atento a cualquier tipo de estrés que su hijo pueda estar experimentando en la escuela o al interactuar con sus pares. Recuerde que cualquier forma de comportamiento extremo es poco saludable y puede indicar ansiedad. No es raro que un niño intente calmar su ansiedad y resolver un problema a través del uso y abuso de la comida.

- Pregúntele a su hijo con sobrepeso si alguna vez sufrió burlas o bromas en el colegio y, de ser así, hable con él sobre cómo se sintió, qué hizo o qué podría hacer al respecto en el futuro. En el capítulo 8 desplegaremos algunas ideas acerca de cómo manejar las agresiones. Esto puede ser crucial para fomentar la autoestima y enseñar a su hijo cómo conducirse en situaciones conflictivas.

- Para poder ayudar a su hijo, necesita entender qué es lo que ha desencadenado su exceso con la comida y su aumento de peso. En primer lugar, tendrá que determinar cuándo comenzó. ¿Coincidió con la muerte de un ser querido? ¿La pérdida de una *baby-sitter* con la que se había encariñado? ¿Una separación o un divorcio en la familia? ¿El nacimiento de un hermano? ¿Una enfermedad o una internación hospitalaria? ¿Agresión o estrés en la escuela? Cualquiera de esos eventos puede trastocar emocionalmente el desarrollo de un niño, causando un cambio en sus hábitos alimentarios. Esta modificación desencadena un círculo vicioso: cuanto más peso gane su hijo, tanto peor se sentirá respecto de sí mismo; y cuanto peor se sienta, tanto más se volcará a la comida para encontrar solaz y bienestar.

- La forma como usted hable del cuerpo de su hijo tendrá un gran impacto sobre la imagen que tiene de sí mismo. Haga hincapié en su salud, en sus niveles de actividad física u otras opciones a favor de un estilo de vida más saludable, en lugar de focalizar la atención en su aspecto físico. Sin duda, es importante escuchar y aceptar la preocupación que le generan el sobrepeso y las partes de su cuerpo que más lo obsesionan, pero es fácil señalar que todos tenemos partes de nuestro cuerpo que nos resultan inaceptables y que a todo el mundo le gustaría ser "perfecto". Pero, por supuesto, nadie lo es, y enseñar a su hijo esta lección es parte importante del proceso de desarrollar una visión más saludable de su cuerpo. Ponga la atención en los aspectos positivos de su imagen física –por ejemplo, en el caso de su hija, en el cabello, la piel, una cintura delgada– si detesta su aspecto, pero enfatice más todavía el hecho de que es una buena persona y destaque las cualidades que usted admira de su personalidad y de su actitud frente a la vida.

- Sea un buen modelo de rol. Aunque también usted luche contra sus sentimientos acerca de su propio cuerpo, evite comentar que "está gordo" y que "tiene que hacer un régimen estricto" delante de su hijo. Hable, por el contrario, acerca de los mismos cambios saludables de estilo de vida que usted quisiera para su hijo... y concrételos.

- Aliente a su hijo para que se involucre en actividades comunitarias y escolares que le ayudarán a adquirir habilidades sociales y confianza en sí mismo.

UNA IMAGEN CORPORAL REALISTA

No se moleste en pintar un cuadro del cuerpo de su hijo que sea evidentemente falso. Su hijo verá a través de sus esfuerzos y, aunque podrá apreciarlos, nunca aprenderá a confiar en lo que usted le diga. No hay duda de que nuestra sociedad sostiene la idea de que todos deberíamos tener la estatura y el peso perfectos, con largas piernas, cinturas delgadas, músculos bien definidos, y piel y cabello radiantes. La realidad es que los niños, al igual que los adultos, vienen en todo tipo de formas y tamaños, y la "perfección" es una meta bastante imposible, a no ser que se recurra a la cirugía plástica.

Un niño tiene que aprender que lo que importa es la esencia de una persona, no solo su apariencia, y que las personas más populares y atractivas no son "perfectas" de acuerdo con el ideal físico actual. Un buen sentido del humor, empatía, amabilidad, alegría y honestidad son características altamente atractivas, y son las que usted deberá fomentar en su hijo.

Un niño necesita sentirse bien consigo mismo, independientemente de su aspecto. No tiene sentido ignorar un evidente problema de sobrepeso que afecta su aspecto físico. El niño no es ciego, y se sentirá avergonzado si usted no se muestra dispuesto a discutir con él sus preocupaciones acerca de su aspecto físico. Sea honesto con su hijo: por ejemplo, coincida con su hija en que perder algo de peso alrededor de la cintura hará que su pollera le caiga mejor, pero hágale ver también que, como están trabajando juntos para lograr un estilo de vida más saludable, al crecer pronto adecuará su peso a su altura y se verá más delgada. Olvídese acerca de poner como objetivo la pérdida de peso, ya que eso solo creará hábitos poco saludables (cf. "El objetivo de comer sano", páginas 200-202). Hágale notar a su hija las partes más atractivas de su cuerpo y ayúdela a sentirse orgullosa de sus aspectos positivos. Todo niño –y también todo adulto– tiene que aceptar, hasta cierto punto, su cuerpo tal como es, y las personas más felices son aquellas que saben apreciar lo positivo de su persona sin obsesionarse con lo que consideran "fallas". Una vez que el niño haya entrado en la pubertad, podrá enseñarle a explotar al máximo sus mejores aspectos; por ejemplo, en el caso antes señalado, enseñándole a su hija que el usar cierto corte de pantalones hará que sus piernas se vean más largas, o que una blusa entallada disimulará una cintura demasiado recta; explíquele que tener un poco de barriga, caderas curvas y pechos es parte de convertirse en mujer y que eso da un aspecto mucho más atractivo que el de un elfo asexuado. También el varón tiene que saber que al entrar en la pubertad su forma se volverá más robusta y que eso es perfectamente normal. Su hijo debe tomar conciencia de que no todos tenemos un cuerpo perfecto y de que la mejor forma de seguir adelante es sacar la máxima ventaja de lo que somos.

Algunos niños tienen una imagen corporal totalmente distorsionada: por ejemplo, una niña que siempre fue muy delgada podrá sentirse gorda frente a los cambios en la pubertad y creerá que tiene un problema de sobrepeso si no es exactamente tan delgada como sus pares o como sus ídolos de la pantalla. Es muy importante que usted desactive esa peligrosa forma de pensar apenas aparezca, explicando cómo cambia un cuerpo al crecer y madurar, y señalando que prácticamente nadie en el mundo "real" tiene el aspecto de las modelos adolescentes. Enséñele a su hijo a sentirse orgulloso de su cuerpo, repito, focalizando la atención en los aspectos particularmente atractivos del mismo, ayudándole a ganar confianza suficiente como para aceptar sus aspectos físicos menos lindos.
Finalmente, tenga presente que lo más importante que les podemos enseñar a nuestros hijos es que la personalidad, más que el aspecto físico, es lo que hace atractiva a una persona.

CÓMO ALENTAR LA AUTOESTIMA Y FOMENTAR EL AUTORRESPETO

Los padres pueden tener un impacto directo sobre la autoestima de sus hijos, así que vale la pena analizar cómo interactúa usted con sus hijos en forma cotidiana. Un niño con baja autoestima no es, necesariamente, el producto de una gestión paterna deficiente. Existen muchos factores que pueden afectar la forma en que un niño se ve a sí mismo, pero desde la primera palabra que usted murmura al oído de su bebé puede afianzar o desalentar una imagen de sí positiva.

Cuando recién nace, el niño confía por completo en sus padres. Todo lo que ellos dicen es tomado en serio. El niño les cree. Cuando los padres están enojados, nerviosos, se sienten frustrados, están ocupados o, simplemente, agotados, pueden llegar a decir cosas sin pensarlas. Se les ponen rótulos a los niños –estúpido, lento, insoportable a la hora de comer, un caprichoso a la hora de ir a dormir– y se escapan cosas que después se quisiera no haber dicho. Todo esto es, sin duda, fuente de mucha culpa por parte de los padres y, a menudo, tratamos de recomponer la situación con besos y abrazos y, cuando los niños son más grandes, incluso pidiéndoles disculpas. Pero deténgase a considerar lo siguiente: su hijo cree todo lo que usted le dice. Y si en un momento de impaciencia o de enojo le dice que es estúpido, el niño le va a creer. Si usted le dice que es egoísta, pensará que es verdad. Cada vez que usamos palabras negativas para definir a nuestros hijos, ellos las almacenan en su mente para luego volver a ellas. Ningún niño recordará un incidente particular, o será traumatizado de por vida porque su padre le haya dicho "tonto", pero esas ocasiones van creando ladrillos defectuosos en el fundamento de su autoimagen. Por más que trate de arreglar las cosas después, lo que le haya dicho es lo que su hijo va a creer, aunque sea a nivel inconsciente.

Piense en el impacto que un comentario de este tipo puede llegar a tener en un niño con un problema de sobrepeso. Cualquier comentario negativo que se le escape contribuirá a bajar aun más la autoestima del niño y a confirmar sus temores de que no vale mucho. Muchos padres de niños con sobrepeso terminan sintiéndose frustrados cuando sus hijos siguen aumentando de peso a pesar de todos los esfuerzos que han hecho por frenar esa tendencia, y es posible que terminen por expresar esa frustración diciendo cosas que no hubieran querido decir, como: "Estarías mucho más delgado si hicieras lo que yo te dije"; o "¿Realmente hay necesidad de que comas todo esto?". Comentarios de este tipo, hechos como al margen, aun cuando son dichos sin pensar, pueden tener un efecto profundo sobre cómo su hijo se percibe a sí mismo y cómo se siente.

Ningún padre puede mantener siempre una calma absoluta o demostrar en forma constante un nivel de autocontrol que raye en la santidad, sobre todo frente a un niño. Sin embargo, lo que hay que hacer es aprender a pensar cómo decimos las cosas, a fin de evitar endilgarle rótulos a nuestro hijo que se convertirán en realidad.

La importancia de los elogios

Todo adulto sabe lo bien que uno se siente cuando recibe algún elogio, pero en nuestra sociedad los elogios no abundan. Cada uno está demasiado ocupado como para detenerse a apreciar al otro, y para comentar acerca de las pequeñas cosas que nos hacen sentir bien con nosotros mismos. Sin embargo, para cualquier niño y muy especialmente para uno con baja austoestima, los elogios son algo sumamente valioso.

Analice el día de su hijo. ¿Cuántas veces lo elogió? ¿De qué manera contribuyó a que se sintiera bien como individuo? Quizás ni una sola vez. Si su hijo estuvo sobreexcitado, malhumorado o *difícil* durante el día, probablemente lo reprendió. Es posible que haya sido castigado, pero lo más probable es que no haya recibido elogio alguno. Los elogios producen una cálida sensación interior que hacen que su hijo sienta: "estoy haciendo las cosas bien, soy bueno". De este modo, aprende a sentirse bien y a apreciar y ver lo bueno del mundo que lo rodea. Se siente querido, valorado y digno de su atención. Percibe que puede hacer las cosas bien y que usted lo reconocerá y valorará su mérito personal. De esa forma, su hijo aprende a quererse y desarrolla confianza en sí mismo.

Incluya los elogios en su rutina diaria toda vez que pueda, y sin concentrarse en un área específica. Si solo elogia las buenas notas que obtuvo en la escuela, su hijo podrá terminar obsesionado con sus tareas escolares, a fin de complacerlo y ganar su aprobación. Si solo elogia sus esfuerzos en el deporte que practica, podrá exigirse demasiado con tal de merecer su atención. Si usted nunca elogia a su hijo, continuará haciendo cualquier cosa con tal de obtener su atención, lo cual, probablemente, signifique "portarse mal". Y en el caso del niño con sobrepeso, esto podrá traducirse en un rebelde intento de comer más, simplemente para obtener la atención que esa falta de conducta, sin duda alguna, le va a procurar.

A lo largo de todo el día, observe y recalque las cosas positivas de su hijo: sus acciones, su personalidad y sus puntos de vista. Esto no quiere decir que tenga que exagerar o ser hipócrita, sino todo lo contrario. Los niños tienen la capacidad de percibir la insinceridad de inmediato. Reconozca los esfuerzos, los logros, las cualidades positivas y las buenas ideas de su hijo. Demuestre interés y orgullo. Muéstrese interesado en su persona y en su mundo. Manifieste entusiasmo frente a sus logros, aunque no estén a la altura de sus expectativas. Si su hijo obtiene calificaciones mediocres pero su maestro puso una nota felicitándolo por hacer un esfuerzo por mejorar, celébrelo. Si su hijo trae malas notas pero es elegido el mejor compañero, concéntrese en que es un niño simpático y popular. Elogie todo lo bueno que su hijo sea y haga. Si se siente bien consigo mismo y está seguro de que usted lo quiere a pesar de sus defectos, desarrollará un buen nivel de autoestima que se manifestará en todas las áreas de su vida. Y esto es de crucial importancia para un niño con sobrepeso. Necesita sentir que puede tener éxito en otras áreas de su vida, aunque su cuerpo no satisfaga sus expectativas.

El caso de Pablo

Durante la primera ronda de los exámenes finales del colegio secundario, Pablo se encontraba bajo muchísima presión, tanto por parte de su colegio como de sus padres. Siempre había sido un perfeccionista y estaba decidido a demostrar que era el primero de su clase y candidato para una universidad exigente. Pero a medida que se acercaba la fecha de los exámenes, no pasaba tiempo suficiente repasando las materias que tenía que rendir. En lugar de ello, pasaba horas frente a la computadora y comenzó a comer en exceso, como para tranquilizarse y sentirse mejor. Ni siquiera él mismo lograba entender por qué no estaba haciendo los esfuerzos que debía estar haciendo. Los resultados del examen fueron muy malos, con lo cual Pablo se sintió peor aun consigo mismo y siguió comiendo de forma desmedida. En tres meses, aumentó casi 13 kg y perdió interés en todo lo que no fuese su computadora. Sus padres estaban desorientados y no lograban explicarse ese cambio de comportamiento.

Por recomendación de su médico, Pablo fue derivado a un terapeuta, quien le diagnosticó una depresión. Poco a poco, el joven comenzó a comprender que su mal desempeño tenía por causa la postergación del estudio y no su incapacidad. También comprendió que había ido relegando y postergando sus estudios por temor a fracasar y a no lograr su objetivo, a pesar de que era perfectamente capaz de obtener las excelentes calificaciones que siempre había logrado. Comenzó a ver que sus hábitos alimentarios habían surgido como una forma de reconfortarse, ya que se sentía mejor y más contenido cuando comía. Con perseverancia y varios meses de terapia, consiguió tener el control sobre su dieta y, con el apoyo de sus profesores, decidió volcar su atención en los estudios. Los retomó, pero dejó tiempo suficiente para desarrollar actividades físicas y para divertirse con sus amigos. Pablo comprendió que, al presionarse en forma exagerada, él había sido su peor enemigo.

Dentro de poco, Pablo rendirá sus exámenes y se siente mucho más seguro y confiado. Sus calificaciones durante el curso fueron muy buenas y hacer ejercicios físicos con sus amigos le dio otra perspectiva. También ha vuelto a su peso normal, ya que está suficientemente ocupado y activo, y no necesita comer para llenar un vacío en su vida.

Lo más importante es, sin embargo, elogiar a su hijo simplemente por ser él mismo. Elogie su aspecto: "La verdad que eres muy buen mozo"; "Qué lindo que está tu cabello hoy"; "Me encanta esa sonrisa tuya"; "Esos jeans te quedan espectaculares". Si bien no se debe poner todo el énfasis en el aspecto físico cuando se trata de cimentar en un niño una imagen de sí saludable y una sensación de seguridad y confianza, un niño con sobrepeso necesita saber que es atractivo y que tiene características que lo hacen hermoso.

Como dije antes, un niño define su cuerpo a través de la percepción de quienes lo rodean. Si usted hace que su hijo se sienta atractivo, mejorará su aplomo y su autoimagen. El niño gordo, el niño flaco y desgarbado, el adolescente con acné: todos necesitan sentir que son queribles y de aspecto físico agradable. No tema que, por elogiar lo bonito que es, a su hijo se le subirán los humos a la cabeza; lo que sí logrará es que se sienta cómodo con su imagen corporal.

Demostración física de afecto

El contacto físico que transmite amor desempeña un rol fundamental en el desarrollo del bebé y del niño pequeño, y las investigaciones sobre el tema indican que ese contacto sigue siendo importante como forma de transmitir amor y cariño entre los padres y sus hijos ya más crecidos. La mayoría de los padres suele seguir dando cariño físico a sus hijas durante la adolescencia, pero para los varones esa actitud suele cambiar drásticamente. Muchos (y sobre todo las madres) sienten que el contacto físico con sus hijos varones ya no es tan apropiado cuando el niño llega a los ocho o nueve años. Sin embargo, el cambio más marcado se produce cuando entra en la adolescencia. En esa etapa, muchos niños se retraen en forma natural, sobre todo frente a sus amigos, cosa que tenemos que esperar y aceptar. Sin embargo, eso no significa que tengamos que distanciarnos por completo. Como muchos otros aspectos de la relación entre padres e hijos, el contacto físico sigue siendo importante a lo largo de toda la vida del hijo. A medida que va creciendo, los padres están entre las pocas personas que le pueden dar la contención emocional y el calor del afecto físico en un contexto no sexual, y un niño necesita sentir esa ternura para ser capaz de brindarla a su vez cuando sea adulto.

Un niño que crece sin contacto físico con sus padres se siente ignorado, avergonzado, indigno de atención y desdichado. Existen numerosos estudios que reflejan la fuerza que tiene el contacto físico –por ejemplo, un bebé se desarrolla mejor cuando existe contacto físico regular con quien lo cría– y tenemos que recordar que el contacto es importante a lo largo de toda la infancia y la adolescencia, y aun más allá. El contacto físico posee un lenguaje propio. Una palmada en el hombro, un cálido abrazo, un suave masaje en la nuca tensionada, una caricia en la cabeza o en la carita pueden comunicar la aceptación y el afecto que le hacen saber a su hijo que lo quiere. Sin embargo, tenga cuidado de no exigir muestras de afecto cuando *usted* las necesite. Esté atento a las señales de que su hijo necesita un poco de cariño y actúe con naturalidad. Un niño que está buscando que le presten atención, a veces no necesita más que eso: atención brindada con afecto. Cuando está sentado mirando televisión, acaríciele los pies. Si está lidiando con sus tareas escolares, dele un abrazo. Una demostración física de afecto transmite seguridad, cosa que es beneficiosa para todo niño.

Esto nos lleva de nuevo al tema de la imagen corporal. Un niño necesita sentirse bien con respecto a su cuerpo y su persona, y la demostración física de afecto puede reafirmar que es atractivo y querible. Nadie toca algo que le resulta repelente. Si usted evita el contacto físico con su hijo, el mensaje que él recibirá –aunque sea a nivel subconsciente– es que usted prefiere no entrar en contacto con él. El contacto físico aumenta la autoestima y hace que un niño se sienta bien con su cuerpo.

AUTORRESPETO

La cualidad más importante que puede inculcar a su hijo es el respeto por sí mismo. El autorrespeto difiere de la autoestima en varios aspectos clave. El respeto por sí mismo significa que el niño comprende en forma consciente sus propios aspectos fuertes y sus limitaciones. Esto significa que logra aceptarse a sí mismo tal como es, no se exige ser un niño perfecto con altísimas expectativas que satisfacer y con una sensación irreal de sus capacidades y debilidades. Mientras que la estima se otorga, el respeto necesita ser ganado a través de la responsabilidad, la cooperación y los logros. Si evitamos apuntar al autorrespeto y lo sustituimos por la autoestima, tenemos una forma muy conveniente de evitar el esfuerzo que se requiere para alcanzar el éxito. Por ejemplo, darle un trofeo a todos los participantes de una carrera solo por haber participado incrementaría la autoestima de cada uno pero no su respeto por sí mismos.

Cuando un niño aprende a respetarse, también aprende a respetar a los otros, y a otras cosas, como la propiedad, las motivaciones, las emociones, las responsabilidades y la autoridad. Esto se debe a que ha ganado su imagen de sí mismo y puede respetar eso. El proceso que lo condujo a este punto quedará grabado en su mente y será capaz de recurrir a lo aprendido en distintas situaciones, a lo largo de su vida, cuando interactúe con otros o con la sociedad en general. Un niño que se respeta a sí mismo tiene una visión mucho más clara de sus aspectos fuertes y débiles, y puede aceptarlos. Esto es sumamente importante en el contexto del niño con sobrepeso. Muchos niños con problemas de sobrepeso carecen del autorrespeto necesario para respetar sus cuerpos. Aparentemente, nadie los respeta, con lo cual tampoco necesitan respetarse a sí mismos. También desarrollan una tendencia a subrayar sus aspectos débiles en lugar de verlos como una parte aceptable de la persona que son; aspectos quizás imperfectos a los ojos de otros, pero parte de lo que los hace la persona única que son. Un niño con respeto por sí mismo puede aceptar sus aspectos débiles y focalizar la atención en los fuertes y, lo que es más importante todavía, utilizar esos aspectos fuertes para alcanzar lo que quiere en la vida.

Usted no le puede dar autorrespeto a su hijo, pero puede asegurar que lo gane. ¿Cómo? Ofreciéndole oportunidades para asumir responsabilidades; brindándole atención y amor incondicional (reforzando así su autoconfianza y la convicción de que es una persona única, diferente de los demás y digna de esa atención); ofreciéndole objetivos realistas y elogiando sus éxitos; premiando sus esfuerzos genuinos y sus logros, en lugar de solo elogiar cosas que no demuestran emprendimiento, iniciativa ni esfuerzo; alentándolo a sentirse bien acerca de su cuerpo; elogiando las cosas que lo hacen especial; y enseñándole respeto hacia los demás, a fin de que pueda encontrar en ellos las mismas cualidades que respeta en su propia persona.

Cuestionario

¿Cómo es la salud emocional de su hijo?
Conteste las siguientes preguntas con toda honestidad:

✓ ¿Puede su hijo decirle cómo se siente realmente? (Esto no significa decir "estoy triste" o "estoy contento" al responder a sus preguntas. Significa que su hijo sepa expresar sus sentimientos –a la hora de ir a dormir, en un momento de calma o después de una discusión– sin que usted lo presione para hacerlo.)
✓ ¿Presenta signos de estrés? (Cf. página 350.)
✓ ¿Se lo ve indiferente o retraído en forma regular?
✓ ¿Se ríe menos de lo que solía hacerlo?
✓ ¿Sonríe con facilidad o demuestra su alegría?
✓ ¿Se frustra con facilidad y quiere abandonar?
✓ ¿Se autoexige demasiado, ya sea para ser el mejor de la clase, el mejor jugador del equipo o el que gana el codiciado premio?
✓ ¿Se muestra reacio a asumir nuevos desafíos o encarar nuevas actividades de las que, normalmente, disfrutaría?
✓ ¿Se altera en forma extrema cuando se lo critica o corrige?
✓ ¿Se autohumilla en forma habitual?
✓ ¿Es excesivamente crítico con otros?
✓ ¿Se esfuerza demasiado para complacer a los demás (maestros, amigos, integrantes de la familia)?
✓ ¿Se aferra a usted?

- ✓ ¿Sufre de temores inexplicables o tiene miedo de enfrentar nuevas situaciones?
- ✓ ¿Necesita sentir constantemente que es aprobado?
- ✓ ¿Se vanagloria de sus logros?
- ✓ ¿Es agresivo o busca llamar la atención?
- ✓ ¿Es impaciente y aprecia poco a los demás?
- ✓ ¿Sufre de una serie de infecciones leves, dolores abdominales o cefaleas de origen inexplicable pero de aparición regular?

Interpretación de los resultados

Si usted contestó en forma afirmativa a la primera pregunta y en forma negativa a todas las demás, tiene un hijo sumamente equilibrado y, probablemente, no necesite leer este capítulo. Sin embargo, es posible que tenga una combinación de respuestas afirmativas y negativas. Esta no es una prueba de evaluación, pero ofrece una base para comprender las señales del desequilibrio emocional que pueden influir de muchas maneras en la vida de su hijo. Un niño con sobrepeso, sin duda, tendrá problemas que afecten o que originen su problema de sobrepeso, y detectar los períodos en los cuales es particularmente lábil puede ayudar a detectar la causa de esos problemas. El desequilibrio emocional en un niño no indica, automáticamente, que los padres hayan fracasado. Los niños de hoy en día se encuentran sometidos a estrés en muchos aspectos. No es necesario avergonzarse ni sentirse humillado si su hijo tiene conflictos emocionales. Simplemente, utilice ese conocimiento como un indicador de dónde implementar cambios para que se sienta mejor acerca de sí mismo y más capaz de manejarse con el mundo que lo rodea.

Ningún niño tendrá nunca el aspecto "perfecto", y siempre habrá momentos en los que experimente caídas en su nivel de confianza, tenga sentimientos de bajo valor personal, pierda los estribos, se vuelva agresivo e, incluso, se muestre deprimido. Al igual que la salud física, la salud emocional puede sufrir caídas y picos positivos. Así como usted toma medidas para asegurar la salud física de su hijo mediante una dieta sana y un estilo de vida saludable, puede mejorar la salud emocional de su hijo para ayudarle a atravesar el sinfín de nuevas situaciones que deberá enfrentar en la vida.

Apoyo emocional

Según la doctora Karen DeBord, especialista en desarrollo infantil, los padres tienen un rol importante que cumplir al ayudar a sus hijos a manejar el estrés, a transitar períodos difíciles y superar problemas emocionales. "Así como las reacciones de cada niño son diferentes –dice–, también son diferentes las estrategias para manejarlas adecuadamente. Un niño puede reaccionar con lágrimas o con berrinches, o bien alejándose de situaciones desagradables. Podría adquirir la capacidad de considerar opciones, encontrar soluciones de compromiso, o buscar consuelo sustituto. Por lo general, el pensamiento del niño no está lo suficientemente desarrollado para considerar opciones o pensar acerca de los resultados de sus posibles acciones. Un niño que vive en un entorno que lo apoya y que desarrolla una serie de estrategias para manejar situaciones emocionalmente problemáticas se convierte en más *resiliente*. La *resiliencia* es la capacidad de recuperarse del estrés y de una crisis. Muchos niños carecen de un entorno que los contenga y apoye, y de ahí que no aprendan toda una serie de estrategias de manejo positivas".

Karen DeBord está convencida de que las familias pueden ayudar a sus niños:

- ✓ Desarrollando confianza, sobre todo durante el primer año de vida.
- ✓ Brindando apoyo.
- ✓ Demostrando afecto y calidez.
- ✓ Teniendo expectativas altas y claras sin excesiva rigidez.
- ✓ Ofreciéndoles posibilidades de aportar positivamente a la familia.
- ✓ Basándose en los aspectos fuertes del grupo familiar.

Aceptación

Lo que más necesita un niño de sus padres es amor incondicional y aceptación, ya que esos elementos le dan el coraje y la fuerza para explorar, asumir riesgos, aceptar desafíos, intentar y lograr las cosas que quiere en la vida. Un niño que es aceptado puede ser más realista acerca de sus carencias y de sus aspectos fuertes y desarrollar respeto por sí mismo (cf. página 275). Un niño con sobrepeso que es aceptado por lo que es no desarrollará una obsesión malsana con su cuerpo y será capaz de manejar el problema con claridad y confianza.

¿Ofrece usted apoyo emocional a su hijo? De ser así, ¿en qué forma? ¿Acepta lo bueno y lo malo, tanto los fracasos como los éxitos? Si su actitud como padre se focaliza con demasiada fuerza en juzgar a su hijo, concentrándose en la disciplina, la conducta, los logros, el desempeño, el aspecto físico y el cumplimiento de las expectativas, su hijo no tendrá el apoyo que necesita para manejarse en situaciones de estrés, y no tendrá el canal de comunicación que necesita para expresar preocupaciones, aprender de los fracasos y, finalmente, saber que hay alguien, en algún lado, que lo ama sin importar lo que él haga o cuál sea su aspecto.

Si un niño convive con el aliento y el aprecio, adquiere confianza y seguridad. Si sus principales relaciones involucran a personas que son pacientes y que no le exigen demasiado, desarrollará la seguridad para probar cosas nuevas sin temerle al fracaso. No le tendrá miedo a dejar de cumplir con las expectativas de sus padres, y se sentirá alentado a celebrar cuando alcance con éxito sus propios objetivos. Todo esto lo hará más fuerte y más resistente a la presión de sus pares, a los altibajos de la vida y a los golpes que, sin duda, recibirá a lo largo de ella. Si un niño se siente bien consigo mismo y es apoyado en esa convicción, enfrentará los desafíos con mayor fuerza y entusiasmo. Sin embargo, lo más importante de todo es que será feliz. Y un niño feliz está en una posición mucho mejor para manejar adecuadamente el peso de los problemas cuando surjan, si es que lo hacen. Tendrá confianza en sí mismo, capacidades para el manejo de problemas, la energía para encararlos y la motivación de verse y sentirse bien.

Tiempo e interacción

Ya hemos visto que los niños, hoy en día, tienen demasiado poco tiempo de interacción significativa con sus padres, incluso en familias que hacen un esfuerzo mancomunado por compartir actividades. Las tareas escolares, el correr de una actividad a otra, tomar una cena apurada mientras se hacen los preparativos para el día siguiente, nada de eso genera un clima favorable a la interacción ni mucho tiempo para compartir actividades. Un niño necesita ser alentado para hablar de sus cosas, y los adultos tienen que encontrar o hacerse el tiempo para fomentar eso y para escuchar a su hijo. Formular las mismas preguntas a su hijo al final de cada día, en esa media hora de *tiempo cualitativo*, no producirá una comunicación genuina y positiva. El niño no encontrará la conexión necesaria o solo recitará, a regañadientes, los hechos del día.

Converse con su hijo de la misma forma en que lo haría con un amigo, aportando situaciones o elementos interesantes de su propio día o pidiéndole su opinión acerca de alguna noticia general o, incluso, un nuevo color para pintar la pared de la sala de estar. Procure formular preguntas interesantes y puntuales, que tengan relación con el estado de ánimo y las actividades de su hijo. Esto no significa tratarlo como a un adulto sino, simplemente, respetarlo de la misma manera en que uno respeta a un adulto. "¿Qué comiste al mediodía?" nunca inspirará una conversación estimulante, como tampoco lo harán palabras negativas acerca del resultado de alguna prueba que el niño tuvo en la escuela. ¡Formule preguntas que puedan interesar a su hijo e interésese por sus intereses! Averigüe la última conformación del equipo que quiere ver jugar en una fecha próxima, infórmese acerca del grupo musical que admira en ese momento, busque datos interesantes y amenos acerca de algún tema que sabe que le interesa a su hijo, y dé el puntapié inicial para la conversación. Una vez que los canales de comunicación estén abiertos, establecerá un tipo de relación en la que será común que haya charla amena y que se cuenten y confíen cosas cotidianas, y encontrará que también se ha establecido un cierto nivel de confianza.

La comunicación es uno de los elementos más importantes de la salud emocional y, sin embargo, la mayoría de los niños no confían sus cosas personales a sus padres, ya sea por temor a los reproches o porque nunca tienen la oportunidad de hacerlo.

El tiempo es un elemento central en la comunicación y es fundamental que usted se lo tome. Si sus hijos crecen sin formar lazos estrechos con la familia más cercana y con amigos, si nunca comparten problemas ni elaboran conjuntamente estrategias para su manejo y la búsqueda de soluciones, difícilmente lo hagan de adultos, lo cual es, sin duda, una situación muy poco saludable.

Hemos verificado que una de las claves para enfrentar el problema de sobrepeso de su hijo es definir cuáles son los factores emocionales que lo han desencadenado o que lo están agravando. Si usted no habla con su hijo y pocas veces pasa un tiempo calmo y relajado con él, difícilmente logrará averiguar las causas del sobrepeso que sufre. También es poco probable que instaure el tiempo de relación necesaria para fomentar los cambios que tendría que implementar. Su hijo necesita poder hablar con usted para, a su vez, escuchar cuando usted le explique las posibles soluciones a su problema. Necesita recibir comprensión de su parte y sentir que puede acudir a usted con cualquier dificultad que surja. Muchos niños con problemas de sobrepeso se sienten aislados, e incluirlos en forma más estrecha en el círculo familiar puede marcar una importante diferencia. Es mucho menos probable que su hijo coma a escondidas o para reconfortarse, y que tenga asociaciones poco sanas con la comida, si la unidad familiar es sólida y usted está a su lado cada vez que él lo necesite. En lugar de utilizar la comida para reemplazar el amor y la contención, tendrá toda la contención afectiva que necesita.

Técnicas y estrategias para el manejo de los problemas

Una misión importante de los padres es ayudar a sus hijos a desarrollar estrategias para el manejo de problemas, es decir, tácticas que los ayuden a superar desafíos y dificultades. Usted tendrá que usar sus "antenas perceptivas" para eso, dado que no siempre resulta evidente dónde está el inconveniente. Pero si ha logrado establecer un buen nivel de comunicación con su hijo, es de esperar que sea depositario de información, tanto buena como mala, que le permitirá comprender dónde puede estar el problema.

Un niño, simplemente, no tiene las herramientas, la visión y la experiencia o la confianza para enfrentar cada dificultad por sí solo. Parte de la vida es aprender a manejarse con personas y en situaciones diferentes. Los padres deben estar presentes para ayudar y asegurar que pequeños conflictos no se conviertan en contrariedades insuperables. Hable con su hijo acerca de experiencias similares por las que usted ha pasado en la infancia. Asegúrese de que su hijo sienta que su situación y su reacción son absolutamente normales. Nunca le exija que se "haga el valiente" ni que se las arregle solo. Para un niño, la mejor manera de aprender a manejarse en esas situaciones es que le presenten una cantidad de sugerencias diferentes, entre las cuales podrá elegir la más apropiada. Aprenderá a sentir que controla la situación y, además, será más proclive a pedirle consejo en el futuro y, por otro lado, estará mucho más seguro de su capacidad general para lidiar con situaciones difíciles.

Esto es fundamental en relación con el problema del sobrepeso. Muchos niños gordos u obesos sienten que han perdido el control y no saben cómo maniobrar todas las emociones que los abruman: su ansiedad por comer o la penosa sensación de que su relación con la comida no es normal. Podrán saber que tienen un problema, pero eso no significa que tengan idea de cómo resolverlo. Sin embargo, muchos padres prefieren ignorar esos temas en lugar de reconocer abiertamente las preocupaciones de su hijo y ofrecer soluciones reales a esos problemas. Esto, a su vez, hace que el niño se sienta solo y atemorizado. Y en esas condiciones, un niño no tiene los recursos necesarios para manejar adecuadamente su problemática situación. Es así como pequeñas dificultades se convierten en grandes problemas y el niño vuelve a recurrir a la comida para reconfortarse, consolarse y sentirse más contenido.

El caso de Bella

Bella comenzó a aumentar de peso cuando estuvo por ingresar en la escuela primaria, momento en el cual sus padres se estaban divorciando. El divorcio condujo a una mudanza y a una nueva pareja para su padre. Sus padres la malcriaron un poco y le permitieron consolarse con golosinas y *cosas ricas* que, normalmente, no le hubieran permitido comer. El resultado fue un importante aumento de peso que afectó la autoestima de la niña e hizo que se volviese más introvertida. Su madre estaba luchando por sobreponerse a la ruptura de su matrimonio, mientras que su padre estaba dedicado a su nueva pareja, con lo cual el problema de Bella fue ignorado por ambos. Bella sintió que no tenía nadie a quien recurrir. No quería preocupar aun más a su madre y su padre parecía simplemente no estar ya ahí para ella. El suyo fue el clásico caso de un niño que sufre de abandono, lo que contribuyó a agravar su problema.

Cuando la maestra de la escuela los alertó acerca del sobrepeso de Bella, sus padres se vieron obligados a prestarle atención, y Bella estaba lo suficientemente frustrada y enojada como para, finalmente, decir lo que le estaba pasando. Cuando quedó en claro que su problema tenía un origen emocional, sus padres dejaron de lado sus conflictos personales y su hostilidad para elaborar, en conjunto, un programa que ayudara a su hija. La madre de Bella dejó de focalizar su atención en sus propios problemas y comenzó a pasar más tiempo con ella, y su padre aceptó pasar un día a la semana con

Bella sola, sin la presencia de la nueva pareja, además de establecer un régimen regular de visitas para brindarle el tiempo cualitativo que la niña necesitaba. Ambos alentaron a Bella a hablar abiertamente de lo que sentía y la ayudaron a manejar la nueva situación mostrándose cariñosos y pacientes. Pronto, Bella dejó de sentir que tenía que buscar consuelo y contención en la comida y, a lo largo de año siguiente, su peso volvió a equilibrarse.

A lo que apuntamos es a fomentar la *resiliencia*. Los doctores Robert Brooks y Sam Goldstein fundaron el *Raising Resilient Children Project* (Proyecto para criar niños resilientes) para ayudar a los padres a criar niños con una mayor solidez emocional. Dicen estos médicos: "La resiliencia significa la capacidad de manejarse en forma más efectiva frente al estrés y a las presiones, de resolver adecuadamente los desafíos cotidianos, de reponerse de frustraciones, adversidades y experiencias traumáticas, de desarrollar objetivos claros y realistas para la resolución de problemas, de sentirse cómodo en las relaciones con terceros y tratarse a sí mismo y a los demás con respeto. Numerosos estudios científicos sobre niños que tuvieron que enfrentar adversidades en sus vidas subrayan la importancia de la resiliencia como una poderosa fuerza aislante. La resiliencia explica por qué algunos niños superan obstáculos tremendos y, con mucho esfuerzo y sacrificio, se convierten en adultos exitosos; mientras que otros terminan siendo víctimas de sus experiencias tempranas y de su entorno conflictivo".

También enfatizan la importancia de la empatía en la comunicación con nuestros niños. Están convencidos de que la empatía es la base para ayudar a un niño a localizar las áreas de eficiencia y éxito en su vida, a fin de desarrollar su capacidad de resolver problemas, su sentido de la responsabilidad, su compasión y conciencia social. Al respecto, afirman: "La empatía nos permite transmitir a nuestros hijos el mensaje de que escuchamos, sentimos y comprendemos sus opiniones; nos ayuda a encontrar formas de validar lo que nuestros hijos nos están diciendo y lo que están tratando de lograr. Esto no implica que estemos de acuerdo con todo lo que nuestros hijos piensen, crean o hagan, sino que reconocemos la validez de lo que están diciendo".

Si su hijo siente que usted realmente escucha lo que lo preocupa y que tiene su apoyo y puede contar con su orientación, es mucho más probable que confíe en usted y eso, a su vez, le dará a usted la oportunidad de desarrollar estrategias para enfrentar los problemas a medida que vayan surgiendo. Un niño que se familiariza desde pequeño con la resolución de problemas y con la resiliencia irá desarrollando buenas técnicas y estrategias para el manejo de todo tipo de conflictos. En lugar de refugiarse en su cuarto, dejando de lado todo aquello que contribuye a mantenerlo sano y vigoroso (ejercicio físico, sueño regular y una dieta saludable), y de recurrir a la comida para sentirse mejor, el niño podrá confiar en que puede (a menudo, con el apoyo de su familia) superar períodos difíciles –muchos de los cuales forman parte natural del proceso de crecimiento– y encontrar soluciones que funcionen para él.

AUTOESTIMA

La autoestima se puede definir como la combinación del sentimiento de la propia capacidad con el sentimiento de ser querido. Un niño que se siente feliz con sus logros, pero no se siente querido, podrá llegar a tener una muy baja autoestima. Pero también un niño que se siente querido pero duda de su capacidad, podrá terminar con una autoestima reducida. Un saludable nivel de autoestima solo se logra cuando se alcanza un equilibrio adecuado entre afecto y sentimientos de capacidad.

La dinámica familiar

El componente esencial de una familia feliz es el amor: un amor incondicional. El conocido psicólogo y filósofo Erich Fromm dijo que "el amor incondicional es una de las necesidades y aspiraciones más profundas, no solo del niño sino del ser humano". En el caótico mundo actual, donde el tiempo es escaso, la piedra basal del amor incondicional puede asegurar una interrelación familiar dichosa, que beneficie a todos sus integrantes y les permita desarrollarse y crecer.

Cuestionario

- ✓ ¿Tiene usted una relación familiar saludable?
- ✓ ¿Tiene cada miembro de la familia la misma voz y recibe el mismo reconocimiento?
- ✓ ¿Siente que los miembros de su familia se respetan entre sí y lo respetan a usted?
- ✓ ¿Se enorgullecen los integrantes de su familia de los logros individuales de cada uno?
- ✓ ¿Ha implementado un sistema de reconocimiento de logros en su familia?
- ✓ ¿Comparten la mesa familiar por lo menos tres veces por semana?
- ✓ ¿Comparten actividades familiares al menos tres veces por semana?
- ✓ ¿Tiene cada miembro de la familia tiempo para estar solo?
- ✓ ¿Tiene cada miembro de la familia sus propios intereses, actividades y pasatiempos, y tiempo para disfrutarlos?
- ✓ ¿Miran menos de cinco horas de televisión por semana?
- ✓ ¿Tiene cada miembro de la familia sus responsabilidades?
- ✓ ¿Su ambiente familiar es calmo y afectuoso?
- ✓ ¿Manejan bien el estrés todos los integrantes de la familia?
- ✓ ¿Se ríen mucho?
- ✓ ¿Su hijo se siente cómodo trayendo amigos a casa?

- ✓ ¿Desempeñan las actividades recreativas un rol importante en la vida familiar?
- ✓ ¿Tienen contacto regular y estrecho con miembros de la familia vincular?
- ✓ ¿Gozan todos de buena salud física?

Interpretación de los resultados

Si usted puede responder afirmativamente a todas estas preguntas, el entorno familiar que le brinda a su hijo es perfecto. Sin embargo, el objetivo de este ejercicio es encontrar las áreas más débiles. En el caso de aquellas preguntas a las que respondió en forma negativa, analice el porqué. Todos estos elementos constituyen parte integral de una vida familiar feliz y afectan la forma en que su hijo crece, aprende, ve el mundo y, finalmente, se desempeña frente a los problemas de la vida, ahora y en el futuro. Al comprender los puntos débiles en su dinámica familiar, podrá tomar medidas para mejorarlos, todo lo cual beneficiará a su hijo. Un niño con sobrepeso pero con una unidad familiar sana corre mucho menos riesgo de desarrollar una obesidad mórbida o de recurrir a la comida como elemento reconfortante o contenedor, o de alternar atracones con dietas exageradas e ineficaces cuando se vea frente a un problema. Ese niño tendrá un fundamento sólido y alguien a quien recurrir cuando aparezcan dificultades y problemas.

COMIDA Y ESTADO DE ÁNIMO

Ninguna discusión acerca de la salud emocional sería completa si no se considerara también el efecto que la comida tiene sobre el estado de ánimo y el humor. Muchos de los sentimientos de su hijo pueden estar ligados a lo que come, lo cual es una de las razones por las que un cambio en la dieta familiar no solo es importante para combatir el sobrepeso, sino esencial para la salud a largo plazo, tanto a nivel físico como emocional.

Es fácil observar el impacto que una mala alimentación, con

carencias nutritivas, tiene sobre un niño. Piense en el estado de ánimo de su hijo después de una fiesta en la cual consume cantidades de comidas muy dulces y hechas con harinas refinadas. A menudo está lloroso, caprichoso, cansado y díscolo. En ese caso, la salud física influyó sobre el bienestar emocional. Recuerde alguna oportunidad en que su hijo no haya dormido lo suficiente y cómo eso provoca que su comportamiento y su humor se modifiquen. Esto se debe a que las funciones físicas y mentales están interrelacionadas.

Lo que su hijo come podrá hacer que se sienta cansado, con dolor de cabeza e irritable. Demasiada cafeína puede ocasionar que su sueño no sea tan reparador como debiera, que no se duerma a una hora razonable o que se despierte más a menudo. Demasiadas golosinas, comida chatarra e hidratos de carbono producen un incremento repentino de la glucosa en sangre, lo que conduce a un pico de hiperactividad seguido de una caída abrupta que genera sentimientos de depresión y desánimo, así como un profundo agotamiento. La falta de concentración también es una consecuencia común de una dieta pobre que puede llegar a afectar las calificaciones escolares de su hijo, con el agregado, en este caso, de sentimientos de incapacidad y baja autoestima.

CARACTERÍSTICAS DE UN NIÑO EMOCIONALMENTE EQUILIBRADO

- Mantiene una estrecha relación con al menos uno de los padres o un adulto cercano.
- Habilidades sociales bien desarrolladas.
- Buen desarrollo de la capacidad de resolución de problemas.
- Capacidad de actuar en forma independiente.
- Capacidad de pensar a futuro y fijar metas.
- Al menos una estrategia para el manejo de situaciones difíciles.
- Autoestima y sentido de responsabilidad personal.

- Capacidad de focalizar la atención.
- Intereses especiales y pasatiempos.

¿Tiene su hijo todas esas características? El estrés, una baja autoestima, problemas en el colegio, preocupación por el peso y una defectuosa imagen corporal son algunos de los factores que afectan las características citadas, pero todo esto puede ser mejorado y superado con el amor y el apoyo de una sana unidad familiar, ya sea en un hogar con solo uno de los padres o en el caso de que ambos padres trabajen o en una familia tradicional de un solo ingreso.

Los estudios sobre el tema también indican que los niños que tienen ansiedad oral de hidratos de carbono experimentan sorprendentes caídas de ánimo, y que el obeso que los consume en cantidad suele obtener un alto puntaje en los estudios sobre el nivel de depresión. Cuando se preguntó a los participantes de uno de esos estudios por qué comían tanto sabiendo que eso sólo agravaría la obesidad, sus respuestas rara vez estaban relacionadas con el hambre o con el placer de comer, sino que confesaban que los alimentos de ese tipo los hacían sentirse más calmos y que reducían la ansiedad que sentían. Cuando se administró una comida rica en hidratos de carbono a adictos y no adictos a ellos, el estado de ánimo de los adictos mejoraba hasta durante tres horas después de la ingesta, y se mostraban menos deprimidos después de comer; mientras que los no adictos informaban haber sentido fatiga y somnolencia. (Para mayor información sobre este problema cf. página 135.)

Una dieta pobre también puede conducir a una deficiencia de nutrientes que afecte la química cerebral y la eficiencia de todos los demás sistemas orgánicos. Esto no deja de impactar sobre el comportamiento y el estado de ánimo; cuando una parte de nuestro cuerpo está desequilibrada, el resto se hace eco de ese desequilibrio.

De modo que, antes de tomar medidas para cambiar la dinámica familiar y reforzar la autoestima y la imagen de sí de su hijo, cerciórese de servir una dieta cotidiana equilibrada. Alimentos frescos e integrales, con pocos aditivos, pocos azúcares y cafeína, y la menor cantidad posible de ingredientes procesados y refinados, iniciarán el proceso del cambio y ayudarán a que la salud emocional de su hijo no se vea afectada negativamente por lo que come.

Es evidente que hay muchos aspectos del estilo de vida de nuestros hijos que afectan su salud emocional y la forma como se sienten. Si bien usted podrá considerar que este capítulo implica una larga lista de cambios por implementar en su familia y en la forma de interactuar con su hijo, el esfuerzo que hará bien valdrá la pena. En primer lugar, toda la familia se beneficiará con una dinámica más feliz y distendida, con una mayor interacción de todos sus integrantes. Además –y aunque el problema de peso de su hijo sea de corta duración–, esos cambios le permitirán al niño adquirir un fundamento emocional y afectivo mucho más sólido, que lo ayudará a manejar problemas futuros y a enfrentar las dificultades que puedan llevarlo nuevamente a comer en exceso.

En conclusión

Ningún padre podrá sostener que pasar más tiempo con la familia y estrechar las relaciones entre los distintos integrantes del grupo constituyen un esfuerzo vano. Nuestra tarea es criar niños rebosantes de confianza, seguridad y autoestima, que se sientan bien con sus cuerpos y con sus mentes, que sepan reconocer sus aspectos fuertes y débiles, y sean capaces de expresar sus emociones. Un niño feliz y sano es aquel que se encuentra emocionalmente equilibrado. Los problemas de sobrepeso aparecerán con mucha menor probabilidad en un niño que se siente bien consigo mismo y que sabe ejercer control sobre su vida. Si usted consigue alcanzar la raíz del problema emocional de su hijo, puede manejar adecuadamente los problemas que enfrenta con la comida y con la contención, puede darle amor y una familia estable y segura a la cual recurrir –sin importar si es grande o reducida– y puede combinar eso con una buena política alimentaria familiar, con recreación y ejercicio físico, habrá atendido todos los factores de riesgo clave relacionados con el sobrepeso y la obesidad, y estará bien encaminado hacia la resolución del problema.

CAPÍTULO 7

Un poco de ayuda adicional

De tanto en tanto, incluso los planes mejor diseñados pueden sufrir desvíos, y no hay por qué avergonzarse de admitir que se necesita ayuda. Puede ser muy difícil convencer a un niño, sobre todo a un preadolescente o a un adolescente, de la necesidad de cambios a gran escala. Los niños caprichosos con las comidas, los adictos a la comida chatarra, los adictos a videojuegos y fóbicos a todo ejercicio físico pueden llegar a desafiar seriamente su paciencia en el momento en que fija nuevas reglas para su vida familiar. También vale la pena recordar que muchos niños con sobrepeso habrán sufrido embates contra su autoestima y su confianza, y quizás usen su nuevo régimen de vida como excusa para rebelarse o para hundirse en la autocompasión. No es fácil modificar un estilo de vida, aun cuando se sabe que se trata de un cambio absolutamente positivo.

Además, los niños con sobrepeso grave u obesidad mórbida podrían llegar a sufrir síntomas de abstención al verse privados de comidas a las que son adictos y vivir una seria crisis de autoestima ante la necesidad de iniciar un estilo de vida más activo. Es difícil cambiar hábitos profundamente arraigados, y esos niños no siempre están abiertos al cambio.

Es importante recordar que, a pesar de eso, con el tiempo irán cambiando. Y si usted también cambia de estilo de vida y se convierte en un buen modelo de rol para sus hijos, ellos aprenderán a través de su ejemplo y los cambios se convertirán en algo natural. Pero puede llevar tiempo y es posible que usted necesite ayuda y apoyo durante ese proceso. Los padres de un niño con sobrepeso suelen ser, ellos también, blanco de burlas o comentarios hirientes, y usted tendrá que manejar sus sentimientos de culpa y de bochorno, alimentados por los comentarios agresivos de gente que no entiende las razones por las que los niños de hoy en día sufren de sobrepeso. Si bien a esta altura usted debería haber comprendido que no es el único culpable del problema, puede ser agotador y desalentador tener que hacer frente a las críticas de personas ignorantes.

También tendrá que vérselas con gente que sabotea sus esfuerzos, como los empleados del comedor o de la cafetería en la escuela, abuelos bienintencionados, los pares de sus hijos e, incluso, los hermanos de su hijo "gordo" que no sufren ese problema. Todo esto puede socavar su paciencia y su determinación de tener éxito.

Este capítulo analiza cómo manejar los problemas que podrían surgir cuando inicie un nuevo régimen de vida para su familia. Veremos cómo manejar ciertos aspectos que pueden estar causando o acompañando el problema de sobrepeso de su hijo, como la glucemia, alergias alimentarias, deficiencias nutricionales, ansiedad de hidratos de carbono e, incluso, depresión. Todos estos contratiempos pueden minar sus esfuerzos si no son tratados paralelamente a los cambios en la dieta y en el estilo de vida.

Muchos padres esperarán respuestas trascendentales a los grandes cambios implementados en el seno familiar y podrán sentirse defraudados al descubrir que no hay soluciones mágicas de efecto inmediato sino que lleva tiempo, energía, esfuerzo, paciencia y determinación implementar los cambios necesarios. Además, es probable que le lleve más tiempo aun lograr que su hijo alcance un equilibrio entre su exceso de peso y su altura, cosa que se producirá con el tiempo, a medida que vaya creciendo. Sin embargo, en la mayoría de los casos se observarán cambios muy marcados en la salud y en el bienestar general de su hijo, así que no ceda a la tentación de abandonar en el primer intento. Podrán hacerse necesarios algunos ajustes aquí y allí, a lo largo del camino, para que las propuestas funcionen para su hijo pero, en términos generales, irá viendo resultados, aunque tarden un tiempo en manifestarse abiertamente.

CÓMO MOTIVAR A SU HIJO

Quizá su hijo con sobrepeso no quiera admitir que tiene un problema o sienta miedo de que los cambios que usted lo obligará a hacer en su estilo de vida lo diferencien demasiado de sus pares, o de quedar marcado como alguien en quien algo anda mal. Una de las premisas que he repetido a lo largo de este libro es que no hace falta llamar la atención sobre el problema del sobrepeso a fin de implementar esos cambios. De hecho, si usted le hace sentir a un niño que tiene un problema, solo conseguirá socavar aun más su autoestima en lugar de ganar su apoyo. Es posible que se encuentre con actitudes de rebelión, con berrinches e, incluso, con muchas lágrimas, todo lo cual hace que resulte más difícil alentar a su hijo a probar algo nuevo. Por lo tanto, el cambio que implemente deberá ser planteado como un programa que favorecerá la salud, que generará una mejor dinámica familiar y creará un estilo de vida más feliz y saludable beneficiando a todos los integrantes de la familia. Y para implementar los cambios necesarios para controlar los problemas de sobrepeso, deberán involucrarse todos los integrantes de la familia. Usted no está poniendo a su hijo a régimen ni cambiando su estilo de vida, sino que adecua y mejora el estilo de vida de su familia, y ese es el mensaje que deberá ser transmitido para que el programa tenga éxito.

Algunos niños son más que conscientes de su problema de sobrepeso y, quizá, ya le hayan pedido ayuda para adelgazar o, simplemente, cambiar sus formas y proporciones. En ese caso, no tiene ningún sentido desechar sus preocupaciones. Pero es fundamental que haga hincapié en que los cambios habrán de afectar a toda la familia y no solo a su hijo con sobrepeso. Deje en claro que usted comprende su preocupación, pero que se ha dado cuenta de que la culpa del problema está más en el estilo de vida y en los hábitos alimentarios de toda la familia que en algo que su hijo haya hecho o dejado de hacer. Al cambiar el foco de esa manera, su hijo se sentirá liberado de la idea de que está solo luchando con un problema o, incluso, de que tiene un problema personal. Es un tema de toda la familia, que manejarán todos juntos.

Si su hijo necesita cierta ayuda profesional o tiene algún problema subyacente como adicción a los hidratos de carbono o depresión, podrá sugerir que visiten juntos al médico para ver si hay alguna forma de ayudarlo a sentirse mejor. De ahí que los temas que hemos visto en el capítulo anterior sean de suma importancia: es necesario abrir los canales de comunicación, a fin de que su hijo se pueda sentir cómodo confiando en usted y expresando sus preocupaciones. Tendrá que mostrarse paciente, comprensivo y empático. También deberá estar preparado para un cierto grado de resistencia: ningún niño quiere ser tratado en forma diferente o como si estuviese enfermo. Encarar el tema de la ayuda adicional significa motivar a su hijo para que llegue a la conclusión, por sí mismo, de que algunas nuevas ideas o un poco de apoyo podrían hacer que las cosas le resultasen más fáciles. Discuta los síntomas de diferentes problemas subyacentes, como la depresión o los trastornos glucémicos, y pregúntele si hay alguna coincidencia entre ellos y lo que él está sintiendo. Deje en claro que lo que usted quiere es que su hijo se sienta feliz y que en ciertas situaciones usted necesita ayuda para poder ayudarlo. Todo cuanto le diga a su hijo deberá ser positivo y estar orientado a hacerle sentir que es muy importante para usted y que quiere lo mejor para él.

A fin de motivar a implementar cambios con sus hijos y el resto de la familia, tendrá que estar preparado para explicar por qué son necesarios. A lo largo de este libro hemos analizado todos los problemas asociados con un estilo de vida y una dieta poco saludables, incluyendo aquellos que no tienen nada que ver con el sobrepeso. Revéalos y estúdielos. Usted está cambiando su dieta y la de su familia porque una dieta insalubre conduce a problemas cardiovasculares, diabetes, caries y otros problemas dentales y a algunas formas de cáncer, y desea lo mejor para su familia. Necesita ejercicios físicos para aliviar el estrés, para dormir mejor y para alcanzar una mayor concentración y un humor bien equilibrado. Además, le desagrada el tipo de publicidad que puebla la mayor parte de los programas de

TV y también sabe que ver demasiada televisión puede ser malo para la salud física y mental. No tiene por qué mencionar el tema del peso y de la gordura para justificar los cambios que propone implementar.

¡Muestre entusiasmo! Explique que ha leído algo sobre el tema y que, realmente, siente que es hora de que toda la familia se ponga en forma. Insista en que piensa que necesitan pasar más tiempo juntos (¿qué niño se va a oponer a recibir más atención por parte de los padres?) y consumir menos comida chatarra. Aclare que quiere involucrar a toda la familia en nuevos *hobbies* y pasatiempos, y en actividades divertidas de las que todos puedan participar. ¡Sea positivo! Deje que todo esto suene como un proyecto prometedor y gratificante. Deje en claro que usted comprende que algunos de esos cambios podrán resultar difíciles al comienzo, pero que harán que cada integrante de la familia se sienta mejor, se vea mejor, funcione mejor y tenga una mayor sensación de bienestar.

MOVILICE APOYO

El concepto de movilizar apoyo comprende dos elementos: apoyo a su nuevo programa y apoyo para usted. Usted y su familia tendrán la responsabilidad de darle apoyo al niño con sobrepeso a través de los cambios que han de implementar, y es muy importante que usted tenga apoyo y aliento emocional para llevar adelante el proyecto de cambio.

Hable con un buen amigo (o amiga) acerca de lo que está planeando hacer y elija a alguien que comprenda la importancia de una dieta saludable. Usted necesita a alguien que lo apoye y no alguien que boicotee sus esfuerzos porque se siente culpable de no hacer lo mismo con su propia familia. Asegúrese de que su pareja se involucre y comprenda las razones del cambio. Quizá descubra que se muestra reacio (o reacia) a cambiar de forma importante los hábitos alimentarios o las actividades recreativas, pero si le explica los riesgos que corre su hijo con sobrepeso lo más probable es que logre convencerlo. Al cabo de un tiempo, todos los integrantes de la familia sentirán los efectos benéficos de un estilo de vida más saludable y pronto las nuevas modalidades se convertirán en hábito.

INDÍGNESE, PERO NO SE ANGUSTIE

La increíble avalancha de golosinas tentadoras dirigida a los niños, en combinación con las sofisticadas técnicas de marketing utilizadas para vender esos productos, significan una poderosa influencia sobre lo que comen nuestros niños. El impacto de estos productos no resulta sorprendente si se tiene en cuenta que hay equipos enteros de tecnólogos en alimentación, diseñadores, psicólogos y ejecutivos publicitarios empleados por las empresas para crear un mercado para esos mismos productos que contribuyen a la epidemia de obesidad infantil. Téngalo presente y no sienta como un fracaso el que su hijo rechace la comida saludable que usted le ofrece. Recuerde que los alimentos diseñados para atraer al público infantil han sido creados pensando, precisamente, en los niños, y dirigidos a sus necesidades percibidas. Es lógico que pocos niños puedan resistirse a productos respaldados por sus estrellas musicales o deportivas preferidas, ya que al consumirlos sienten que se convierten en parte de toda la cultura pop que admiran. Los personajes de dibujos animados, los obsequios y los concursos gratuitos asociados con todas estas golosinas también están destinados a atraer y mantener a la clientela infantil. Además, al usar colorantes y saborizantes artificiales en esos alimentos los fabricantes logran que productos de baja calidad se vean mucho más atractivos que sus opciones más saludables.

Es difícil lograr que un niño se resista a algo que ha sido diseñado tan cuidadosamente para atraerlo. Aunque dispongan de información suficiente sobre nutrición y comprendan los problemas de salud que pueden causar los alimentos de ese tipo, la mayoría de los niños no los ven como algo inaceptable o insalubre, porque consumirlos es lo normal entre sus pares, están respaldados por sus ídolos y modelos de rol, y su aspecto es mucho más seductor que la comida casera que se les ofrece en su hogar. Además, los fabricantes han comenzado a aceptar la idea de que los niños son presionados y educados para comer mejor, de modo que comercializan sus productos promocionándolos como más sanos de lo que son. Con el agregado de algunas vitaminas o minerales, un poco de jugo de frutas natural o menor contenido de azúcar, hacen creer a los niños que están realizando una elección saludable cuando, en realidad, todos esos recursos solo disfrazan lo que sigue siendo comida chatarra. Entonces, ¿qué puede hacer usted? Unirse a otros padres para persuadir a la industria alimentaria de que mejore sus productos, y presionar a los políticos para elevar los estándares de calidad para todo ese tipo de alimentos. Grupos como *Parents Jury* y *The Food Commission* en el Reino Unido han surgido para lograr precisamente eso. ¿Por qué no comprometerse en organizaciones de ese tipo? Usted también puede sumar su voz a las de una cantidad de padres cada vez mayor, que persiguen que la industria alimentaria ofrezca productos más saludables para nuestros hijos.

Conseguir apoyo también significa involucrar a los abuelos, a la ayuda doméstica y a toda persona que, rutinaria u ocasionalmente, cuide a su hijo. No tiene sentido hacer ajustes de gran escala en su estilo de vida si algunas personas, de tanto en tanto, permiten que los antiguos malos hábitos reaparezcan. Algunas de las personas que cuidan a sus hijos podrían mostrarse reacias a asumir cambios que les generen más trabajo, sobre todo si cuidan a más de un niño. Pero lo último que usted querrá es llamar la atención, específicamente, sobre su hijo *gordo*, haciéndolo aparecer *diferente* de sus pares. Si la persona a cargo de sus hijos se muestra reacia a cambiar el tipo de alimento que prepara para los niños, no ceda a la tentación de enviar comida *especial* para su hijo, solo lo destacará frente a los demás y le hará sentir que tiene un problema o que es *diferente*. Sugiera, en cambio, que solo se le sirva una porción más pequeña a su hijo y que se le ofrezca la menor cantidad posible de golosinas. Pero tómese el tiempo para explicar por qué está adoptando una nueva política alimentaria. Hable también con los padres de los otros niños; es posible que se entusiasmen y también quieran involucrar a sus hijos en esos cambios. Asimismo, deberá hacer hincapié en la importancia de algo de ejercitación física y de menos tiempo frente al televisor para su hijo cuando usted no está presente. Un buen profesional en el cuidado de niños no necesitará de la TV o de juegos de computación para mantenerlos ocupados, y la mayoría planificará por lo menos algunos juegos activos a lo largo del día. Si ese no es el caso, podría ser hora de buscar a alguien más adecuado para el cuidado de su hijo.

A muchos abuelos les encanta malcriar a sus nietos, dándoles su comida preferida o golosinas especiales, muchas veces contra los deseos de los padres, como un "pequeño secretito" entre ellos y sus nietos. Si este es el caso, es imprescindible dejar bien en claro ante todos los miembros de su familia que con esa actitud no están ayudando al niño que tiene problemas de sobrepeso. Manténgase firme y explíqueles la realidad de los riesgos para la salud que implica el sobrepeso y que esas *indulgencias* podrían incrementar en el caso de su hijo. Pídales su apoyo y trate de ganarlos para su causa. Algunos abuelos no podrán creer que un poco de "gordura de bebé" en su adorado nieto realmente puede constituir un problema, y quizás usted tenga que informarlos en detalle. Tómese todo el tiempo necesario para hacerlo, el esfuerzo bien vale la pena. Además, es muy posible que se sientan halagados y orgullosos de cooperar si usted les hace ver que necesita su ayuda.

También podrá escribir –o de ser necesario, hacerle una visita– a la maestra de la escuela, a los profesores de educación física, a las personas a cargo del comedor escolar y, de ser necesario, incluso a la directora, a fin de informarlos acerca de los cambios que quiere implementar para equilibrar el peso de su hijo. Hoy en día, la mayoría de las personas involucradas en el cuidado de niños es consciente de la crisis de sobrepeso infantil, y respetarán y valorarán sus esfuerzos. Quizá tenga que sugerir algunas opciones más saludables en la comida escolar, como carnes magras o un *salad bar*, o que no se sirvan papas fritas todos los días. Si puede contactarse con otros padres que piensen como usted, probablemente conseguirá apoyo suficiente para que esos cambios se implementen.

Si su hijo lleva una vianda al colegio, insista en que no se permita el trueque entre los niños, para evitar que su hijo coma los restos del almuerzo de otro. Y como ya dije anteriormente, sugiera que los restos en la caja de la vianda no sean desechados antes de que su hijo llegue a casa, para que pueda saber qué ha comido. Si ve que siempre deja la fruta y las verduras, tendrá que imponerle algunas reglas al respecto.

Algunas escuelas están abiertas a la idea de modificar sus políticas en cuanto a golosinas y viandas, sobre todo en vista de la creciente tendencia a la obesidad entre los niños. Muchas escuelas ahora sugieren que papas fritas saladas, chocolates y otras golosinas no son los tentempiés adecuados e, incluso, ofrecen a los padres ideas saludables con respecto al contenido de la vianda. Considere la posibilidad de proponer una política de ese tipo en la escuela de su hijo.

Los hermanos mayores podrían darse cuenta de que la razón de los cambios implementados en su casa es que uno o más miembros de la familia tienen sobrepeso, y podrían sentirse fastidiados en lugar de apoyar el proyecto. Es muy importante que usted se cerciore de que no haya burlas ni comentarios contraproducentes. Deje en claro que los cambios se implementan para el beneficio de toda la familia y que, como familia, trabajarán todos juntos para que funcione. Explique sus razones, sin señalar a un niño en especial.

Hable con su médico de cabecera y, de ser necesario, pida que lo derive a un nutricionista, quien podrá indicarle las pautas exactas a seguir si le está resultando difícil armar una dieta adecuada.

Las pautas sugeridas en este libro funcionarán para la gran mayoría de las familias, pero si usted tiene preguntas o dudas, querrá discutirlas con un especialista. Esto podrá ser necesario también si su hijo es gravemente obeso y requiere ayuda profesional. También es conveniente exponer su preocupación a su médico si cree que el problema de sobrepeso de su hijo está relacionado con un trastorno emocional serio, o si sospecha que existen problemas de salud subyacentes. Quizá lo deriven a un terapeuta o a un especialista, por ejemplo a un endocrinólogo, para obtener ayuda adicional. Si encuentra que implementar todo esto le resulta muy pesado y difícil, su médico también podrá recomendarle algún profesional de la salud o un terapeuta que lo ayude durante los períodos más complicados.

PACIENCIA Y DETERMINACIÓN

Durante las primeras semanas, e inclusc meses, su paciencia puede ser puesta a prueba muy duramente, sobre todo si su hijo se pone difícil o hace berrinches cuando se ve privado de sus comidas preferidas o cuando las ve limitadas a un mínimo. Es posible que su hijo se niegue a ayudarse a sí mismo y rompa las reglas fijadas o coma a escondidas toda vez que pueda. Por momentos, quizá, sienta que todos sus esfuerzos son en vano. Sin embargo, es importante perseverar. En forma lenta pero segura, sus hijos se irán adecuando a la nueva forma de comer y de organizar su vida, aun cuando al principio se resistan. Con el tiempo, los viejos hábitos alimentarios se convertirán en un recuerdo lejano. De tanto en tanto, se tendrá que poner firme e insistir en que las actividades recreativas no incluyen muchas horas frente al televisor, que la comida chatarra no tiene espacio en su casa y que la actividad física reemplaza pasatiempos más sedentarios. Establezca un sistema de recompensas por esfuerzos y logros. Aliente a su hijo en forma constante, aun cuando piense que su paciencia ha llegado a un límite. Podrá parecerle injusto que usted haga todo lo que puede para ayudar a un niño que no hace sino oponerse y resistirse a sus esfuerzos, pero recuerde que está tratando con un niño y que, en última instancia, es usted quién ejerce la autoridad. Sea firme pero paciente.

Tendrá que enfrentar fracasos y frustraciones (cf. capítulo 8), pero trabaje por superar esos momentos con empatía y procure determinar la causa de fondo en lugar de suponer, simplemente, que su hijo se está rebelando. El sobrepeso y la obesidad son, en cierta forma, trastornos alimentarios e, incluso, trastornos que afectan el estilo de vida, y la mejor forma de manejarlos es con perseverancia y comprensión. No ceje en sus esfuerzos y crea en la importancia de lo que está haciendo.

Si necesita motivación, relea la introducción de este libro, donde se presentan los peligros muy reales que conllevan el sobrepeso y la obesidad. Hojee el diario y vea qué sucede con los niños que nos rodean, en todo el mundo, como consecuencia de esos trastornos. Usted quiere lo mejor para su hijo y, como padre, es su tarea brindárselo. Tenga eso presente y adhiera firmemente a sus principios.

La implementación paulatina de un nuevo régimen

Algunos niños pueden ser, en el textual sentido del término, adictos a una dieta desequilibrada, y pueden sufrir el equivalente de un síndrome de abstinencia cuando cambie su tipo de alimentación. Esto sucede a menudo con niños cuya dieta es muy limitada. Algunos signos de abstinencia son: mal humor u oscilaciones del estado de ánimo, nerviosismo, problemas de sueño, lloriqueos constantes y, en circunstancias extremas, temblores. Un niño que ha venido bebiendo grandes cantidades de gaseosa, por ejemplo, puede haber desarrollado una ligera dependencia de la cafeína y se sentirá decaído y nervioso si esta desaparece de su dieta.

Si su hijo experimenta ese tipo de sintomatología, será necesario comenzar paulatinamente a introducir una forma más saludable de comer. Reduzca cada día un poco más la ingesta de gaseosas, y haga lo mismo con las comidas favoritas que come en exceso. A lo largo de dos semanas, los síntomas irán cediendo, aún cuando siga presentando algunos. Recuerde por qué su hijo se está sintiendo así, explíquele que lo que le pasa es normal y una buena señal de que los cambios eran necesarios: ¡nadie quiere ser un adicto! Repito, sea paciente y ayude a su hijo a superar los períodos más difíciles. Ofrezca su apoyo y comprensión, pero persevere.

El manejo de la culpa

Muchas veces se les carga a los padres la culpa de tener un hijo con sobrepeso, cuando existen muchos otros factores detrás de ese problema. La mayoría de nosotros hacemos lo que pensamos que es lo mejor para nuestros hijos a medida que van creciendo, y a veces nos espanta descubrir que estuvimos equivocados o que dejamos de prestar atención a ciertos aspectos durante demasiado tiempo. Eso no nos convierte, en modo alguno, en malos padres. Es posible que por amor y porque lo hacía sentirse mejor, ofreciera a su hijo alguna golosina adicional. Es posible que usted haya caído alguna vez en usar la comida como consuelo o para reconfortar a su hijo, cosa que casi todo padre hace de tanto en tanto. Quizá toleró que su hijo desarrollara hábitos sedentarios porque usted estaba demasiado ocupado y a veces le resultaba imposible estimularlo para que hiciera más ejercicio físico. Podrá haber evitado alguna vez discutir con su hijo para imponer algún tipo de comida con tal de mantener una cierta paz en la familia. Cualesquiera sean las razones, usted no hizo nada a sabiendas o deliberadamente para alentar a su hijo a engordar en forma desmedida.

Por lo tanto, aceptar la culpa por algo que no fue su intención puede resultar bastante difícil, sobre todo cuando usted ya se siente, de por sí, culpable de pecados de omisión. Hay gente maleducada que cree que es aceptable murmurar comentarios en voz baja cuando lo ven con su hijo, o que menea la cabeza en señal de desaprobación. En esas situaciones, usted se sentirá tentado de dar explicaciones o excusas, o de impacientarse y enojarse. No haga nada de eso. Es un hecho que hay gente ignorante y grosera, y lo mejor que puede hacer es mantener la cabeza en alto, sabiendo que, aunque haya cometido errores en el pasado, ahora está dispuesto a rectificarlos. Si alguien es grosero o poco amable frente a su hijo, simplemente explíquele que solo personas insatisfechas consigo mismas sienten la necesidad de maltratar y agredir a otros. Asegure a su hijo que el tener sobrepeso no lo convierte en una persona mala o poco atractiva, y que lo que otros piensan –sobre todo quienes ni siquiera lo conocen– carece de importancia. Ese tipo de comportamiento por parte de terceros puede ser un golpe bajo y muy frustrante para un niño que tiene cierta fragilidad emocional, y le costará un poco de trabajo suplementario lograr que vuelva a sentirse mejor y más confiado.

La culpa no ayudará a su hijo a recuperar un peso saludable ni será suficiente para impulsarlo a implementar los cambios necesarios. La culpa es una emoción negativa y es importante recordar que usted está haciendo cambios positivos por razones positivas. Tiene un plan maestro y está decidido a seguirlo. Lo que sucedió en el pasado, ya pasó. Es hora de reparar el daño y seguir adelante. La culpa no cambiará el hecho de que su hijo está gordo ni lo ayudará a estabilizar su peso, pero sí puede hacer que tanto usted como él se sientan muy mal. Ignore la agresión y concentre su atención en un futuro más positivo. Siéntase orgulloso de haber abierto los ojos a la realidad de la situación y de que ahora está haciendo algo para modificarla. Se requiere mucha fuerza interior para admitir un problema y encarar la reversión de los factores que lo causaron. Usted encontró esa fortaleza, de modo que no tiene sentido aferrarse a ningún sentimiento de culpa.

¿Qué pasa si hay algo más detrás del aumento de peso de su hijo?

Como señalé en el capítulo 2, hay niños que sufren otros problemas que pueden causar o exacerbar el aumento de peso. Si ve que las medidas presentadas en este libro no surten efecto, bien vale considerar las otras causas posibles. Veamos algunos de los ajustes que podrían hacerse.

Deficiencias nutricionales

A veces una deficiencia menor en vitaminas y minerales clave puede provocar que su hijo sufra ansiedad oral, oscilaciones de humor o problemas de salud que afecten su peso y su capacidad de perderlo o de estabilizarlo. Este suele ser el caso de niños que han tenido una dieta muy pobre o limitada, o que se han alimentado principalmente con comida chatarra y gaseosas, que suelen privar al organismo de nutrientes importantes. Mientras que una dieta saludable, con el tiempo, corregirá esas deficiencias, vale la pena considerar algunos suplementos para dar un primer impulso al proceso. Una pastilla de multivitaminas y minerales de buena calidad, ingerida una o dos veces por día con las comidas, podrá ser una buena opción. Asegúrese de que contiene los siguientes nutrientes (un producto de buena calidad indicará su composición):

- **Cromo:** este mineral es responsable del FTG (Factor de Tolerancia a la Glucosa) en nuestro organismo y reduce la ansiedad de ingerir azúcares. El cromo también ayuda a controlar los niveles de grasa y colesterol en sangre. Un estudio demostró que los individuos que ingerían picolinato de cromo durante una semana, perdían un promedio de 2 kg de grasa más que los que habían recibido placebo (pastillas azucaradas sin contenido de droga). Obviamente, la pérdida de peso no es el objetivo en el caso de los niños, pero si su hijo tiene una deficiencia de cromo (muy común, dado que se encuentra en forma natural en granos integrales, hígado, hongos y levadura de cerveza, nada de lo cual abunda en la dieta infantil) ello puede estar afectando su capacidad de mantener niveles normales de glucosa en sangre.

- **Vitaminas B:** estas vitaminas han sido relacionadas con un mejor funcionamiento de la glándula tiroides y del metabolismo de las grasas. El transporte de la glucosa desde la sangre hacia las células depende de la presencia de vitamina **B3** (niacina), **B6** y de minerales como el cromo y el zinc.

- **Vitamina C:** esta vitamina es necesaria para el normal funcionamiento de las glándulas de su hijo. La vitamina C también acelera un metabolismo lento, haciendo que el organismo queme mayor cantidad de calorías. Si su hijo no come frutas ni verduras, o lo hace en muy poca cantidad, no ingiere suficiente vitamina C.

- **Zinc:** es un mineral esencial relacionado con el control del apetito. También desempeña un rol, junto con las vitaminas A y E, en la producción de la hormona tiroides que ayuda a regular los niveles de energía y el metabolismo.

- **Calcio:** está involucrado en la activación de la lipasa, una enzima que desdobla las grasas para que el organismo pueda utilizarlas. Investigaciones realizadas en la Universidad de Purdue, en Indiana, Estados Unidos, revelan que una ingesta elevada de calcio reduce el aumento de peso. Esto confirma que el calcio no solo contribuye a mantener bajo control el peso corporal, sino que puede ser asociado con la disminución de las grasas del organismo. Muchos niños sufren de deficiencia de calcio por haber sustituido la ingesta de leche por la de gaseosas, o porque no ingieren productos lácteos en un intento de minimizar el aumento de peso.

Recuerde que cualquier desequilibrio puede causar cambios en el cuerpo, que conducen a una disminución de la energía y a una mayor predisposición a acumular grasas. Si su hijo ha tenido una dieta pobre en nutrientes durante varios años, es muy probable que sufra de déficit de una cantidad de nutrientes clave. Una buena multivitamina podrá ayudar en este caso.

Otro suplemento positivo es la bacteria acidófila y otras bacterias saludables conocidas como *probióticos*. Estos ayudan a acelerar la digestión, lo que significa que los nutrientes son mejor absorbidos y los desechos eliminados en forma más eficiente. Un metabolismo lento es, a menudo, el resultado de una digestión inadecuada (¡y de falta de ejercicio físico!) y reactivarlo puede tener un efecto positivo sobre el peso corporal.

PROBLEMAS DE GLUCOSA EN SANGRE

El tema del desequilibrio de glucosa en sangre está estrechamente ligado a la obesidad y a una cantidad de otros desarreglos de la salud física y emocional. Y este es un gran problema para muchos niños hoy en día, principalmente porque sus dietas son tan altas en azúcares e hidratos de carbono refinados. En el capítulo 3 hablamos de las causas y del impacto de un nivel alto de glucosa en sangre, y de la importancia de alentar a los niños a comer alimentos que tengan un índice glicémico más bajo, a fin de mantener estables los niveles de glucosa en sangre. ¿Qué se puede hacer al respecto?

Obviamente, es fundamental saber si la glucosa en sangre es la causa básica del problema. El siguiente cuestionario podrá ofrecerle algunos datos valiosos.

Cuestionario

Conteste las siguientes preguntas:

- ✓ ¿Suele su hijo estar a menudo cansado o ser incapaz de concentrarse por la tarde, cuando pareciera que su energía comienza a decaer?
- ✓ ¿Sube y baja la energía de su hijo a lo largo del día, con altos y bajos extremos?
- ✓ ¿Da la impresión de tener más energía después de comer, hasta el punto de parecer algo hiperactivo?
- ✓ ¿Por las mañanas se lo ve más decaído, aunque haya dormido la cantidad de horas recomendada para su edad? (Cf. página 246.)

✓ ¿Se despierta de noche con sensaciones de ansiedad?
✓ ¿Tiene una adicción a los hidratos de carbono y a las golosinas?
✓ ¿Presenta cambios de humor, sobre todo cuando se saltea una comida?
✓ ¿Está irritable por las mañanas?
✓ ¿Existe una historia de diabetes de tipo dos en su familia?
✓ ¿Parece estar un poco *salvaje* y fuera de control después de ingerir una pequeña cantidad de azúcar o de golosinas?

Interpretación de los resultados

Si obtuvo más respuestas afirmativas que negativas, existe una posibilidad de que su hijo tenga un desequilibrio de glucosa en sangre. Si todas sus respuestas son afirmativas o predominantemente afirmativas, hable con su médico acerca de la posibilidad de ver a un especialista, a fin de que este determine de qué manera el organismo de su hijo elabora los azúcares. Los problemas de glucemia pueden ser, ocasionalmente, un signo temprano de diabetes.

Pero recuerde que un pequeño desequilibrio glucémico puede producir un caos en el estado de ánimo de su hijo, en su capacidad de concentración, en su peso, en sus esquemas de sueño y en sus niveles de energía.

Cómo manejar los problemas del desequilibrio glucémico

- Toda vez que sea posible, elija alimentos con un bajo IG y procure que los hidratos de carbono (en especial los que tienen un alto IG) sean ingeridos acompañados de proteína (cf. página 141).

- Cerciórese de que su hijo ingiera comidas y tentempiés a intervalos regulares para mantener estables los niveles de glucosa. El desayuno es particularmente importante (cf. página 162), y una merienda a media tarde podrá ser necesaria para prevenir una caída que afectaría el nivel de energía y la capacidad de concentración.

- Ofrezca un bocadillo de bajo IG a media tarde o antes de que su hijo pase, por alguna razón, un tiempo más prolongado sin comer. Puede ayudar a prevenir el problema del decaimiento antes de que aparezca.

- Sirva un tentempié antes de ir a dormir –alguna fruta de bajo IG o unas pocas nueces, o incluso una tostada integral con manteca– para prevenir el aumento de la adrenalina, que puede interrumpir el sueño.

- Evite la cafeína (se encuentra en el té, el café, las gaseosas y el chocolate). La cafeína estimula la secreción de insulina, desestabilizando el sistema de glucosa en sangre. Al tener efectos estimulantes en el organismo, levanta los niveles de energía cuando estos decaen, pero su efecto sobre la glucosa en sangre, por lo general, conduce a una caída energética posterior. Otro aspecto negativo de la cafeína es que parece agravar los síntomas de hipoglucemia.

- Evite los edulcorantes artificiales. No contribuyen en absoluto a mantener estables los niveles de glucosa en sangre y, además, se piensa que presentan serios riesgos para la salud.

- Administre a su hijo un buen suplemento de multivitaminas y minerales, que contenga cromo, lo que ayuda a regular los niveles de glucosa en sangre y puede ser eficaz para combatir la hipoglucemia. Además, debería contener manganeso, que desempeña un rol importante en la activación de las enzimas implicadas en el metabolismo de la glucosa en el organismo, y magnesio, que es importante para la regulación de la glucemia y mejora la acción de la insulina. Las vitaminas B1, B2 y B3 contenidas en ese tipo de suplemento vitamínico desempeñan un rol crucial en el metabolismo de los hidratos de carbono, que constituyen las fuentes de energía del organismo. Esto asegurará que el organismo de su hijo se encuentre equilibrado y funcione de manera eficiente.

Hipersensibilidades alimentarias

En el capítulo 2 tocamos el tema de las hipersensibilidades alimentarias y la posibilidad de que estas puedan ser la causa del sobrepeso de su hijo. Vale la pena analizarlo en mayor detalle como un posible factor etiológico. Las hipersensibilidades alimentarias no son alergias, no implican una reacción alérgica, pero sí producen otro tipo de reacción en el organismo. Uno de los principales síntomas es una sensación de letargo y cansancio, y un ligero malestar después de las comidas. Otros síntomas podrían incluir cólicos, secreción del oído, otitis, eczemas, asma o tonsilitis recurrente, exceso de formación de mucosidad o catarro, ansiedades (en especial de alimentos como pan y queso), ojeras, retención de líquidos, síndrome de intestino irritable, ronchas no diagnosticadas, distensión abdominal recurrente.

La mayoría de los niños con hipersensibilidad alimentaria tiene problemas con entre uno y cinco tipos de alimentos, aunque niños mayores, cuya hipersensibilidad ha quedado sin diagnóstico por muchos años, pueden presentar intolerancia a muchos más. Un niño también puede ser hipersensible a los componentes de un alimento en particular o a algo utilizado durante su procesamiento, y no al alimento en sí, lo cual hace aun más difícil la tarea de determinar a qué es hipersensible.

Algunos especialistas sugieren que ir suprimiendo alimentos al azar puede ser riesgoso, porque deja la dieta del niño desequilibrada en el momento en que más requiere todos los nutrientes. Si usted sospecha que su hijo tiene una hipersensibilidad alimentaria, lleve un diario de alimentación durante una o dos semanas. Anotar todo lo que su hijo come y sus reacciones a las comidas podrá ayudar a determinar cuáles alimentos podrían estar causando el problema de salud. A veces, un niño reacciona de inmediato frente a un alimento, mientras que otras recién lo hace dentro de las 48 horas, de modo que deberá estar atento a cualquier reacción fuera de lo común. Muchos padres tienen una idea bastante acabada de los alimentos que podrían ser culpables, de modo que, por empezar, focalice la atención en ellos. El trigo y los productos con harina de trigo suelen ser una causa común de hipersensibilidad, así que esté atento a cómo su hijo reacciona frente a esos alimentos. Si no observa problemas con el trigo, vea cómo responde a los lácteos, causantes frecuentes de hipersensibilidad.

Si ante un alimento determinado su hijo presenta una reacción como cansancio, hiperactividad, oscilaciones de humor o sarpullidos, deje de lado por completo ese alimento durante algunas semanas. Sin embargo, tendrá que reemplazarlo, dentro de la dieta, con un alimento o grupo de alimentos de similar contenido nutritivo. Por ejemplo, si deja de lado el trigo u otros que contengan gluten, deberá asegurar que su hijo tenga otra fuente de hidratos de carbono no refinados de buena calidad y del complejo vitamínico B. Si suprime la leche y productos lácteos, suministre el calcio y las proteínas que su hijo necesita por medio de otros alimentos (abundantes verduras verdes y legumbres, por ejemplo). Observe, sin embargo, que las dietas de eliminación son solo apropiadas para niños de más de seis años y nunca deberá suprimir más de un tipo de alimento (o grupo alimentario, como en el caso de los productos lácteos) por vez. Entrar en mayores detalles acerca de las hipersensibilidades alimentarias está fuera del alcance de este libro, de modo que si tiene dudas, no deje de hablar con su médico antes de implementar algún cambio. Las dietas de eliminación a gran escala, en las que se suprimen varios alimentos al mismo tiempo, no son apropiadas para un niño.

Una dieta de eliminación muy básica y cuidadosa –en la que se suprime un alimento por vez– debería tener un efecto relativamente inmediato, notándose el alivio de los síntomas al cabo de pocos días. Después de unas semanas, vuelva a introducir ese alimento pero por separado, a fin de poder determinar si se vuelve a producir la reacción. Después de un período de eliminación, la reacción suele ser mucho más rápida y repentina de lo que era cuando el alimento formaba parte de la dieta. En algunos niños se produce una reacción casi inmediata como, por ejemplo, estornudos, vómitos, hiperactividad o enrojecimiento de la piel.

La hipersensibilidad a un alimento en particular no tiene por qué durar a través del tiempo. En muchos casos, los niños vuelven a comer ese alimento más adelante. Esto suele deberse a que han superado su hipersensibilidad por el desarrollo físico o porque el tiempo de supresión permitió que el cuerpo se adecuase. Sin embargo, es importante servir el alimento problemático sólo en forma esporádica y, desde ya, evitar su ingesta excesiva, cosa que a veces suele ser causa de la recurrencia. Quizás usted descubra que su hijo desarrolló esa hipersensibilidad después de una enfermedad o de recibir un tratamiento con antibióticos o, simplemente, en un período de agotamiento o de mucho cansancio. En esas situaciones, retire el alimento causante de la hipersensibilidad durante una semana y luego trate de introducirlo nuevamente. Para mayor información sobre este tema tan complejo, remítase a literatura específica o consulte algún sitio serio en Internet.

¿Qué más se puede hacer?

- Insístale a su hijo para que mastique bien las comidas, dado que eso es esencial para una buena digestión.

- Evite comidas abundantes, porque aumentan la presión sobre el sistema digestivo.

- Evite servir bebidas con las comidas, hágalo preferentemente antes o después.

- En muchos casos de hipersensibilidad alimentaria, esta tiene que ver con un problema digestivo y con el intestino en sí. A veces el tratamiento adecuado para el intestino mejora mucho la situación. Administrar a su hijo probióticos, que son bacterias saludables, en forma de suplementos, es una buena manera de optimizar el funcionamiento intestinal.

- Cerciórese de que las multivitaminas y los minerales que administra a su hijo contengan, por lo menos, la dosis diaria recomendada de vitaminas E y A, ya que ambas desempeñan un rol importante para sanar la mucosa intestinal. Un problema en la mucosa intestinal también podría ser la causa de la hipersensibilidad alimentaria. Asegurar que el niño tenga un sistema digestivo sano sin duda ayudará.

ANSIEDAD EXCESIVA POR LOS HIDRATOS DE CARBONO

Si su hijo tiene una desesperada ansiedad por ingerir hidratos de carbono, esta se hace evidente en forma casi instantánea, una vez iniciado el nuevo régimen alimentario. En cuanto usted comience a reducir la ingesta de hidratos de carbono poco saludables, su hijo se mostrará desesperado por comer golosinas, chocolate, pan blanco y otros productos refinados como galletas dulces, papas fritas, tortas y bebidas dulces. Su elección de tentempiés dará un claro indicio de este problema.

Las investigaciones pertinentes determinaron que la ingesta de hidratos de carbono incrementa la cantidad de tritofano (un aminoácido) en sangre. Los hidratos de carbono estimulan la secreción de insulina, lo cual acelera la absorción de tritofano en el sistema nervioso central, que es convertido en serotonina en el cerebro. La serotonina, a su vez, regula el humor y la somnolencia. Se supone que los pacientes que sienten desesperación por ingerir hidratos de carbono tienen un defectuoso mecanismo de información acerca de la producción de serotoninas, que no logra transmitir al organismo que deje de ingerir hidratos de carbono. La deficiencia de ese mecanismo hace que el cerebro no responda ante la ingesta de hidratos de carbono y que el deseo de seguir consumiéndolos persista.

¿Qué puede hacer?

- Elija hidratos de carbono que incrementen la glucosa en sangre en forma lenta (cf. los alimentos de IG bajo en página 141) y procure combinarlos con proteínas. Por ejemplo, una galleta salada con queso asegurará que los hidratos de carbono de la galleta sean trasladados en forma mucho más lenta hacia el flujo sanguíneo. Además, ingerir una elevada cantidad de proteínas fomenta la sensación de saciedad y satisfacción, que es fundamental para el control del peso.

- Los alimentos con alto contenido en fibras son otra buena herramienta, ya que reducen el ingreso de glucosa al flujo sanguíneo, lo que evita los picos de glucosa en sangre. Esa reducción de los niveles de glucemia disminuye la producción de insulina, lo que logra que la cantidad de glucosa que será almacenada como grasa sea menor. Esto aplaca la ansiedad por ingerir hidratos de carbono e incrementa la sensación de saciedad. Los alimentos integrales frescos, como granos y cereales integrales, frutas y verduras (dentro de lo posible, crudas) son buenas fuentes de fibras. Cerciórese de que su hijo ingiera abundante fibra todos los días, además de gran cantidad de agua para asegurar que la fibra pase sin dificultades por el sistema digestivo.

- Si la ansiedad oral ataca todos los días a la misma hora, prevéngala ofreciendo tentempiés saludables, bajos en hidrato de carbono, treinta minutos antes de que la ansiedad se instale.

- Limite los jugos de frutas entre comidas, ya que pueden generar un pico energético seguido de una caída brusca. Eso hará que su hijo sienta un déficit de energía, lo que produce las ansias por alimentos ricos en hidratos de carbono. La cafeína tienen un efecto similar, así que suprima todo lo que la contenga.

- Y, además, aleje la tentación: resistir la tentación de comer alimentos ricos en hidratos de carbono será más fácil si no están a mano.

DEPRESIÓN

La depresión es una prolongada sensación de desdicha y desaliento, a menudo magnificada por importantes eventos como una muerte en la familia o el divorcio de los padres. Muchos niños y adolescentes sufren de depresión, lo que también puede ser el resultado de la fluctuación hormonal bajo estrés excesivo. También puede ser secuela de una enfermedad viral como fiebre glandular. Existe una estrecha relación entre depresión y sobrepeso, y si su hijo parece tener varios de los síntomas más comunes de la depresión, será necesario prestarle atención al tema.

Si su hijo está deprimido, tenga presente que es una enfermedad y que no *desaparecerá tal como llegó*. Es importante tener paciencia y dedicar el mayor tiempo posible para reforzar la autoestima del niño (cf. página 269), incluso cuando se muestre desesperado.

En el capítulo 2 hemos visto una gran cantidad de posibles síntomas de la depresión, pero aquí quiero recordar brevemente algunos de los más comunes a los que hay que estar atento:

- ✓ Retraimiento: el niño evita el trato con amigos, familiares y la realización de actividades habituales.
- ✓ Sensación de culpa o de inadecuación, con una actitud de autocrítica y culpándose a sí mismo.
- ✓ Sensación de desdicha y soledad durante gran parte del tiempo.
- ✓ Sensación de desesperanza y pensamientos de muerte.
- ✓ Dificultad para la concentración.
- ✓ Descuido del aspecto personal.
- ✓ Dificultad para ir a dormir y para despertar temprano.
- ✓ Cansancio y falta de energía.
- ✓ Con frecuencia, pequeños problemas de salud, como cefaleas y dolores de estómago.

¿Qué puede hacer?

- Procure aliviar la presión que pesa sobre su hijo y crearle oportunidades para encontrar actividades de las que disfrute y que lo hagan sentirse bien. Un niño no tiene que ser el más popular entre sus pares para ser feliz, pero necesita tener, por lo menos, un buen amigo. Los padres también deberían fomentar la actividad. Ir al cine a ver una película o jugar a la pelota con los amigos probablemente lo haga sentirse mejor que quedándose solo en casa.

- Aliente el ejercicio físico, que mejora el ánimo y estimula la liberación de endorfinas, la "hormona del bienestar".

- La conversación y la comunicación son de extrema importancia. Practique la *escucha activa* que implica, básicamente, manifestar interés por lo que su hijo dice y hace, y validar sus sentimientos negativos en lugar de tratar de revertirlos o de restarles importancia.

- Hable con el maestro de su hijo para ver si hay algo en su vida escolar que le pueda estar causando desazón o hacerlo desdichado. Algunos colegios ofrecen programas de apoyo que se centran en formar grupos de discusión para hablar de comportamientos inadecuados, de las cosas que duelen y de cómo cooperar entre sí con el objetivo de desbloquear y liberar problemas emocionales. Averigüe si en el colegio de su hijo hay alguna actividad de ese tipo.

- Ofrezca amor incondicional y acompáñelo en sus problemas.

- Tómese el tiempo de escuchar cuando quiera hablar de sus sentimientos.

- Demuéstrele que puede contar con usted en cualquier momento, pero sin presionarlo.

- Aliéntelo a hacer cosas de las que usted sabe que disfruta.

- Esté atento a sus iniciativas y apruébelas.

- Apoye y aliente a su hijo a pedir ayuda, pero sin rezongar ni criticarlo.

- Si su hijo no quiere aceptar ayuda y usted está preocupado, consulte con el médico, que podrá aconsejarlo sobre cómo manejar la situación.

AYUDA PROFESIONAL

Si usted está preocupado por el sobrepeso de su hijo y este no responde a ningún cambio en su estilo de vida o en su dieta alimentaria, es hora de pensar en buscar ayuda adicional. No es ninguna vergüenza pedir apoyo a médicos, enfermeras, terapeutas u otros especialistas, muchos de los cuales están capacitados para manejar, específicamente, los temas de la obesidad infantil. A veces, los problemas escalan de forma tal que exceden la capacidad de los padres para controlar y manejar una situación adecuadamente.

Lo primero que debe recordar cuando busca ayuda adicional es que cualquier especialista que vea o que le recomienden debe estar capacitado especialmente para la tarea. Desconfíe de quienes le ofrezcan una solución rápida, una cura milagrosa o una pérdida instantánea de peso: o se están aprovechando de la situación, o son peligrosamente irresponsables. No existen soluciones mágicas que resuelvan el problema del sobrepeso de la noche a la mañana; deberá ser encarado muy cuidadosamente y a largo plazo por profesionales calificados.

En primera instancia, le conviene recurrir a su médico de cabecera, que podrá evaluar el problema y derivarlo, en caso de ser necesario, a los especialistas adecuados. Podrá recomendarle un nutricionista o un técnico en nutrición. También puede ser que le sugiera algún tipo de terapia que apunte a la modificación del comportamiento (cf. más adelante) para manejar un problema que tenga un trasfondo emocional. Algunos médicos recomiendan tratamientos grupales al estilo de "gordos anónimos" para niños, donde estos aprenderán todo lo relacionado con nutrición y ejercicio y serán alentados a participar de actividades, bajo la supervisión de profesionales capacitados y en compañía de otros niños con el mismo problema. Esta puede ser una buena alternativa para el niño que ya no sabe qué hacer pero realmente está decidido a resolver su problema de sobrepeso, aunque sin sentirse diferente ni abochornado entre pares más delgados. Pero antes de abocarse a una terapia de ese tipo, tanto usted como su médico deberán conversarlo con su hijo y solo ponerla en práctica si él realmente está motivado y accede a intentarlo. Puede ser que usted tenga que participar de algunas sesiones junto a su hijo, para ver si se siente cómodo. En caso de que no sea así, no lo presione.

También podrán recomendarle un especialista en ejercicios físicos que lo ayude a desarrollar un programa de actividades para su hijo, teniendo en cuenta sus necesidades particulares y su nivel general de estado físico. Si le ofrecen esa oportunidad, acéptela. Su hijo obtendrá una atención personalizada y muchas ideas que lo estimularán para desarrollar hábitos de ejercitación física saludables.

MODIFICACIÓN DEL COMPORTAMIENTO

Se trata de una serie de estrategias dirigidas a tratar problemas de comportamiento específicos en preadolescentes y adolescentes. Comprende una cantidad de técnicas de intervención terapéutica, destinadas a dar al niño las herramientas que le permitan modificar sus comportamientos negativos. Las técnicas suelen ser altamente efectivas en niños y adolescentes, sobre todo porque, a diferencia de los adultos, no han fijado sus esquemas de conducta. Cuanto más joven sea un niño, tanto más efectivas serán las técnicas de modificación de comportamiento.

La modificación de comportamiento se focaliza en una creciente motivación para cambiar la dieta y el nivel de actividad física, utilizando una combinación de sesiones psicoterapéuticas a corto plazo, tanto individuales como en familia. Las sesiones se basan en una modificación concreta del comportamiento del niño, a fin de que pueda aprender mejores maneras para manejarse frente al estrés, a la depresión o a sentimientos de tristeza y abatimiento. Además, aprenderá a reconocer las situaciones que lo llevan a desear comer demasiado y las estrategias para manejar los factores ambientales que afectan sus hábitos alimentarios. Por ejemplo, comer solamente en un ambiente de la casa o evitar el camino del colegio a casa que pasa por los negocios que venden comida y golosinas. También aprenderá cómo modificar positivamente su estilo de vida, mirando menos televisión y pasando menos tiempo en actividades sedentarias.
Los estudios pertinentes han demostrado que, unida a una dieta saludable y un estilo de vida más activo, la modificación de comportamientos puede resultar sumamente eficaz.

El caso de Tomás

El padre de Tomás era quien, básicamente, cocinaba en la casa, y uno de sus grandes placeres era preparar comidas suculentas para *su muchacho*. Tomás comenzaba todos los días con un desayuno completo con panqueques, papas y salchichas fritas, y en la casa nunca faltaban golosinas tentadoras. El tentempié "normal" cuando regresaba de la escuela era una porción de pizza congelada o algunas hamburguesas preparadas en el microondas. Tomás siempre había sido alto en relación con su edad y desarrollaba bastante actividad, pero cuando entró en la adolescencia, comenzó a interesarse más por la computación, lo que significaba largas horas frente a la pantalla. En ese período, su crecimiento se fue deteniendo y, por supuesto, en poco tiempo empezó a aumentar de peso en forma marcada: a pesar de que a los quince años ya medía 1,80 m, también pesaba demasiado, con sus 113 kg. Por propia iniciativa fue a ver al médico de cabecera de la familia, quien sugirió un "campamento para gordos" que se realizaba durante cuatro semanas todos los veranos. El campamento iba dirigido a niños que tenían serios problemas de sobrepeso, y en él se los incentivaba a practicar deportes y a hacer intensivos ejercicios físicos. Además, se les ofrecía una alimentación abundante pero saludable. Tomás asistió a ese campamento durante tres años seguidos, y cada vez perdía peso en forma considerable. Siempre regresaba a casa con buenas intenciones, pero a lo largo del año escolar volvía a sus viejos hábitos y así inició un ciclo de pérdida y aumento de peso y terminó sintiéndose frustrado y desmoralizado.

Finalmente, fue derivado a una terapeuta especializada en modificación del comportamiento, quien logró enseñarle a Tomás a identificar los factores que lo inducían a comer en exceso. Uno de ellos era la alegría que le daba complacer a su padre, comiendo todo lo que este cocinaba. Toda la familia se involucró en el cambio y las alacenas fueron reabastecidas con opciones alimentarias más saludables. Desaparecieron las pizzas congeladas, las deliciosas comidas fritas y los platos preparados en el microondas que constituían los tentempiés de Tomás. Su padre accedió a salir a correr con él por la mañana, a fin de tener un tiempo compartido que no implicara comer. En el curso de un año, el peso de Tomás se estabilizó y alcanzó su altura definitiva de 1,88 m. También logró establecer una relación más saludable con su padre, quien, en el proceso, también perdió 19 kg de peso.

Si el problema de su hijo está relacionado con las hormonas o con el desarrollo, podrán derivarlo a un endocrinólogo –especialista en hormonas– que hará los análisis correspondientes y le dará los detalles acerca de una dieta y/o medicación adecuada.

A fin de encontrar un programa para el control de peso de su hijo, podrá contactarse con el hospital de su zona, la universidad u otra institución similar. Incluso es posible que, dentro de su cobertura médica, exista algún programa de ese tipo. El objetivo general de esos programas debería ser ayudar a toda la familia a adoptar hábitos alimentarios y de actividad física más saludables, que puedan mantener para el resto de sus vidas. A continuación cito algunas de las características obligatorias de este tipo de programas.

- Incluir una diversidad de profesionales de la salud en su equipo: médicos, dietistas, psiquiatras o psicólogos y especialistas en educación física.

- Evaluar el peso de su hijo, su crecimiento y su salud antes de iniciar el programa, y monitorear sus progresos en forma continua.

- Adaptar el programa específicamente a la edad y a la capacidad de su hijo. Los programas para niños de cuatro años serán diferentes de los diseñados para niños de doce años.

- Ayudarlo, a usted y a su familia, a mantener un comportamiento de alimentación y actividad física saludable, una vez completado el programa.

- Incluir un programa de mantenimiento, además de otros tipos de apoyo, para reafirmar el nuevo comportamiento y manejar los temas de fondo que contribuyeron al sobrepeso.

Medicación y cirugía

Existen medicamentos de venta bajo receta para ayudar a perder peso a personas extremadamente obesas. Estos no constituyen, sin embargo, medicinas milagrosas, y muchos tienen serios efectos colaterales. Hay muy pocos casos en los que este tipo de medicamentos se puedan recomendar para niños, y yo sugiero pensarlo con mucho cuidado antes de acceder a administrar cualquier tipo de medicación que, supuestamente, fomente la pérdida de peso. La idea es que un niño tiene que ir adecuando su peso a su altura a medida que va creciendo, en lugar de intentar bajar el sobrepeso activamente. Y a pesar de que esa medicación se prescribe solo por un año, no es adecuada en modo alguno para niños que se encuentran en pleno crecimiento y desarrollo.

Quizá le ofrezcan alguna medicación para tratar trastornos hormonales u otros problemas de salud física o emocional que estén relacionados con el sobrepeso de su hijo. Averigüe cuáles son los efectos colaterales y si existen otras alternativas antes de considerar aplicar ese tipo de tratamiento. Un buen profesional podrá suministrarle la información que necesite.

Existen diversos tipos de cirugía para adultos que sufren de obesidad mórbida, pero estas intervenciones suelen usarse como último recurso. De ninguna manera, y bajo ninguna circunstancia, esas cirugías son apropiadas para niños y adolescentes.

En conclusión

No sienta vergüenza de pedir ayuda y apoyo. Aun bajo las circunstancias más favorables, ser padres no es tarea fácil. Y ayudar, como padres, a un niño con sobrepeso lo es mucho menos todavía. Muchos especialistas lo podrán ayudar si se encuentra con problemas o hay cosas que lo preocupan y que parecen no poder solucionarse cambiando la dieta y el estilo de vida de su hijo. Además, siempre habrá períodos durante los cuales usted se sentirá desorientado y superado por las circunstancias, y no sabrá a quién recurrir. En el próximo capítulo, distinguiremos algunos de los problemas más comunes asociados con la nada sencilla tarea de ayudar a un hijo con sobrepeso, y las mejores maneras de tratarlos a medida que vayan apareciendo.

CAPÍTULO 8

Problemas puntuales

Este capítulo está destinado a ayudarlo a manejar los distintos problemas puntuales que pueden ir surgiendo a medida que vaya instrumentando los cambios para ayudar a su hijo con sobrepeso. Hasta el niño más sano y feliz sufre problemas y traspiés de tanto en tanto, y sería poco realista pensar que esos cambios constituirán un camino fácil y sin tropiezos. Utilice este capítulo como elemento de consulta rápida cuando aparezca un problema o un tema específico, o cuando surjan preguntas a las que no encuentre respuesta en otras partes del libro.

ATRACONES

Si su hijo se da atracones en forma regular, es posible que tenga un trastorno en consecuencia. Estos episodios suelen manifestarse de la siguiente manera:

- ✓ Comer una cantidad excepcionalmente grande de comida en un período corto (en el término de 2 horas).
- ✓ Sensación de no tener control sobre la ingesta ni capacidad para dejar de comer durante el episodio.

Además de lo antedicho, quien suele comer por atracón presentará al menos tres de las siguientes características:

- ✓ Come más rápido que lo normal.
- ✓ Come hasta sentirse incómodamente lleno.
- ✓ Come grandes cantidades de alimento cuando no siente hambre.

✓ Come a solas, porque le da vergüenza la cantidad de comida que ingiere.
✓ Se siente disgustado consigo mismo, deprimido o muy culpable después del exceso.

No cabe duda de que cualquier tipo de atracón es poco saludable, pero se convierte en un trastorno cuando se produce al menos dos veces por semana, a lo largo de un mínimo de seis meses. Quienes padecen del trastorno por atracón, no se provocan vómitos, ni alternan con períodos de ayuno o de ejercicio excesivo, ni ingieren laxantes para eliminar lo ingerido. El trastorno por atracón no está relacionado con la anorexia ni con la bulimia.

Cabe subrayar que las investigaciones han demostrado que muchos niños que sufren de sobrepeso o que son obesos, padecen ese trastorno. Si usted considera que la situación es preocupante, solicite ayuda a su médico. Muchos niños necesitan apoyo de un terapeuta para superar el problema. Entre tanto, puede ayudar a su hijo de la siguiente manera:

- Decirle en tono calmo y sin agresión que usted sabe que se da atracones y hacerle saber que el tema lo preocupa.

- Dejar en claro que está bien que coma cuando sienta hambre, pero que los excesos terminarán enfermándolo.

- Escuchar atentamente lo que su hijo le contesta. El niño que se da atracones puede sentirse avergonzado o atemorizado. Podrá sentir que ha perdido el control sobre sí mismo. Usted puede ayudarlo a recupar algo de ese control ofreciéndole acompañarlo para que supere el trance la próxima vez que sienta el impulso de darse un atracón.

- Es muy común que un niño con problemas diga que no existe problema alguno. Explíquele que usted lo quiere ayudar. Probablemente tenga que hacer varios intentos hasta que se sincere con usted.

- Asegúrese de no tener alimentos poco saludables en su casa, que puedan tentar a su hijo.

- Asegúrese de que su hijo coma, por lo menos, tres comidas nutritivas por día, además de los tentempiés, para que no sienta hambre. A pesar de que el atracón, por lo general, no tiene nada que ver con el apetito, es menos probable que se produzca si el niño se siente satisfecho.

- Busque posibles causas emocionales: problemas en la escuela, preocupaciones, estrés u otros problemas subyacentes. Si usted puede controlar los factores causales, habrá ganado la mitad de la batalla.

- Asegúrese de que su hijo no se sienta avergonzado por su aspecto físico y por sus hábitos alimentarios en general. Muchos niños con sobrepeso se sienten tan abochornados por su figura que se sienten mal comiendo en público o, incluso, frente a la familia, por temor a los reproches. Cuide que su hijo no concentre la atención en su familia y que no se sienta diferente o *gordo*. Si se siente a gusto con su imagen corporal, es mucho menos probable que se exceda por razones emocionales.

- Ayude a su hijo a aprender cuándo dejar de comer. Explíquele que comer cuando no tiene hambre solo lo hará sentirse peor. Manténgalo activo, a fin de que no ceda a la tentación de comer para compensar defectos percibidos, o para manejar sus problemas.

ACOSOS Y AGRESIONES

Este problema parece ser parte integral de ser *gordo*, y es posible que, en algún momento, su hijo lo padezca en alguna medida, aun cuando quizá no llegue a un franco acoso violento. Hablamos de los acosos y de las agresiones en las páginas 254-

255, y del efecto que tienen sobre la autoestima del niño. Sin embargo, hay algunas cosas que usted puede hacer para ayudar a su hijo.

- Si sospecha que existe un problema de acoso pero su hijo no quiere admitirlo, esté atento a ciertas pistas, por ejemplo, pertenencias misteriosamente *perdidas*, moretones y golpes inexplicables, comportamiento retraído y enfermedades misteriosas como excusa para no ir a la escuela. Si usted está preocupado, trate de motivar a su hijo para que hable del tema. Pregúntele acerca de diferentes aspectos de su jornada y de sus simpatías y antipatías personales. Pregúntele si siente estrés a la hora del almuerzo, y por qué. No lo presione para que hable, ya que eso sólo empeorará las cosas. Simplemente, hágale saber que puede contar con usted para compartir el problema cuando se sienta preparado para hacerlo.

- Hable con las autoridades de la escuela de su hijo y averigüe cuáles son las políticas para prevención de acosos y agresiones. Es muy posible que no estén al tanto de lo que está sucediendo. Haciéndoles notar el problema, podrán tomar medidas para frenarlo.

- También es importante que su hijo desarrolle sus propias estrategias para manejar la situación. Sugiera algunas respuestas efectivas que pueda usar, o formas de eludir a los agresores. El niño con sobrepeso suele tener una autoestima más baja que sus pares e, inconscientemente, asume el rol de *víctima*. Procure reforzar la autoestima de su hijo (cf. página 269). Si se siente bien consigo mismo y tiene cierto aplomo, será capaz de hacer frente a sus agresores y defenderse.

- Asegúrese de que su hijo tome conciencia de su propio valor y comprenda que el niño pendenciero que lo acosa tiene problemas personales serios. Hágalo sentirse superior.

- Explique a su hijo por qué algunas personas se convierten en acosadores, agresivos o pendencieros. Por lo general, son víctimas, ellos mismos, de alguien en su vida. Si su hijo toma conciencia de que hay una causa que nada tiene que ver con él para ese comportamiento, podrá sentirse más dueño de la situación.

- Más allá del apoyo que usted pueda darle, su hijo necesita aprender a defenderse con aplomo y confianza. Practique con él lo que les podría decir a quienes lo acosen o agredan, y ayúdelo a sentirse cómodo recordando y aplicando lo que va a responder. Por ejemplo: "No me insultes, no me gusta y no lo voy a aceptar". Hay una velada amenaza de acción futura a tomar, y aun el más agresivo de los pendencieros teme a la autoridad. El secreto radica en que su hijo se muestre fuerte y seguro, y que mire a su agresor (o agresores) a los ojos con la cabeza en alto.

- Haga lo posible para que su hijo no se sienta culpable, lo que puede complicar el problema. Muchos niños se sienten culpables y creen que su propia debilidad o su problema percibido condujo a la situación de agresión. Ayúdelo a sentir que no está en falta y que es bueno, fuerte, eficiente, más allá de que tenga sobrepeso o no.

- No se ponga mal. Su enojo no ayudará a su hijo y solo hará que se sienta alarmado, hipersensible o preocupado por haberle causado un problema. Apóyelo con calma, demostrando que está de su lado y dispuesto a hacer gala de la tan importante solidaridad familiar.

- Algunos niños necesitan mucho apoyo, además de soluciones. No sea demasiado frío y eficiente, focalizando sólo en el problema. Bríndele a su hijo abrazos, palabras reconfortantes, amor y empatía. Seguramente se siente muy vulnerable en una situación de agresión, y es probable que necesite más amor que consejos prácticos.

- Motive a su hijo para que desarrolle amistades fuera del colegio, en el ámbito deportivo, en un grupo musical o teatral al que asista, etc. Si forma una estrecha red de amistades fuera del colegio que compartan sus intereses y disfruten de su compañía, se sentirá más fuerte y más capaz de enfrentar a los pendencieros que lo agreden y lo tratan en forma abusiva en la escuela. También es importante que su hijo tenga un sólido círculo de amigos dentro del colegio y, de ser posible, aliéntelo en eso. Es mucho menos probable que todo un grupo sea agredido.

COMER PARA RECONFORTARSE

Con frecuencia, un niño come para llenar un vacío interior afectivo (cosa que también hace el adulto). El comer por atracón es considerado, a menudo, un trastorno alimentario. Y el trasfondo de todo trastorno alimentario está dado siempre por la necesidad del niño o del adolescente de controlar su vida y sus sentimientos. ¿Cómo logra eso el niño con sobrepeso? ¡Por supuesto, comiendo más! No sorprende que el niño utilice la comida para reconfortarse. Sucede muchas veces que los padres, sin quererlo, fomentan eso cuando los niños son pequeños: ofreciéndoles una golosina cuando se lastiman, o cuando se asustan o se sienten solos y cabizbajos por algún motivo. Es entonces cuando el niño aprende a asociar el hecho de comer algo con sentirse bien.

A medida que los niños crecen, la comida puede convertirse en un "amigo". Los hace sentirse bien, les brinda satisfacción y no les exige nada. Y cuando el niño llegó a tener un sobrepeso grave o ha caído en la obesidad, puede llegar a sentirse muy aislado de sus pares, lo cual agrava el problema. ¿Qué se puede hacer al respecto?

- Si usted observa que su hijo ingiere grandes cantidades de comida después de clase, y a continuación se sienta delante de

la computadora o a mirar televisión, acompáñelo y pregúntele cómo fue su día. No permita que coma para sentirse mejor. Dele la oportunidad de hablar acerca de sus problemas.

- Su reacción frente al sobrepeso de su hijo puede ser más destructiva que sus kilos de más. Cuando los padres presionan a sus hijos para perder peso, los niños, a menudo, se sienten fracasados si no lo logran. No se puede esperar que un niño implemente cambios por su cuenta: toda la familia tiene que modificar su estilo de vida. No aísle ni destaque a su hijo con sobrepeso, preparándole comidas especiales en lugar de hacer que toda la familia coma bien.

- Un niño mayor puede aprender a comprender las razones por las cuales come en exceso para reconfortarse, y aprender a establecer relaciones entre su ingesta excesiva y los posibles factores desencadenantes de la misma. Pídale que monitoree cómo se está sintiendo cuando come, en distintos momentos del día. Probablemente, su hijo descubra que come después de clase, cuando se siente abatido o cuando está aburrido y solo. Quizás elija consolarse con la comida cuando está enojado o se siente alterado. Analice esos estados de ánimo con él y ayúdelo a ver cuáles son las áreas más problemáticas. Enséñele diferentes formas de manejar las situaciones conflictivas (cf. capítulo 6, página 283), y sugiérale que, cada vez que sienta la necesidad de comer para satisfacer una necesidad emocional, puede practicar algún ejercicio físico, hablarlo con usted o, incluso, aprender alguna forma de relajación física como el yoga.

- Cuido de no seguir usando la comida y las golosinas para consolar, premiar o levantarle el ánimo a su hijo. Una salida al cine, una caminata o un nuevo libro son "golosinas" mucho más saludables para levantar el ánimo.

- No todos los niños comen por razones emocionales. Algunos lo hacen porque están aburridos. En ese caso, tendrá que cerciorarse de que su hijo esté adecuadamente ocupado y de que tenga la posibilidad de elegir entre distintas actividades y amigos con quienes compartir. Si su hijo no tiene amigos, procure involucrarlo en algún curso o actividad que le interese y donde encuentre niños que compartan sus gustos.

- Dé el ejemplo ejerciendo autocontrol. Si usted se reconforta con chocolates o con una copa de vino cuando está estresado o alterado, no le está enseñando un comportamiento adecuado a su hijo.

Ansiedades y antojos

Cf. el capítulo 7, página 314.

Trastornos alimentarios

Uno de los problemas con el sobrepeso es que puede conducir, en circunstancias extremas, a trastornos alimentarios. El niño que lucha con su sobrepeso busca una solución rápida y puede desarrollar una relación muy poco saludable con la comida. No todos los niños con sobrepeso desarrollan trastornos alimentarios, sobre todo si se trata de solucionar el problema lo antes posible. Por otro lado, no todos los niños con trastornos alimentarios tienen un problema de sobrepeso. Es más, en muchos casos esos niños presentan un peso perfectamente normal, pero se ven como gordos. Esta es una de las razones por las cuales es importante resolver los problemas relacionados con la alimentación y con el peso a una edad temprana. El niño se tiene que sentir bien consigo mismo y tener una imagen corporal positiva.

Si bien analizar en profundidad los problemas asociados con trastornos alimentarios excede la competencia de este libro, vale la pena señalar algunos de los indicadores de que un problema puede estar apareciendo o de que ya se ha instalado.

Anorexia nerviosa

Quizá parezca extraño que se mencione la anorexia en un libro que habla del sobrepeso infantil, pero es importante tomar conciencia de que un niño que ha sufrido burlas, acoso y agresiones por ser "gordo", podría seguir considerándose gordo y poco atractivo mucho después de que su peso se haya normalizado, y eso puede influir sobre su comportamiento futuro. Una autoimagen negativa siempre es la causa fundamental de todo trastorno alimentario, pero los medios y su énfasis en modelos excesivamente delgados también suelen ser acusados de influir sobre la forma en que las personas y, sobre todo las niñas jovencitas, se ven a sí mismas, y por fomentar la idea de que lo más importante es alcanzar ese ideal de belleza.

Según datos de la *Eating Disorders Association* (Asociación para el Estudio de Trastornos Alimentarios), en el Reino Unido se ha informado acerca de niñas de apenas cinco años preocupadas por su peso y pensando en hacer régimen. En los Estados Unidos, más del 60 por ciento de las niñas de cuarto grado (alrededor de nueve años de edad), que participaron de un estudio realizado en Iowa, dijeron desear ser más delgadas. A los dieciocho años, nueve de cada diez adolescentes citadas por un estudio realizado en California estaban haciendo régimen para perder peso.

La anorexia nerviosa es una forma de autoinanición, es decir, una forma de matarse de hambre deliberadamente. Lo que puede comenzar como una dieta normal se lleva a extremos y muchas niñas reducen su ingesta a un mínimo absoluto.

Se considera que la edad promedio en la que ese trastorno comienza a manifestarse es a los dieciséis años, a pesar de que la edad de anoréxicos oscila entre los diez y los cuarenta años. Alrededor del 90 por ciento de quienes sufren de anorexia son mujeres. Mientras que la mayoría no tiene un historial de sobrepeso, es prudente –sobre todo si usted tiene una hija adolescente– tomar conciencia de esa patología tan destructiva.

Signos y síntomas

- ¿Considera que su hija está obsesionada por el contenido de grasas y de calorías del alimento que ingiere? ¿Se autoimpuso una *dieta* por alguna razón y no hay forma de que se desvíe de ella?

- ¿Practica ejercicio físico en forma obsesiva, calculando cuidadosamente la cantidad de calorías que quema durante la actividad física?

- ¿Sucede con frecuencia que su hija asegura "no tener hambre" o estar "demasiado ocupada" a la hora de comer?

- ¿Desaparece en el baño después de comer?

- ¿Observó cambios de humor y estado de ánimo, incluyendo estallidos de ira, aislamiento de sus amigos, comportamiento introvertido, abuso de sustancias químicas o depresión? Los estudios pertinentes indican que la inanición suele incrementar la depresión, la ansiedad, la irritabilidad y la ira, y el estado de ánimo y el humor son un confiable indicador de que algo anda mal. Sin embargo, evalúe la situación con cuidado. Muchos adolescentes sufren cambios emocionales bruscos, de modo que si ese es el único síntoma, puede tener otras causas.

- ¿Su hija no comenzó a menstruar a la edad normal o se le ha retirado el período?

- Además de la pérdida de peso, ¿presenta piel seca, pérdida de cabello, sarpullido y picazón?

Bulimia nerviosa

Se supone que la bulimia es tres veces más común que la anorexia pero, por lo general, no tan peligrosa físicamente. Sin embargo, el uso excesivo de laxantes y los vómitos autoinducidos pueden causar la ruptura del esófago, deficiencia mineral y deshidratación, todo lo cual podría tener serias consecuencias para la salud.

La bulimia recién fue reconocida oficialmente en la década de 1970 y se caracteriza por un ciclo de comer por atracón y una posterior inanición. Muchos bulímicos están físicamente bien en apariencia, pero los especialistas en el tema afirman que, bajo esa superficie de bienestar, a menudo sufren de una baja autoestima y de una mala autoimagen. Las niñas bulímicas pueden llegar a tener períodos irregulares o se les puede retirar la menstruación a causa del excesivo uso de laxantes y de la inducción de vómitos. El uso de los laxantes también puede causar problemas renales e intestinales, además de trastornos gástricos.

Signos alarmantes

La bulimia puede resultar más difícil de reconocer, dado que su hijo o hija puede mantener el mismo peso o perder peso en forma más lenta. Esté atento a los siguientes síntomas.

Síntomas psicológicos

- ✓ Incontrolable impulso de ingerir enormes cantidades de alimento.
- ✓ Obsesión con la comida, o sintiéndose "fuera de control" cuando hay comida cerca.
- ✓ Percepción distorsionada de su peso y forma corporal.
- ✓ Comportamiento muy emotivo y oscilaciones de humor.
- ✓ Angustia y depresión; baja autoestima, vergüenza y culpa.
- ✓ Aislamiento.
- ✓ Sensación de impotencia y soledad.

Comportamientos reveladores

- ✓ Comer por atracón y vomitar.
- ✓ Desaparecer en el baño después de las comidas, a fin de vomitar lo ingerido.
- ✓ Uso excesivo de laxantes, diuréticos o enemas.
- ✓ Períodos de ayuno.
- ✓ Ejercitación física excesiva.

- ✓ Reserva, ocultación y actitud reacia a la socialización.
- ✓ Robo de comida en los comercios; cantidades anormales de dinero gastado en comestibles.
- ✓ Comida que desaparece misteriosamente o que se almacena en secreto.

Algunos especialistas consideran que la bulimia es el resultado de un desequilibrio de sustancias químicas en el cerebro, pero otros piensan que podría estar más ligada a una falta de autoestima y a una baja valoración personal. Se cree que la mitad de los anoréxicos también sufren de bulimia y un 40 por ciento de bulímicos tiene un historial de anorexia.

Cómo prevenir los trastornos alimentarios

- El niño que es anoréxico suele ser el producto de una familia excesivamente preocupada por el peso corporal y las dietas (y, por ejemplo, el contenido graso de los alimentos). Evite hablar de peso y de dietas, incluso si su hija tiene un problema de sobrepeso. Una madre que se queja constantemente acerca de su propio aspecto físico, discute dietas y se muestra obsesionada con el tema de las grasas, las calorías y los azúcares en los alimentos, está transmitiendo a su hija un mensaje muy fuerte.

- Trate de que comer en familia sea un hábito cotidiano. No permita llegar al punto de no haber compartido una comida o visto comer a su hijo por semanas... o por meses. Un niño no debería nunca ser responsable de la elección alimentaria. Además de que es muy fácil que sus elecciones sean desacertadas o inaceptables para su salud, los padres tienen que dar el ejemplo de buenos hábitos alimentarios, ya que es la mejor forma de inculcar actitudes sanas en relación con la alimentación.

- Ofrezca siempre una amplia variedad de comidas frescas de todos los grupos de alimentos en cada comida. No obligue al niño a comer, y sírvale porciones pequeñas. Siempre puede pedir más.

- Los padres tienen una gran influencia sobre la autoestima y la imagen corporal de sus hijos. En un estudio sobre el tema se determinó que los puntajes para la autoestima en niños de entre nueve y once años se reducían cuando pensaban que sus padres estaban descontentos con su aspecto corporal. Haga que su hijo se sienta bien acerca de sí mismo, independientemente de su peso. Incluso si es obeso, necesita tener una buena autoestima (cf. página 269). Haga todo lo necesario para que su hijo se sienta querido y aceptado por lo que es y no por su aspecto. Un niño con autoestima alta gravita en forma natural hacia hábitos de vida saludables para él: ejercitar regularmente, adoptar buenos hábitos de higiene, vestirse bien y estar orgulloso de su aspecto (¡a pesar de sus defectos!).

Qué hacer si su hijo sufre de trastornos alimentarios

- Usted tendrá que abordar los temas emocionales a fin de descubrir qué está afectando la autoimagen y la autoestima de su hijo (cf. página 269). Lo más importante que puede hacer es apoyar y demostrar cariño a su hijo. Si evidencia disgusto o rechazo al verlo excesivamente delgado o gordo, solo reforzará una imagen corporal negativa. Hágale saber que usted lo quiere y que le importa lo que hace y lo que le pasa. Por supuesto que puede mostrarse preocupado por su salud, pero asegúrese de que no sienta que su amor y su preocupación están teñidos de crítica y desaprobación.

- Motive a su hijo para desarrollar pasatiempos y actividades que le ayuden a sentirse bien. Elija algo en lo que pueda tener éxito. Aplauda sus logros e ignore sus fracasos.

- Consiga ayuda para usted mismo. Contáctese con un grupo de apoyo. Trate de no cargarse de culpa. Cuando aparecen los trastornos alimentarios en un niño, es muy frecuente que se señale a los padres como culpables. Incluso el niño más seguro y aplomado puede sufrir problemas emocionales y de autoestima después de un traspié o de un fracaso, o es posible que haya problemas en el colegio de los que usted nada sabe. El mejor consejo que le puedo dar es ir al fondo del problema y buscar formas de enfrentarlo y resolverlo. Hay asociaciones diversas que podrán prestarle ayuda y darle apoyo ante este tipo de problemas.

Vergüenza

Los niños con sobrepeso que son conscientes de ello, a menudo se sienten abochornados y avergonzados de su talla y hacen lo imposible para evitar interactuar con otros, participar de actividades físicas (en las cuales pueden sentirse sumamente torpes) e, incluso, comer en público. Las burlas sufridas no harán sino complicar el problema y la consecuencia podrá ser una autoestima totalmente disminuida.

Por terrible que resulte ver a su hijo sufriendo todo esto, usted no puede vivir la vida de su hijo por él. Tendrá que aprender a ser resiliente y a hacerse cargo de lo que le sucede, como una forma de manejar y resolver su problema de sobrepeso. Es decir que, si bien usted siempre debe manifestar su empatía y comprensión, también es muy importante equipar a su hijo con las herramientas adecuadas para implementar cambios en su vida. Todas las sugerencias de este libro contribuirán a que su hijo con sobrepeso recupere tanto un peso normal como un nivel saludable de autoestima. Si le explica que una actitud proactiva y la colaboración con los cambios que usted implemente serán un primer paso positivo para superar sus problemas, probablemente lo aliente a tomar sus propias medidas. Si su hijo siente vergüenza por su sobrepeso y su aspecto físico, hay una cantidad de cosas que usted puede hacer para ayudarlo.

En primer lugar, es importante que no lo haga sentirse más avergonzado todavía durante el proceso de cambio de dieta alimentaria o el incremento de los niveles de actividad física. Su hijo no querrá sentirse diferente ni llamar la atención. También querrá evitar el bochorno de ser el único niño gordo y físicamente torpe en el gimnasio o en la institución a la que concurra para hacer ejercicios físicos. Por lo tanto, es importante encontrar las actividades apropiadas en un entorno apropiado (cf. páginas 232-236).

Sin embargo, lo más importante que usted puede hacer es mejorar la autoestima de su hijo, a fin de que se sienta bien consigo mismo, más allá de su sobrepeso. Existen muchos adultos y niños con sobrepeso que tienen una autoimagen saludable y fuerte. Su hijo puede ser uno de ellos. Tiene que aprender que su sobrepeso es un problema temporario y que cuenta con los recursos para revertirlo. Así como otros niños sufren de asma, de sarpullidos o de problemas de piel, él tiene un tema con la salud por su peso que deberá ser tratado y atendido. Lo bueno es que, al contrario de lo que sucede con algunas enfermedades, su problema es tratable. Motívelo. Dele esperanzas. Levante su autoestima y hágale ver que no tiene por qué sentirse avergonzado de sí mismo, que vale lo que vale como persona, independientemente de cuánto pese. (Cf. páginas 269-276 para más sugerencias acerca de cómo incrementar la autoestima de un niño.)

Caprichos a la hora de comer

Cf. el capítulo 4, página 184.

Dietas de última moda

De tanto en tanto, su hijo se sentirá tentado a seguir alguna de las dietas que están de última moda, en busca de una solución rápida a su problema. Quizá haya visto que usted también ha probado diversas dietas y piense que es mejor perder kilos que esperar a crecer para estabilizar su peso. Desaliéntelo a toda costa de que haga ese tipo de dietas; solo privarán a su cuerpo de nutrientes valiosos que son imprescindibles para el adecuado crecimiento y desarrollo de su hijo, además de que no le enseñarán los hábitos alimentarios saludables que debería adquirir y conservar durante toda su vida. Muéstrele las estadísticas: las dietas *no funcionan* (cf. páginas 76-80) y, en muchos casos, no hacen sino agravar los problemas de sobrepeso. Además, el niño que empieza a hacer ese tipo de dietas suele estar más expuesto al peligro de adquirir trastornos alimentarios. Enséñele la forma correcta de estabilizar su peso: alimentarse correctamente y hacer más actividad física. Su hijo no adquirió el sobrepeso de la noche a la mañana, y tampoco volverá a ser flaco de un día para el otro.

PRESIÓN DE SUS PARES

Un niño tiene a sus pares en alta estima y su posición entre ellos siempre será todo un tema para él. Un estudio reciente demostró que la mayoría de los niños pasan un cierto tiempo con sus amigos ya sea todos los días o la mayoría de los días de la semana (61%) y más de dos tercios de los niños encuestados tenían una extensa red de amigos (68%). Este tipo de relación con sus pares es normal y saludable. Pero para un niño con sobrepeso, los pares pueden representar algo diferente. En primer lugar, es posible que sienta una gran presión por verse igual que ellos, cuando resulta evidente que eso no es así, lo cual reduce aún más su autoestima. Ningún niño quiere sentirse *diferente*. En segundo lugar, muchos chicos que tratan de controlar su sobrepeso mediante una forma de comer saludable ven minados sus esfuerzos por la presión de sus pares: quieren comer lo mismo que sus amigos y no ser blanco de burlas, o sentir vergüenza cuando eligen comer algo diferente. Y tercero, muchos niños con sobrepeso no tienen un gran círculo de amigos, principalmente porque no sienten la confianza, el aplomo o la autoestima para entablar y mantener amistades.

La presión de los pares se convierte en un verdadero problema cuando su hijo se ve obligado a vivir situaciones en las cuales se siente incómodo. En toda interrelación, siempre hay un cierto grado de *presión*, pero esa presión puede ser estimulante en lugar de paralizante o inspiradora de temor. La clave es la autoestima. Su hijo necesita respetarse y creer en sí mismo, y tiene que sentirse seguro en su propia piel. Necesita el coraje de defenderse y de desafiar a sus pares cuando lo amenacen o incomoden.

Todos los niños deberían tener una reserva de autoestima y autoconfianza. Refuerce esas cualidades en su hijo y enséñele a ser independiente. Dele algo de poder dentro del hogar, a fin de que se acostumbre a ejercer cierto control sobre su entorno. Si se siente presionado por sus pares, hágale ver que las convicciones de otros no tienen por qué ser más importantes que las suyas propias y pídale que desafíe o cuestione a los amigos que lo ponen bajo presión. Enséñele a no darle demasiada importancia a lo que opinan otros. En última instancia, ¿a quién le importa si él consume *fast food* o no? ¿Por qué habría eso de molestar a sus amigos? ¿A quién le importa que no sea exactamente igual que sus amigos? Su hijo es único y maravilloso. Celebre esa individualidad en lugar de tratar de ayudarlo a adecuarse y ceder a la presión de sus amigos. De esa forma alentará su independencia de espíritu y de pensamiento, lo cual lo ayudará a superar todo tipo de presión en la vida.

Esté disponible para su hijo y hable acerca de sus problemas. Si él puede hablar de lo que le preocupa en su casa y recibe allí el apoyo que necesita, se sentirá más fuerte y capaz de manejarse fuera del entorno hogareño. Podrá sonar trillado, pero si le enseña a su hijo a creer en sí mismo y en sus logros, es mucho más probable que logre resistir las influencias externas y se sienta cómodo al hacerlo. Señale la importancia de una amistad verdadera. Si ha caído en un grupo que se burla de él o que lo presiona para adecuarse a la modalidad de otros, probablemente sea hora de buscar nuevos amigos.

Por último, ayude a su hijo a fomentar amistades y relaciones que le resulten estimulantes y no amenazantes. Si tiene un círculo de amigos que lo apoyan en lugar de socavar su autoestima, es mucho menos probable que sea presionado para hacer cosas que no quiera. Además, es probable que desarrolle intereses que alivien la presión a la que se ve sometido. Si realiza algún tipo de actividad, es menos factible que focalice su atención en la comida o en sentirse deprimido e inseguro. Aliente todas las actividades que involucren una amplia gama de niños diferentes. Si tiene alternativas y no depende de sus pares del ámbito escolar por toda compañía, podrá tomarse un respiro y reducir el estrés.

Pero también es importante recordar que la presión de sus pares puede ser positiva. Ellos pueden ser fuente de afecto, de empatía y de comprensión, sobre todo si sus amigos tienen la misma perspectiva y están viviendo las mismas emociones y situaciones. Esta es una de las razones por las que usted deberá alentar las amistades y las actividades grupales de su hijo con sobrepeso. Si es obeso, probablemente se sienta bien tratando con niños que estén en la misma situación. Un niño necesita sentir pertenencia, compartir intereses y problemas. Sus pares pueden constituir una importante red de seguridad.

Muéstrese comprensivo y empático frente a los problemas que surjan entre su hijo y sus pares. A menudo resulta difícil sentir afinidad con lo que viven nuestros hijos, sobre todo si no nos gustan las compañías que frecuentan, pero si mantenemos abiertos los canales de comunicación, nuestros niños nos podrán usar como apoyo moral, lo cual les da una sensación de seguridad. Un niño tiene que saber que su grupo de pares no es estable. Deberán prepararse para cambiar de amigos como parte normal de su desarrollo y crecimiento. El saber que, aunque pierdan el contacto con determinado grupo de pares, siempre tendrán el amor y la aceptación de su familia los ayuda a mitigar el golpe que significan las discusiones o las rupturas.

Dinero de bolsillo

Un niño necesita recibir dinero de bolsillo a fin de aprender responsabilidad y, por supuesto, el valor del dinero. Necesita aprender a presupuestar y a hacer elecciones sensatas en relación con sus gastos. Eso es parte de su formación y uno de los primeros pasos hacia la independencia. Necesita aprender a tomar sus propias decisiones y ver que gastar todo su dinero de una sola vez significa que no podrá comprar el nuevo CD o ir con sus amigos al cine durante el fin de semana. Es muy importante que los padres no controlen excesivamente la forma en que el niño maneja su dinero de bolsillo.

Por supuesto, el problema es que muchos lo gastan en golosinas, comida chatarra y *fast food*. Todo lo cual contribuye a crear o mantener los problemas con su peso. El niño que en casa no recibe golosina alguna, tiene mayor inclinación por ese tipo de comportamiento. Si bien es importante no intervenir demasiado, es crucial que usted establezca ciertas normas básicas. Reitere el mensaje acerca de las comidas poco saludables y sus efectos nocivos sobre el organismo. Llegue a un acuerdo con su hijo: una parte de su dinero puede ser gastada en golosinas, otra deberá ser ahorrada y el resto podrá ser destinado a lo que su hijo quiera, que no sea comestible. Puede ser que lo utilice para comprar golosinas y comidas a escondidas, las oculte y después las consuma cuando esté solo. Si lo descubre, no dude en enfrentarlo. Deje en claro que las normas familiares son que las golosinas se permiten solo como algo especial y no más de una o dos veces por semana. Si quiere comprar sus propias golosinas, dígale que las ponga en el cajón de las golosinas para comerlas en lugar de otras *comidas especiales* que usted permita a su familia (por ejemplo, como postre después de una cena).

No necesita negarle a su hijo el placer de gastar su dinero en golosinas prohibidas, porque es algo que hacen todos los niños, independientemente de su peso. Pero lo que necesitará hacer es fijar algunas normas sensatas. Lo mismo vale para salir a comer afuera con amigos. Por supuesto que podrá gastar su dinero ocasionalmente en un restaurante de comidas rápidas, pero deberá hacer las elecciones adecuadas. Si come una hamburguesa, deberá tratar de suprimir las papas fritas y la gaseosa. Si come pizza, que la acompañe con agua. Y así sucesivamente. Usted podrá aprovechar la oportunidad para enseñar a su hijo a elegir adecuadamente y en relación con saludables hábitos alimentarios, es decir, el tipo de elecciones que tendrá que hacer durante toda su vida. Sugiérale que gaste su dinero en ir a jugar al *bowling* o a nadar. Procure distraer la atención del tema de la comida, si ve que todo su dinero de bolsillo es gastado en esa dirección. Sea honesto cuando hable con su hijo: no utilice métodos subrepticios para influir sobre él, discuta sus preocupaciones abiertamente y aliéntelo, a su vez, a ser sincero.

REGRESIONES

Sigmund Freud describe diversos mecanismos que un niño podrá usar para defenderse contra las ansiedades e incertidumbres que surgen durante su desarrollo y crecimiento. Un niño que experimenta demasiada ansiedad o demasiados conflictos en cualquiera de sus etapas de desarrollo puede regresar a una etapa anterior, menos traumática. Esas reversiones del desarrollo son ejemplos de un mecanismo de defensa que Freud llamó *regresión*. Incluso un adulto equilibrado puede experimentar, de tiempo en tiempo, alguna regresión a fin de olvidar problemas o reducir su ansiedad, y un niño, mucho menos capaz de elaborar y sobreponerse a dificultades emocionales, es aun más proclive a volver a comportamientos que asocia con contención y bienestar.

Esto es particularmente importante en el caso de niños con sobrepeso. Cuando se encuentran sometidos a algún tipo de presión, revierten a tiempos anteriores y más felices, y muchos recuerdos de la infancia giran en torno a la comida. De modo que el comer para reconfortarse está, en muchos casos, asociado con la regresión. Un niño también podrá hacer una regresión a comportamientos como chuparse el dedo o hablar como un bebé. Esto es señal de que se siente presionado y es importante que usted descubra la causa en lugar de combatir el síntoma. Un niño con sobrepeso, evidentemente, se ve enfrentado a presiones, y es esencial reconocerlas y enseñarle a su hijo cómo manejarlas (cf. el capítulo 6, página 283).

Una cosa que puede hacer para tratar los comportamientos regresivos es enseñar a su hijo un vocabulario emocional a fin de que pueda verbalizar sus sentimientos y *sacarlos afuera*, en el textual sentido de la expresión. Los problemas que se internalizan suelen manifestarse luego como comportamientos problemáticos, como comer para reconfortarse, mojar la cama o aferrarse a determinados juguetes. De ahí que sea de suma importancia que un niño adquiera la capacidad de expresar sus emociones, ya que le será de utilidad a lo largo de toda su vida para manejar adecuadamente el estrés y la ansiedad.

FUMAR

Si su hijo decide que fumar es una forma rápida de perder peso, hágale saber que, por el contrario, constituye un obstáculo importante para lograr su cometido. Un estudio reciente determinó que es fundamental que los preadolescentes tengan una saludable imagen corporal antes de entrar en la pubertad, a fin de reducir el riesgo de que empiecen a fumar para mantener su peso bajo control.

Anne-Luise Winter, una coordinadora de investigaciones del *Institute for Clinical Evaluative Sciences* (Instituto de Ciencias de Evaluación Clínica), encabezó un estudio que comprobó que niñas adolescentes que creían tener sobrepeso o que usaban métodos de control de peso en forma moderada, tenían mayor probabilidad de empezar a fumar que aquellas que se consideraban normales o demasiado delgadas. También era más probable que los varones que salteaban comidas para controlar su peso comenzaran a fumar.

Al respecto, Winter afirma: "Cuando comienza la pubertad, los adolescentes ya han recibido información de sus amigos acerca de fumar y de los métodos de control de peso, y podría ser demasiado tarde para evitar que comiencen a fumar". Sin embargo, como señala la investigadora, no resulta claro si fumar funciona realmente como medida para perder kilos. Tampoco se ha establecido un mecanismo fisiológico que permitiría relacionar el fumar con la pérdida de peso. El fumador adulto tiene un índice de masa corporal menor que el no fumador, pero los fumadores adolescentes suelen pesar más que los no fumadores.

De todos los estudiantes incluidos en el estudio, casi un tercio (el 31%) de las niñas consideraba que tenía sobrepeso, en comparación con el 14% de los varones. Las niñas que se consideraban gordas tenían alrededor de 50% más probabilidades de ser fumadoras que las que consideraban tener un peso normal o ser demasiado delgadas. También era más probable encontrar fumadoras entre las niñas que hacían ejercicio físico para perder peso, salteaban comidas, vomitaban o utilizaban medicación para frenar el apetito. Los varones que decían saltear comidas a fin de controlar su peso tenían el doble de probabilidad de fumar que aquellos que comían en forma regular.

¿Qué hacer?

El primer paso es asegurar, lo más temprano posible, que su hijo tenga una imagen corporal positiva de sí mismo (cf. página 267). También tendrá que dejar en claro a temprana edad que fumar es sumamente peligroso para la salud. Si usted mismo fuma, y también hace dieta, está ofreciendo un ejemplo nada constructivo. Lo ideal sería que modifique su actitud.

Si su hijo comienza a fumar y usa el control del peso como excusa para seguir fumando, señálele que los jóvenes fumadores suelen terminar con mayor sobrepeso que sus pares no fumadores. Vale decir que el sistema no funciona y que solo dañará su salud. Muéstrele las cifras: el fumar sigue siendo la principal causa de cáncer en la mayor parte del mundo. Sin embargo, teniendo en cuenta que a un adolescente le resulta prácticamente imposible imaginar que puede morir o enfermarse seriamente, lo más efectivo es señalar las consecuencias inmediatas, poco placenteras, como el mal aliento y los dedos y dientes manchados, en lugar de advertirles acerca de lo que les puede pasar dentro de veinte o treinta años.

La adicción al cigarrillo es tanto física como psicológica. A muchos fumadores les resulta difícil dejar de fumar y sus intentos fracasan una y otra vez. Se han vuelto físicamente adictos a la nicotina, que genera reales síntomas de abstención cuando se la reduce o suprime. La adicción psicológica se produce porque el fumar se convierte en un hábito. En este aspecto, puede ser útil tratar las causas por las que se fuma, como el aburrimiento o la inseguridad o, precisamente, la preocupación por el sobrepeso.

Es importante dejar en claro que no existen soluciones mágicas para superar el sobrepeso. La única forma de alcanzar un peso equilibrado es desarrollar más actividad física, comer más sano, adoptar actividades recreativas saludables y manejar los problemas emocionales en forma positiva y proactiva. Aliente al adolescente a comenzar a practicar deportes y a realizar otro tipo de actividades cuando sienta la necesidad de fumar. Hay organizaciones de lucha contra el tabaquismo que puede contactar.

Reveses

Siempre habrá reveses en el camino hacia un peso más saludable. Podrá suceder que su hijo parezca haber controlado por completo sus malos hábitos alimentarios y que todo va viento en popa y, de pronto, comience de nuevo a sentir ansiedad por determinados alimentos insalubres, a comer para reconfortarse, a escondidas, a darse atracones o, simplemente, a comer demasiado. Lo más importante es recordar que su hijo no está haciendo régimen y un revés no significa que haya arruinado algo. Si cae del caballo, hay que alentarlo a volver a montar de inmediato.

Si está atento a que su hijo tenga suficiente para comer, que ingiera una cantidad razonable de tentempiés, que de tanto en tanto se dé el gusto de comer algo normalmente *prohibido* y que no padezca hambre, difícilmente sienta que le falta comida. Si se limita a un niño en forma excesiva, desarrollará obsesiones y antojos de ciertas comidas y, por lo tanto, le resultará difícil mantener un estilo alimentario más saludable. Si los reveses se hacen muy frecuentes, tendrá que considerar seriamente si su hijo recibe todos los alimentos que necesita.

Además, los reveses suelen producirse cuando aparecen otros factores, como el estrés, los problemas emocionales o, incluso, problemas de salud. La respuesta natural en esas circunstancias es volver a los viejos y confortables hábitos, con los que es más fácil convivir y que resultan instantáneamente satisfactorios o reconfortantes. A fin de superar esos traspiés, tendrá que averiguar sus causas y enseñar a su hijo a encontrar otras maneras de manejar las situaciones difíciles: más ejercicio físico, lo cual aumenta la autoestima y el estado de ánimo, más tiempo con la familia o con los amigos o, simplemente, una buena charla para discutir los problemas que está teniendo. Cuanto antes su hijo aprenda a encontrar formas alternativas de manejar sus problemas, tanto antes desaparecerán en forma definitiva los viejos malos hábitos.

No se sienta abatido por un revés y no permita que su hijo se sienta avergonzado o abochornado por volver a caer en los viejos hábitos. Explique por qué se apartó de su nuevo estilo de vida o sintió que necesitaba un pequeño *recreo*, pero ayúdelo a comprender que los cambios implementados en su estilo de vida a la larga lo ayudarán a sentirse mucho mejor. Los reveses suelen ser problemas a corto plazo y lo importante es recordarle eso a su hijo.

En el largo plazo, los reveses no importan. Usted cambió su estilo de vida y no se casó con una dieta o un régimen de vida estricto. Todo el mundo cede a alguna tentación de tanto en tanto y habrá ocasiones en que el nuevo plan de vida, tan cuidadosamente programado por usted, quede de lado. Esto sucede, generalmente, en momentos de estrés o en períodos particularmente agitados para la familia. Para que un cambio a largo plazo resulte efectivo, tendrá que ser lo suficientemente flexible para comprender que la vida tiene que ser vivida y disfrutada, y que su objetivo no es el sufrimiento ni la privación. Si su hijo siente hambre o si se siente presionado por usted, nunca logrará enseñarle los buenos hábitos que tendría que adquirir para disfrutar de toda una vida de buena salud y peso corporal equilibrado. Ajuste el programa –tanto la dieta como las actividades– a fin de que esté mejor equilibrado y haya más tiempo para su hijo, o tenga más participación y poder de decisión, y que haya una amplia variedad de comidas deliciosas y saludables para satisfacer su apetito. Y siga adelante.

COMER A ESCONDIDAS

El niño que come a escondidas puede hacerlo por distintas razones. Una es que se siente abochornado cuando come delante de otros o está avergonzado de lo que elige comer. Otras veces, comer de esa manera es el resultado de antojos difíciles de reprimir (cf. página 314) o de la necesidad de sentirse consolado o reconfortado. La principal causa de comer a escondidas suele ser, sin embargo, una dieta excesivamente restrictiva. Asegúrese de que su hijo coma lo suficiente, de que ingiera abundantes tentempiés saludables y de que, de tanto en tanto, reciba las golosinas que tanto le gustan. Dado que sus pares y los medios le transmiten el claro mensaje de que la comida chatarra es divertida y *cool*, no sorprende que los niños quieran comer lo que no deberían. El niño tiene que aprender por qué algunos alimentos son saludables y por qué otros no lo son. Las comidas poco saludables deberían ser consumidas solo de tanto en tanto, y usted podrá llegar a un acuerdo con su hijo acerca de cuántas veces se hará una excepción en ese sentido. Negárselas por completo solo conducirá a mayores problemas.

Sin embargo, evite tener en su casa el tipo de alimentos que no quiere que su hijo consuma. No podrá robarle comidas prohibidas de la alacena si no las contiene. Y también se puede negociar la forma en que el niño gaste su dinero de bolsillo, como vimos en la página 342.

Si descubre que su hijo come a escondidas, hable con él con toda franqueza. Muéstrese paciente y comprensivo y pregúntele por qué ansiaba ese alimento en particular. Lo más probable es que sintiera antojo de comer algo bien dulce o algo que usted nunca le deja comer. Aproveche esa oportunidad para explicarle el porqué de su prohibición y, repito, trate de llegar a un acuerdo y a lograr algún tipo de compromiso. No abochorne a su hijo ni lo regañe. Usted quiere que su hijo desarrolle hábitos alimentarios saludables y que se sienta cómodo comiendo delante de todo el mundo. Deje en claro que si desea un tentempié inadecuado, es preferible que se lo pida (si es más pequeño) o (si es mayor) que lo coma en su presencia. Comer en secreto no es parte de un programa alimentario saludable.

Estrés

Hace no mucho tiempo se habría considerado absurda la posibilidad de tratar a un niño por estrés, pero hoy sabemos que los niños son tan susceptibles a padecer los efectos del estrés como los adultos. En algunos casos, incluso, la incidencia puede ser peor, porque un niño no siempre puede verbalizar sus emociones de la misma manera que un adulto.

Cada niño es capaz de manejar un grado diferente de estrés en su vida. Algunos corren sin problema de la clase de danzas a la de natación y encuentran tiempo para hacer sus tareas escolares y cumplir con una agotadora serie de compromisos sociales. Otros podrán encontrar ese mismo estilo de vida muy cargado de estrés y se desmoronarán bajo tanta presión. El niño que sufre de sobrepeso padece la incidencia de factores de estrés diferentes de los que pueden agobiar a un niño de peso saludable: la presión de sus pares, el acoso y las burlas, una autoestima baja y una excesiva preocupación por su peso y por cómo manejarlo. En períodos de estrés, muchos niños pueden llegar a experimentar una regresión (cf. página 344), recurrir a alimentos reconfortantes e, incluso, presentar un comportamiento autodestructivo. Pueden perder su motivación y sentirse inútiles y deprimidos. De ahí que el estrés sea una de las principales causas de los reveses y fracasos en el tratamiento de la obesidad.

El estrés también puede tener otros orígenes: problemas en la escuela, exámenes, demasiadas tareas escolares, una agenda demasiado repleta, el divorcio de los padres, romper con el novio o con la novia o, incluso, falta de suficiente tiempo para relajarse y descansar. Pero también puede provenir de cualquier cosa que exija un esfuerzo adicional al organismo, como una dieta con carencia, un sueño inadecuado, ejercicio excesivo o, incluso, alguna lesión.

Si usted suma todos los factores de estrés a los que su hijo está expuesto, comprenderá que enfrenta más de lo que puede manejar. Los numerosos síntomas posibles de estrés se enumeraron en el capítulo 2 (cf. páginas 104-106), pero las siguientes son las manifestaciones más evidentes y frecuentes:

- ✓ incremento de la frecuencia cardíaca y respiratoria;
- ✓ náuseas;
- ✓ contracción muscular;
- ✓ incapacidad de relajarse;
- ✓ irritabilidad (incluso, berrinches);
- ✓ insomnio;
- ✓ alergias;
- ✓ problemas cutáneos;
- ✓ dolores de cabeza;
- ✓ fatiga;
- ✓ cambios en los hábitos alimentarios.

Cómo ayudar a su hijo

Un poco de estrés puede ser saludable y motivante, pero el exceso podría provocar que la salud decaiga en todos los niveles, afectando el funcionamiento de todos los sistemas del organismo, incluyendo el apetito, el metabolismo y el estado de ánimo. La relajación es esencial en esos casos. Asegúrese de que su hijo tenga tiempo para pasatiempos que le interesen, que le brinden satisfacción y que lo llenen de orgullo. Sentirse bien lo ayudará mucho a reducir los efectos del estrés en otras áreas de su vida.

- Esté atento a que su hijo no esté sobreexigido. Podrá ser un niño decidido al que le guste estar ocupado, pero todos necesitan tiempo para descansar y recuperarse. Si su hijo sufre de alguno de los síntomas arriba indicados, podría haber llegado el momento de reducir un poco sus actividades. Un niño suele sentirse intensamente motivado frente a ciertos cambios, sobre todo si ha comenzado, por ejemplo, su primer trabajo a tiempo parcial, y podrá mostrarse "acelerado". Esté atento a su nivel de actividad y asegúrese de que tenga tiempo suficiente para descansar y relajarse.

- Cerciórese de tener tiempo para compartir algo en familia y que, además, haya tiempo suficiente para que su hijo juegue con sus amigos.

- Demuéstrele afecto físico. El poder del contacto se ha documentado reiteradas veces y si su hijo se siente querido y querible, se sentirá bien consigo mismo y resistirá mejor los efectos del estrés.

- Asegúrese de que no ingiera cafeína en su dieta. La cafeína se encuentra en el chocolate y en las bebidas cola, entre otras, y puede aumentar los niveles de adrenalina y resaltar los efectos del estrés.

- Ayude a su hijo a pensar en positivo. Un niño se encuentra en la etapa en que se entrena para enfrentar el estrés del mundo adulto. A pesar de que todos los padres deberían cuidar que la vida de sus hijos sea lo más libre de estrés posible, es importante enseñarles las técnicas para manejar distintas situaciones de conflicto. Cuando las tareas y obligaciones se acumulen, enséñele a planificar, a fijar prioridades y a encarar las situaciones con optimismo, aun frente a reveses y adversidades.

- Cuide que su hijo haga suficiente ejercicio físico y tenga presente que debe tratarse de una actividad divertida.

- Aliente la comunicación. Cuanto más capaz sea su hijo de expresar sus sentimientos y emociones, tanto mejor manejará el estrés. Si a su hijo le resulta difícil confiar en usted, procure encontrar a otro miembro de la familia, o a un maestro, con quien pueda tener mejor comunicación. Asegúrele que está bien mostrar sus sentimientos, incluso llorar o enojarse. Son buenas formas de aliviar tensiones y podrán hacerlo sentirse mejor.

- Aliente a su hijo a hacer cosas de las que disfrute, como dibujar, pintar o escribir, descansar escuchando música o ir al cine. Ver amigos, practicar un deporte u otra actividad recreativa, y tener un espacio propio para estar solo, también son elementos importantes en el manejo del estrés.

BERRINCHES

Los berrinches relacionados con la alimentación y las comidas son comunes en muchas familias, y la mayoría de los niños tiene conciencia de que la comida es un tema que concita todo tipo de emociones. La consecuencia es que la usan como arma contra sus padres y, a menudo, arman berrinches cuando no obtienen lo que quieren. Entonces, ¿qué impulsa a un niño a hacer berrinches? En los niños más pequeños, se trata simplemente de su incapacidad para expresar las abrumadoras emociones que sienten: podrían tener hambre, estar enojados, sentirse frustrados, solos o, simplemente, hartos de todo. No tienen la capacidad de determinar qué sienten y, simplemente, actúan. Los niños más grandes hacen berrinches para llamar la atención, o porque saben que de esa forma sus padres ceden a sus caprichos.

Cómo manejar los berrinches

- La mejor forma (aunque requiere mucho coraje) es ignorarlos por completo. Un niño que no obtiene respuesta cuando se comporta de manera descontrolada pronto verá que necesita adoptar un sistema más productivo para llamar la atención. Sin duda usted recibirá mucha atención no deseada por ignorar a su hijo que está haciendo un berrinche, sobre todo si se encuentra en algún lugar publico, pero no cabe duda de que es una técnica que funciona. Algunos niños son sorprendentemente tenaces y seguirán adelante con su berrinche mucho más de lo que uno espera. Pero no ceda. Si lo hace una vez, ha plantado en la mente de su hijo –y en forma definitiva– la idea de que puede seguir utilizando esa técnica.

- No permita que la comida se convierta en un tema cargado de emotividad y causa de berrinches. Si su hijo se niega a comer el alimento que le sirve, retírelo e ignore cualquier pedido de reemplazo por otra cosa. Si él aprende que sus berrinches frente a la comida no lograrán que le sirvan golosinas o papas fritas en lugar de un plato de comida saludable, desistirá.

- Si es demasiado molesto para todos dejar que el berrinche continúe (por ejemplo, si está en un restaurante o en el supermercado), dele un fuerte abrazo a su hijo, dígale que lo quiere y luego aléjelo del lugar. Parecerá que con esa actitud se está premiando un comportamiento inadecuado, expresando amor y afecto, pero es muy posible que su hijo se sienta totalmente fuera de control y necesite sentir que todo está en orden. El hecho de que ese comportamiento no es aceptable tendrá que discutirlo más tarde. Por el momento, lo esencial es manejar el berrinche en sí.

- No ceda a la tentación de negociar con un niño que está haciendo un berrinche. Difícilmente escuche sus razonamientos y usted, probablemente, terminará enojándose, cosa que es contraproducente.

- Exprese su comprensión de los sentimientos que su hijo está experimentando, pero deje en claro que esos estallidos no son la forma adecuada de manejarlos. Pídale que piense en formas más adecuadas para demostrarle que está enojado, fastidiado, cansado o celoso.

- Sea constante. Si tiene una política alimentaria implementada en su hogar, deberá adherir a ella. No ceda ante lloriqueos y berrinches, o nunca volverá a tener paz. Manténgase firme y conserve la calma.

ADICCIÓN A LA TELEVISIÓN

Los niños que han pasado gran parte de su vida frente al televisor pueden llegar a sentir que mirar televisión es una necesidad imperiosa. Sobre todo los que pasan mucho tiempo a solas ven sus programas como "amigos" y, de hecho, la TV a menudo sustituye a los amigos de carne y hueso. Recortar drásticamente esos hábitos podría tener efectos negativos e inesperados sobre su hijo: puede desarrollar un sentimiento de orfandad, sentirse solo, que está perdiendo algo importante (el siguiente episodio de su novela o serie preferida, por ejemplo) y está terriblemente aburrido. Incluso puede llegar a tener algunos síntomas de abstención, de modo que no sea demasiado drástico.

Si su hijo ama la TV, no la suprima de su vida por completo. Recuerde que la televisión es parte de nuestra cultura popular, y negarle acceso a los programas que todos sus amigos ven hará que se sienta excluido. Sin embargo, la televisión es algo que hay que controlar cuidadosamente, de la misma manera que le permite o desalienta el consumo de diferentes tipos de alimentos. La tarea de todo padre es monitorear ese tipo de obsesiones, sin crear el síndrome del fruto prohibido, que hará que el niño sometido a una restricción absoluta ansíe tanto lo que se le ha negado que tratará de satisfacer sus insaciables deseos a escondidas.

Un niño es impulsivo: quiere lo que quiere, en el momento en que lo quiere. La tarea de los padres es ayudarlo a desarrollar un cierto autocontrol y a postergar una gratificación y, a veces, a renunciar a deseos físicos y mentales insalubres.

La TV, las computadoras, los juegos electrónicos y los videojuegos tienen un efecto adictivo: cuanto más un niño los mire y juegue, tanto más quiere mirarlos y jugarlos. De modo que deberá fijar algunas normas realistas y razonables: uno o dos programas de TV por día. Una o dos horas de cualquier tipo de "medio" en cualquier día. Su hijo tendrá que elegir. Si hay más de dos horas de programas que quiera mirar, puede grabarlos y mirarlos otro día. No se los pierde sino que, simplemente, posterga el momento en que los ve. Puede flexibilizar un poco sus normas durante las vacaciones o en los fines de semana, pero cuide de que nunca deje de haber limitaciones, de lo contrario, jamás logrará que su hijo se levante del sofá o del sillón y haga ejercicios al aire libre.

Lo concreto es que, como padre, usted tiene que tomar ciertas decisiones para y por sus hijos, para bien de su salud física y psíquica. Y reducir las horas frente al televisor es una de las decisiones más sanas que puede tomar. Su hijo podrá elegir su programación y sus horarios, dentro de las reglas de juego fijadas, pero usted tendrá que mantenerse firme. Con el tiempo, su hijo descubrirá otros intereses y se preguntará cómo pudo estar tan obsesionado con la TV (cf. también páginas 239-241).

AGRADECIMIENTOS

Quisiera agradecer a la gran cantidad de gente que me ha ayudado con sus lecturas y comentarios. Estoy gratamente sorprendida por la actitud responsable que muestran los profesionales de la salud en la comprensión de las múltiples causas de la obesidad infantil y en el trazado de propuestas realistas y prácticas para médicos, padres y organizaciones especializadas.

Ante todo, quisiera agradecer a Tam Fry, director honorario de la *Child Growth Foundation* del Reino Unido. Su compromiso con este proyecto no tiene precedentes, y le debo mi más profundo agradecimiento.

Gracias también al doctor Ian Campbell, presidente del *National Obesity Forum*, una red nacional de doctores y enfermeras que promueven las mejores prácticas para combatir la obesidad. Significó una gran ayuda en todas las áreas, con su apoyo y entusiasmo.

El doctor Tim Lobstein de la *International Obesity Task Force*, y director de la *Food Commission* del Reino Unido, me ilustró en algunos aspectos centrales de la obesidad infantil y resaltó el rol de los padres en la lucha contra la publicidad dirigida a los niños. Gracias, Tim.

El doctor Tim Cole, del *Institute of Child Health*, ha sido también una gran ayuda, y me contactó con grandes expertos en obesidad infantil. Gracias también a la doctora Susan Jebb, jefa de *Nutrition & Health Research* en *MRC Human Nutrition Research*, y experta en sobrepeso y obesidad infantil, y al doctor Michael Apple.

Muchas organizaciones nos dieron su apoyo, entre ellas: la *British Nutrition Foundation*, la *British Dietetic Association*, la *Association for the Study of Obesity* (ASO), la *International Obesity Task Force*, la *Food and Drink Federation*, la Organización

Mundial de la Salud, la *Eating Disorders Association* (EDA) y el *Royal College of Paediatrics and Child Health*. Gracias también a todos los niños que compartieron sus experiencias y sentimientos frente a su problema de sobrepeso.

Agradezco especialmente a mi editora en Rodale, Anne Lawrence, que fue muy paciente y entusiasta con este proyecto; a Jillian Stewart, por su excelente edición e información, como así también por su sorprendente capacidad para incorporar cambios a último momento; a Davina Russell, por organizar la página web www.youroverweightchild.org; y finalmente a Margot Weale en Midas, por sus esfuerzos para hacer llegar el libro a una gran cantidad de gente.

Por último, gracias a mi compañero Max, que me dio su apoyo y aliento mientras estaba escribiendo en medio de un embarazo avanzado, y a mis hijos Luke y Cole, siempre interesados y entusiastas, a pesar de las largas horas que pasé frente a la computadora.